Conversas son Suso de Toro

Deseño de cuberta: Miguel Vigo
Ilustración portada: Tino Viz
Maquetación: Antón Doiro

1ª edición: outubro, 2005

© Antonio Francisco Pedrós-Gascón, 2005
© Edicións Xerais de Galicia, S.A., 2005

Dr. Marañón, 12. 36211 Vigo
xerais@xerais.es

ISBN: 84-9782-373-7
Depósito Legal: VG. 1050-2005

Impreso en Rainho & Neves Ltda.
Rua do Souto, 8
S. João de Ver - Feira (Portugal)

crónica

Conversas con Suso de Toro

Como saba de liño

Antonio Pedrós-Gascón

XERAIS

Unha de cal...

a Pedro Cerbuna, 12

Quedei deshonrada, mucháronme a vida,
fixéronme un leito de toxos e silvas;
i en tanto, os raposos de sangre maldita,
tranquilos nun leito de rosas dormían.

—Salvádeme, ¡ouh, xueces!, berrei... ¡Tolería!
De min se mofaron, vendeume a xusticia.
—Bon Dios, axudaime, berrei, berrei inda...
Tan alto que estaba, bon Dios non me oíra.

(ROSALÍA DE CASTRO, «A xustiza pola man»)

e... unha de area

Aos meus pais e padriños,
irmáns, e sobriños,
e á memoria de Antonio Portolés Folch.

INTRODUCIÓN

En canto ás opinións de Suso de Toro, aconsello a lectura do *FM* (Edicións Positivas). Dígase o que se diga, a biografía e a obra están entretecidas, como unha saba de liño. Mais a biografía non pode arroupar unha obra durante moito tempo nin as boas opinións substituíla, como tampouco unha boa pluma (Junger, Céline, Marinetti, Giménez, Caballero...) pode desculpar o comportamento canalla de quen escribe.[1]

---

[1] RIVAS, Manuel. «Unha pinga de caña.» *A Nosa Terra*, 21 de decembro 1995, páx. 25.

O texto

O texto que se recolle neste libro é parte dunha serie de conversas que na súa maior parte tiveron lugar no verán do ano 2000 na vila de Louro, mais que por esas cousas da vida non puideron publicarse antes, e cal tear de Penélope, o volume sufriu varias revisións, ampliacións, cambios... Quedan no tinteiro, quizais para un próximo libro, as charlas nas que se revisaban cada un dos textos –de *Caixón desastre* a *Non volvas*– contextualizándoos no momento da produción, explicando a súa xénese etc.

Transcribo a conversa como un monólogo porque considero que o importante é a voz e as opinións do autor, sen que sexa necesaria a –moitas veces pedante– mediación do entrevistador. Desta maneira creo que a entrevista gana en amenidade e resulta máis fácil de ler, sen que se produzan as constantes interrupcións que o formato dialogado implica. Como o lector vai notar, os dous últimos capítulos son moi posteriores ao resto da conversa, polo que lle vai ser fácil detectar lixeiras evolucións ou variacións sobre temas que xa se bosquexaron uns anos antes –por exemplo a marcada tendencia na procura dunha nova transcendencia, máis marcada aínda se cabe a partir da catástrofe do *Prestige* e a entrada na guerra de Irak do goberno Aznar.

Acompáñase o libro de varios textos inéditos ou de difícil consulta, como os publicados nunha revista escolar cando tiña dezaseis anos –damos as grazas ao Colexio Peleteiro por permitirnos a súa publicación aquí–, ou as «Media docena de vidas», que ata recentemente só se atopaba publicado nunha revista portuguesa ou na páxina web do autor. Penso que os anexos resultarán de interese para o lector do traballo por abondar en varios puntos tratados na conversa, amais de mostrar a fresca actitude de Suso de Toro na súa primeira (auto)entrevista, na que se prefiguran xa varias das súas preocupacións e intereses.

Parte desta conversa apareceu publicada en *Letras Peninsulares*[2] e no portal da *Biblioteca Virtual Galega* da Universidade da Coruña[3], ás que agradezo a súa amabilidade na publicación.

Este longo proxecto concluíuse grazas ás axudas do *Center of Latin American Studies* e do *Office of International Affairs* de The Ohio State University, amais dos apoios emocionais do Departamento de Español e Portugués. Nestas páxinas vai entretecida a miña vida e a miña paixón pola literatura, da cal é responsable o profesor Túa Blesa da Universidade de Zaragoza, a quen nunca lle estarei suficientemente agradecido.

Columbus, outubro de 2005

---

[2] «Suso de Toro: lembranzas dun Falapaso. (Anacos de Identidade, linguaxe e nación).» En: *Letras Peninsulares* 15, 2: «España plurinacional: Creación e identidades./Plurinational Spain: Creation and Identities.» 2002: 407-34.

[3] «Conversa con Suso de Toro, por Antonio Pedrós.» En: *Biblioteca Virtual Galega*. A Coruña: eDixital. [http://www.bvg.udc.es/ficha_obra.jsp?id=CodeSude1&alias=Suso+de+Toro]

A CONVERSA

Nota previa

A intención inicial do libro, tanto por parte do profesor Antonio Pedrós-Gascón como por parte miña, era facer unha entrevista ou diálogo e publicala. Mais, por esas cousas da vida entrou en xogo no medio o elemento tempo. E o tempo, que foi pasando, fixo que fosen cambiando cousas dentro miña e na sociedade que me acolle.

De maneira que as palabras ditas e escritas foran cambiando e collendo novos significados.

O resultado, unha conversa que transcorre na súa maior parte no verán do ano 2000, que continúa no do 2002 e que retomo no do 2004, é case unha especie de novela na que a personaxe central tamén vai cambiando. Como en todo romance non todo está explícito no texto e hai cousas que quen le intúe, coñece e aporta.

Suso de Toro

Limiar ou *Captatio* (persoa e personaxe)

Falar de min é antes de nada, falar do meu pasado: o noso pasado é o argumento esencial da nosa vida. E iso faime formular o tema da persoa e do personaxe, e dicir, o tema de facer pública a túa vida persoal e íntima. E ese é un tema que non teño resolto e non sei se o terei resolto nalgún momento, porque xa fixen vinte anos escribindo con constancia, publicando, e aínda manteño o tema aberto, e entón non sei se nalgún momento da miña carreira ou da miña vida o lograrei solucionar.

Son consciente de que a obra se nutre da vida, e sei que para a comprensión cabal da obra é preciso comprender certas circunstancias da vida do autor, como ónde nace, en qué circunstancias. E mesmo son consciente de que os propios lectores, todos somos lectores, intuímos detrás da obra unha vida, e mesmo querémola confirmar, e querémola saber.

A recepción completa da obra tamén esixe o coñecemento da vida do autor, iso é verdade, e así e todo é unha desgraza. É unha desgraza porque introduce a decisión radical de facer de toda vida un espectáculo. É unha decisión radical esa de transformar a experiencia de vivir en ser espectador de ti mesmo, en transformala nun espectáculo consciente dunha película consciente.

Para a maioría das persoas este é un asunto abstracto, mais para min é un tema vital. Digo vital –de vida ou morte– pois a fama, iso de que un sexa de dominio público, supón a alienación, a perda da túa vida persoal, a perda da vida propia nada menos. A experiencia de transformarse en personaxe é a experiencia de transformarse nunha pantasma. Non é brincadeira ningunha.

É evidente que quen publica libro tras libro procura algo que ten que ver coa fama, iso é evidente, pois se non calas a boca ou escribes e non publicas. Mais no meu caso iso provócame unha incomodidade de fondo, isto é: quero e non quero. Hai aspectos da miña carreira que me custa asumir: cústame asumir esa liquidación do individuo particular en beneficio dunha figura pública. Entendo que o desdobramento que vivo entre a persoa particular e a personaxe é unha plasmación da figura esa do *doppelgänger*, o dobre sinistro.

Como escritor que quere ser lido e triunfar –si, triunfar–. Preciso e busco ser entrevistado sobre a miña obra. Mais pertúrbame logo ler a entrevista, ou ver as imaxes en foto ou televisión. Cando vexo esas imaxes que foron tiradas de min teño unha sensación de noxo e algo así como medo. O que aparece nas imaxes eu digo que é «*o outro*», o meu dobre.

Tiven conciencia por primeira vez de que eu era dous un día en que, viaxando nun autobús urbano, oín a uns mozos falar de Suso de Toro –xa non me acorda se falaban ben, mal, ou que cousa falaban–. Seguramente a quen non vivira a experiencia pareceralle unha parvada, algo evidente, mais naquel momento eu constatei que aqueles mozos non falaban de min –un tipo común que facía cousas comúns coma eles, como ir en bus–, senón dunha personaxe que andaba por aí. Foi unha sensación grimosa, lembro ben que sentín vágado, algo de mareo e revoltura de estómago. Onte mesmo cruceime con dúas mulleres, parecéronme nai e filla polas idades e pola complicidade, e dille unha a outra, «¿quen é ese señor?», referíndose a min. Facíaselle coñecida a miña cara, de vela retratada nalgún papel ou nalgunha pantalla. Naturalmente, falaban do «outro», non do tipo co que se cruzaron: un tipo vulgar que levaba un rapaz pequeno pola man.

Ben, entón, eu diría que debo e intento preservar a miña vida persoal actual, que ademais implica a persoas que viven comigo e que non teño dereito a implicalas no meu exhibicionismo, a tirarlles a súa vida privada, e en cambio podo contar cousas que expliquen de onde veño eu, que sitúen a xénese da obra literaria. Paradoxalmente pódese dicir que me parece lícito, razoábel, falar do máis íntimo, contar certas cousas do meu mundo mental e do meu mundo irracional, e pola contra entendo que debo preservar a miña vida privada. Digamos que o exhibicionismo radical que é no fondo escribir –pois a obra dun autor é unha confesión, como a do Santo Agostiño–, non obriga a revelar a vida común diaria, que curiosamente conforma a nosa identidade como individuos. É como se para existir fose máis importante, en certos aspectos, esa cotianeidade que todo o mundo interior. A ver se consigo presentar o autor, dar algunhas claves para situar a obra respectando, porén, a vida particular da persoa.

No fondo, eu creo que esas persoas que fan da súa vida un espectáculo non existen, están mortas e son meramente sombras, zombis que actúan nunha película. Cando eu vexo fotos do interior da casa dalgunha persoa, nalgunha revista, paréceme que xa entrei alí e que dalgunha maneira esa casa tamén é miña, é de todos. Teño bos amigos fotógrafos e ás veces non entenden as reticencias a amosar eses lugares da vida persoal, un entende a súa lóxica, mais se o damos todo, ¿que vai quedar para nós?

Dentro deses límites, penso que podo contar algunhas cousas da miña infancia. Intentarei contalas con reparos, con salvidades, e tamén é certo –xa sei–, que inevitablemente, cando estás facendo entrevistas, durante anos, pouco a pouco, ou ben porque ti mesmo suministras a información ou ben porque un entrevistador agora, outro entrevistador despois, se coñecen aspectos da túa vida, vaise sacando datos. Entón supoño que será ben ordenar todo e empezar a contar algo de modo ordenado.

(Verán, 2000. Louro-Muros)

(Verán do ano 2000)

Unha infancia de posguerra: Santiago

Acerca da miña infancia digo que nacemos nun país e nunha época, nun lugar e nun tempo. Para min o cruzamento desas dúas coordenadas dase na Galiza, na España, dos anos 50. Eu nacín en xaneiro do 56 (10-I-1956), e realmente esa época era aínda unha posguerra. A vida material que eu recordo de cando neno, gastando pantalóns curtos que antes foron dos meus irmáns, suxeitándoos cos tiroleses de coiro feitos polo zapateiro... as fotos que eu recordo da miña infancia, deses anos primeiros, son fotos de posguerra. Por certo que apenas teño fotos de neno, antes a fotografía non era como agora, polo común non había cámaras de fotos nas casas e facíanse fotos, en ocasións moi especiais ou facíanas os fotógrafos de rúa, que xa desapareceron. Na primeira foto na que aparezo debo ter catro anos.

A vida material na España daquela época non cambiara desde os anos 40 até mediados dos anos 60. Até entón non hai un cambio económico, unha industrialización e un despegue do consumo. A miña primeira infancia, materialmente é de posguerra e en todos os sentidos: seguía sendo unha sociedade completamente amputada, aterrorizada e inmobilizada. En concreto foi en Santiago de Compostela.

O barrio

Eu nacín no barrio de Sar, bautizáronme naquela colexiata tan bonita, tan arcaica. Santiago era una cidade sen industria e sumida nun marasmo histórico. Santiago –e realmente toda Galiza–, ficou parada desde o século XV ou XVI, pero especialmente Santiago, que perdeu incluso atributos cando se falla a Constitución de Cádiz e se divide en novas provincias toda España. As sete provincias galegas, das cales a de Santiago era a provincia máis extensa, transfórmanse en catro provincias e Santiago perde a capitalidade do Reino de Galiza uns anos despois. Desaparece así a estrutura xurídico institucional, que entón xa era unicamente simbólica, do Reino. Desaparece e transfórmase España nun único territorio dividido en provincias, e Santiago queda reducida unicamente ao relixioso, á capitalidade relixiosa. Foi nun momento no que a Igrexa Católica perde importancia na vida social –e hai que dicir que moi afortunadamente–, aínda que non se resignen a perder o estado confesional.

Santiago era una cidade que levaba un proceso histórico moi longo de marasmo. De feito unicamente empeza a despegar a finais dos anos 60, coa chegada do capital que mandan os emigrantes e que empezan a investir no sector inmobiliario. Comeza unha transformación bastante brutal guiada pola especulación, pero até ese momento Santiago era unha cidade detida no tempo.

Na miña infancia o mundo ao meu arredor era un mundo popular, de persoas que traballaban en oficios, mesteirais máis que operarios, proletarios, pescas, vendedoras no mercado, que en Santiago sempre chamamos «a praza»... En xeral a xente do meu barrio era xente traballadora.

Eu teño un certo coñecemento social xa desde neno das necesidades da vida. Na familia o meu pai traballaba na Intendencia de Artillería cando eu era moi neno, e entón a miña familia tiña un pasar económico: como se pode supor na miña casa non faltaba comida.

Tamén lembro as advertencias dos meus pais de que non debiamos comer á vista da xente pois había persoas ás que lles faciamos as ganas, non todo o mundo tiña. A comida entón era algo escaso, valioso e conservaba algo da aura do sagrado. Nunca esquecerei o que aprendín de neno: non se tira co pan, e se o hai que tirar antes dáselle un bico. Os pequenos ritos infantís teñen moito de verdade profunda.

Había familias no barrio moito máis apuradas e necesitada. Lembro tamén escenas de disputas de mulleres, que son violentas, poden ser desagradables, mais tamén son simpáticas. Esas discusións de mulleres, ese modo de dirimir conflitos entre irmáns, veciñas, a turrarse dos cabelos polo chan...

Lembro esas cousas dos nenos, os nenos dun barrio, todo o día na rúa... Recordo de facer as cacharelas no medio da estrada, derretíase o alcatrán ao facer a cacharela de San Xoán. Teño moitos recordos daquela. Un día de tronada, os lóstregos, a sarabia no bordo da fiestra... Recordo en xeral a precariedade das casas; a pobreza nunha palabra.

A «abuela» de Zamora

Nós somos seis irmáns e daquela eramos tres –eu tiña dous irmáns por diante miña–. Tiña una avoa e mais una «abuela»: a avoa era de aquí, dunha aldea da parte de Noia, e a miña avoa era a nai do meu pai, e tróuxoa o meu pai da aldea de Zamora por coidala. Visto agora, coido que o meu pai non tiña outro modo de coidala que traéndoa, pois alí estaba soa, pero aquela muller foi infeliz ficando aquí. Eu creo que perdeu o seu mundo. Todo o seu mundo estaba alá, no outro lado. Toda emigración é un fracaso, e una persoa maior, una persoa vella, arrincada do seu lugar é incapaz de adaptarse: ti non podes transplantar un carballo vello a outra terra, morre. Unha persoa só pode marchar, arrincarse do seu lugar –e aínda así e unha perda e un trauma–, sendo nova: eu creo que unha persoa moito maior de vinte anos que emigre non se vai adaptar nunca de todo.

Esta muller, era como ter unha persoa sempre ida, que estaba noutro lugar, non estaba adaptada. Por outro lado lémbroa agora e imaxino que padecería probablemente algo de senilidade. Era una muller que estaba constantemente nun mundo interior. Lembro moitas escenas da miña infancia con esta muller, e era como estar eu só, refuxiada ela no seu mundo interior. Esta persoa contábame costumes do seu lugar, contábame contos ou refráns os intres en que me falaba, comidas do seu lugar como os pementos asados... Hai cousas que recordo asociadas a ela. Na miña cidade, na miña familia, aquela muller era como un enxerto cultural doutro lugar, un pouco exótica, mais para min era natural, era parte da miña familia. Era unha muller seca, adusta: manifestaba pouco os afectos.

Eu percibín un contraste, diría que antropolóxico, entre a miña familia galega e a miña familia do sur de Zamora. Aquela xente ten outro modo de manifestarse, un xeito de manifestarse máis unidireccional. A xente haina boa e mala en todas partes, nada mais cambia o xeito. Falo do xeito. Eu diría que o modo de manifestarse da xente de aquí é máis ubicuo, máis constante, máis envolvente. Realmente acredito nese tópico da separación no mundo cultural castelán entre o si e o non, o día e a noite, é moito máis nítido. É nidia a diferenza entre os polos. No caso da familia do meu pai é así.

Teño algúns recordos tamén dalgunha visita á aldea do meu pai sendo neno, lembro a axitación da xente un día en que corrían os touros pola aldea. Era unha vila chamada Fermoselle, e a aldea veciña era Formariz –que por certo son topónimos xermanos, suevos–. O que hoxe é Zamora –cun nome árabe posterior, *Al Zamor*–, pertenceu antes ao noroeste peninsular, este continuo que foi a *Gallaecia*, o Reino Suevo despois, e desde logo os topónimos na terra do meu pai –Formariz e Fermoselle–, teñen as terminacións de topónimos que se atopan tamén moito na Galiza por todos lados, e tamén no norte de Portugal. Formariz mesmo se chama tamén unha parroquia do concello de Santiago. Pódese dicir que hai un substrato moi galaico na terra do meu pai. Isto tamén mo ten lembrado o meu amigo Camilo Nogueira. E de feito as terras que traballou a miña xente en Formariz eran propiedade do cabido da catedral de Santiago. Porén, a impronta xa é a impronta castelá, aínda que a terra do meu pai pertence ao partido xudicial de Bermillo de Sayago, e Sayago quere dicir Santiago. Alí a lingüística rexistra unha fala, unha demarcación, que chaman o saiagués.

O saiagués sería un dialecto, unha fala, que está nos bordos do galego-portugués. Sería unha continuidade das falas da fronteira, como eran o leonés, o astur-leonés, o bable... e tamén o saiagués. Os saiagueses ocupaban un papel bufo no teatro do século XVI e principios do XVII. Por exemplo, no teatro de Tirso de Molina os saiagueses eran xunto cos galegos os torpes, os rudos. É moi gracioso porque eu son dobremente rudo na tradición cultural castelá xa que son saiagués e galego: son mofa e befa [*risos*].

É unha zona que tamén é fronteira cultural con Portugal: alí o río –que deixa de ser Duero e empeza a ser Doiro–, fai fronteira e ademais unha fronteira moi nidia, porque o río corre entre desfiladeiros e é moi difícil pasar dun lado a outro. E alí ves o triste que son as fronteiras dos estados, e ves tamén que aquel é un lugar morto porque está encerrado, está no centro xeográfico da meseta e no entanto é coma se fose unha fin do mundo, pola impermeabilidade da fronteira, os conflitos históricos entre os estados fan que estea contra unha esquina. É dicir, se as fronteiras dos estados foran permeábeis –se houbera unha relación entre o Reino de España e o Reino de Portugal–, aquel sería un lugar de tránsito, e incluso un lugar beneficiado por ser fronteira, un lugar que se beneficiaría economicamente dos intercambios. Porén ao ser a fronteira tan impermeábel entre estados que foron hostís, o que ocorre é que aquilo é unha fin do mundo, un *cul de sac*. Están encerrados contra un muro, contra a fronteira... É moi interesante cómo as aduanas, as alfándegas, actúan encerrando os intercambios das persoas, impedindo a vida: van contra a vida, queren encerrala. Benditos arrieiros, comerciantes, que traían e levaban, tamén novas, libros...

A terra do meu pai é unha terra pobre porque é erma e tamén debido a como se desenvolveu a política na península. Non obstante, nos últimos anos están a obter algún beneficio do turismo. Hoxe todos somos turistas, todos gastamos diso, e o que foron unhas terras paupérrimas das que o meu pai escapou para comer, hoxe empeza a ser descuberto como o lugar fermoso que é, e xa ten un nome turístico: «Las Arribes del Duero». Un día destes farei unha reportaxe ou escribirei algo, contando algo desa terra. Gustaríame poder rescatar por escrito algunhas das lembranzas de rapaz do meu pai.

Localismos

Os santiagueses tiñamos conciencia de vivir nunha cidade metida no tempo, inmobilizada, e polo tanto, tiñamos unha autoestima baixísima. Nunca houbo un localismo orgulloso, nin menos «chauvinismo», ao contrario. Sempre digo que cando alguén fala mal de Santiago ou é da Coruña ou é de Santiago. A rivalidade histórica entre as dúas cidades é un preito vello e triste nun país de preitos. Vén xa desde o século XIX, desde que lle tiraron a Santiago a capital do Reino, e anovouse a principios dos pasados anos oitenta, cando o Parlamento autónomo cos votos de todos os deputados galegos excepto os coruñeses decidiu que Santiago fose a capital do país. Santiago era o lugar de encontro de todos os galegos, mais non tiña, e aínda non ten, entidade para ser un motor urbano, cívico. E aí era onde A Coruña tiña que desempeñar inevitabelmente un papel. Do mesmo modo que Washington é unha capital política e New York é moito máis dinámica. Mais naqueles días a prensa coruñesa fixo unha axitación enorme, alarmaron á xente dicindo que lles habían levar todo, até as papeleiras. E de aí arrincou un proceso polo que a elite da cidade estimulou un nacionalismo local que se alimenta dun sentimento de incomprensión, dunha ferida que lle é moi proveitosa a quen dirixe a cidade, pero que separa a cidade do resto do país. Foi un problema inesperado no nacemento da autonomía, que non se soubo resolver ben, e que debilitou todos estes anos ao autogoberno. Esa ferida foi alimentada e aproveitada para upar un auténtico caciquismo localista, totalmente reaccionario, puro franquismo. E así está hoxe esa cidade nosa, á que moitos lle envexabamos hai anos a súa tradición democrática, hoxe está dirixida por unha camarilla dun egoísmo insaciábel e totalmente antigalega. A Coruña, xunto con Vigo, estaba chamada a ser o grande motor da nova Galiza, aínda que Santiago fose para a grande maioría dos galegos a capital simbólica que unía a todos, ficou á marxe da autonomía, como unha illa que sempre pon mais chatas, obstáculos e reclamacións particulares pero que non colabora na vida colectiva. Os actuais dirixentes da cidade pretenden que nos caia mal ao resto dos galegos, son uns irresponsábeis. É mágoa porque hai vinte anos era a cidade con máis tradición cívica e que máis tiña que aportar, xunto con Vigo. Eu confío en que un día A Coruña aínda sexa o que puido ser para o noso país, aínda que xa perdeu unha oportunidade histórica. De todos modos teño pena dos meus amigos coruñeses, viven na cidade máis afogada do país, mesmo hai libros que son incómodos para a *camarilla* dona da cidade e non chegan a moitas das súas librerías. É algo incríbel, unha cidade que perdeu tanta liberdade.

A vida en Santiago tiña na miña infancia e adolescencia un ton moi interclasista debido á debilidade das clases altas. As clases altas eran moi poucas e débiles, e polo tanto non había unha burguesía que tivese consistencia. O que había era un certo aire popular en toda a cidade, un certo aire de barrio: unha cidade en certa medida de ton democrático, no sentido de que non había esas barreiras tan claras que si existen noutras cidades onde si habería unha burguesía, ou pequena burguesía, que tiña conciencia e que exercía o seu papel dominante. Santiago era unha cidade moi débil, carecía de poder político ou económico practicamente.

A perda das clases dirixentes

As familias históricas da cidade, as familias con escudos estaban todas emigradas a Madrid, a vivir do Estado, a parasitar seguindo unha longa tradición histórica. Cando a facción de Isabel a Católica triúnfa, unha medida que toma é quitarlle as terras e incluso matar aos nobres que sostiveron o enfrontamento, uns refúxianse en Portugal e ao resto da nobreza obrígaa a emigrar á Corte. É así que posteriormente Cervantes escribe as súas obras coa protección do Conde de Lemos, que protexeu a Quevedo e mais a Góngora. Góngora mesmo estivo vivindo en terras de Lemos, en Lugo. Os nobres galegos exercían o seu patrocinio, a súa protección, e gastaban o diñeiro sacado de aquí na Corte.

Pódese dicir que os labregos galegos financiaron o «Siglo de Oro» en castellano. Mentras o galego xa se deixara de escribir aquí, e na nosa lingua xa non entraba nin o Renacemento nin o Barroco. A nosa lingua esgállase definitivamente e a póla lingüística de aquí, o galego, separada de Portugal, non se reencontra coa Historia até o Romanticismo, e faino entón con graves limitacións, como o descoñecemento da historia e da literatura nacional. Malia os estudos previos de Sarmiento, cando os nosos románticos empezan a escribir descoñecían que o galego fora lingua cultivada e ignoraban o portugués. Só coñecían a gramática castelá e as palabras que lles oían ás persoas ágrafas. E con iso tiveron que traballar.

Os falantes e os escritores de hoxe estamos aínda presos desa penuria, desas limitacións da nosa historia. E manexamos esta lingua estandarizada esquecendo a tradición culta histórica e tomando como referencia única as falas dialectais e escribindo con esta gramática que é un evidente rexionalismo da gramática castelá. Este galego actual é fillo do noso fracaso histórico, calquera observador de fóra pode ver que está concibido como unha variante lingüística dentro da área do castelán. O galego está fóra do seu contexto lingüístico, o romance hispánico occidental, o luso-brasileiro. Está dentro dun contexto político: o estado español. Mais unha cousa é a política e outra as linguas, ou así debera ser. Eu son un cidadán galego e español, mais a miña lingua é o galego-portugués, a mesma dos brasileiros, angolanos, portugueses... Naturalmente, a miña historia familiar e a historia do meu país faime ver a evidencia de que o castelán tamén é unha lingua miña, mais a lingua do meu país, a Galiza, é o galego, ou galego-portugués, ou como se lle queira chamar a esa lingua na que cantaba Vinicius de Moraes.

A Igrexa exerceu historicamente un papel limitado a gobernar, a pastorear a sociedade, a beneficiarse das riquezas das terras todas que tiña. Até a desamortización, a Igrexa era o maior nobre de Galiza, mais non exercía un papel reitor sobre a sociedade. A Igrexa non constrúe sociedade, tutélaa. Desde logo que non construíu individuos, senón «ovellas», tampouco creou conciencia de país. A Igrexa constrúe unicamente o seu dominio. Toda a súa política é para conservar o seu control sobre a sociedade, sobre a política, conservar os beneficios económicos das terras e os seus privilexios.

Digamos entón que Santiago era unha cidade moi desarticulada. Dentro dela había un centro, a catedral e a súa curia que exercía un control político mesmo designando o arcebispo ao alcalde e á maioría dos concelleiros. Había tamén un centro paralelo en certa retesía coa Igrexa: refírome á Universidade, que foi o lugar por onde entraban a maioría das ideas modernas no Reino. Na Universidade de Santiago, por exemplo, foi onde luciu a luz eléctrica por primeira vez na península, nun experimento. Ten algo de valor simbólico. Aquí dábase de modo moi agudo a loita entre ideas novas e vellas, e de feito foi xa nas rúas de Compostela onde foi derrotada a revolución liberal de 1848, dirixida polo xeneral sevillano e liberal Solís e inspirada por Antolín Faraldo, liberal e galeguista.

Realmente aquel Santiago da miña infancia era unha cidade moi popular. Era moi común ver alternando nas mesmas tabernas a médicos e catedráticos cos traballadores, e falándose, non en lugares aparte. Había certa capilaridade, ou polo menos unha grande cercanía entre os estamentos: non había barreiras tan ríxidas no espazo –tan físicas–, aínda que o paseo central da Alameda de Santiago garda esa estrutura de tres paseos reservados a cada estamento: un paseo para os cregos, outro para os señores e outro para os artesáns, mozos e criadas. Iso haino que saber, e lembrar que a sociedade era inxusta ferreamente.

Tamén recordo a alegría dos meus dous irmáns maiores. Na miña casa en Sar tiñamos can, porque o meu pai marchaba a cazar daquela. Logo desde que tivo negocio, primeiro a taberna O Mañoso, pódese dicir que tanto a vida do meu pai como a da miña nai acabaron: deixaron de ir ao cine... e deixaron de ter alegría realmente. Foi unha vida moi dura, en adiante e como diría miña nai «moi escrava».

Lembro ao meu pai vir mollado de cazar cos seus cans. Recordo que unha vez un can traboume na man, logo o meu pai matouno. Recordo o desgusto outra vez que o meu pai matou un canciño que eu quería moito que se chamaba Bobi, pero que non lle valía para cazar. Hai sempre moita distancia entre o mundo dos maiores e o mundo dos meniños, sempre é así, convén recordalo. E tamén lembro ao meu pai matando un sapo un día de chuvia cunha táboa cunha punta. Recordo que detrás da casa había un patio e mais unha hortiña pequena na que a miña nai puña a roupa a crarear, esta cousa tan fermosa de cando antes a roupa se puña a crareo, e logo a roupa traía con ela non só a auga e o xabón, senón que tamén traía o sol... cando o había. Acordo tamén un día de sarabia e a miña nai recolléndoo cunha culler do poio da fiestra. A sarabia é unha cousa máxica, como a neve. Lembranzas fragmentarias...

Un veciño noso que se chamaba Pepe, era albanel, e que tocaba na banda de música deixoume tocar o seu clarinete unha vez e levei a sorpresa de non ser quen de facelo soar, de non ter forza para soprar. Acórdome do zapateiro do lado, que tiña un ollo birollo, e que estaba borracho sempre. O pobre home era vítima dos nenos que lle chamaban «¡Chourico, Chourico!» Unha vez mordeu un balón de goma que tiñamos nós e arrincoulle un anaco. A vida era moi cruel e as vítimas tiñan reservado ese papel de vítima propiciatoria. Desde logo o marxinal, ou a persoa diferente por algún motivo, pasábano fatal, moito peor ca hoxe.

Acórdome de nenos perseguindo un cabaliño do demo, e queimalo. Recordo ir pola beira do río Sar, polas brañas..., moitos recordos físicos. A infancia son moitas sensacións físicas. En realidade a vida dos primeiros anos é unha experiencia intensísima moi física, moi da experiencia do corpo, e tamén dunha vida interior riquísima. En certa medida nesa época todos compartimos unha mesma riqueza na vida interior, logo a división de clases sociais e tamén a especialización por traballos sepáranos. Hai persoas que podemos seguir toda a vida cultivando a nosa vida interior e hai outras que se ven en vidas máis embrutecedoras e váiselle debilitando ese mundo íntimo. Eu penso que o ideal é un término medio, dicir isto non é nada orixinal, mais ás veces é mellor ser feliz que ser moi orixinal. Outra cousa é se é posíbel iso da felicidade.

Acórdome tamén de batallas entre os nenos de Sar cos nenos de Castrondouro, unhas casas máis arriba. Eu crieime na rúa cos nenos. Andaba todo o día con outros nenos, todo o día por alí fora. Entón os nenos andabamos moi libres, non había o medo de hoxe. Case non había autos.

Os problemas da cidade

Os autos son os grandes depredadores de hoxe, e tampouco había medo aos estraños, non había tanto medo a que levasen a ninguén porque as rúas estaban todas habitadas por veciños que vivían moito na rúa e coas portas abertas. Había unha gran confianza e os nenos criabámonos na rúa. E iso é algo que tristemente xa non teñen os raparigos de hoxe, nin sequera eses que medran ceibos mais dentro dos límites dunha urbanización de chalés, unicamente tratando con rapaces do seu mesmo ambiente social, como paxariños nunha gaiola irreal de luxo. As urbanizacións de pareados son un desastre desde o punto de vista educativo, son unha segregación por clase social, por ambiente. O fermoso da cidade é a coexistencia do diverso; aínda que haxa barrios altos e baixos tamén hai espazos comúns e un pode coñecer de todo, xente distinta dun. As urbanizacións segregadas son un signo do fracaso da cidade. Considero que son incívicas. Aínda que ben sei que vivimos onde podemos, tomamos decisións dentro duns límites que nos veñen dados polos donos das cidades, dos países. Con todo debemos ser conscientes do alcance das nosas decisións para sequera intentar sermos donos das nosas vidas.

O Mañoso e os primeiros intereses artísticos

Houbo un momento en que os meus pais emprenderon a aventura de comprar unha taberna –penso que foi idea do meu pai e que á miña nai non lle facía moito chiste–. O que pasa é que xa eramos tres fillos e viña outro en camiño. Chegamos a ser seis. O primeiro local que tivemos chamábase O Mañoso. Debémolo ter do ano 60 ao ano 63 ou 64. O Mañoso está aínda, moi desfigurado hoxe, ao lado da Facultade que hoxe é de Xeografía e Historia, e que naquel momento para os santiagueses era o que chamabamos todos a Universidade, por antonomasia. Daquela alí estaban moitas carreiras xuntas: Dereito, Filosofía e Letras... Practicamente todas as carreiras de letras estaban alí.

E eu de neno teño xogado pola facultade, por aqueles corredores. Entrabamos os nenos con medo ao bedel..., coabámonos para dentro aos lugares prohibidos a correr e deambular polo edificio adiante. Lembro aínda cos ollos do neno aqueles espazos grandes... Anos máis tarde estudei alí a miña carreira universitaria. Fronte a ese edificio que chamabamos «a Universidade» estaban os estudos de Radio Galicia-SER, e eu lémbrome de acompañar a un irmán máis vello a levarlles os cafés porque eramos o bar achegado, entrar nos estudos da Radio... Tamén uns anos máis tarde, cando tiña catorce, fixen alí un programiña semanal.

Ou sexa que nun espazo moi pequeno estaba a Universidade, Radio Galicia, a cuarta emisora de España, EAJ4. O característico de Santiago é a alta concentración cultural nun espazo moi pequeno. Santiago é un verdadeiro pote a ferver no que cocen o pasado e o presente, o popular e o culto... Mira, por exemplo, no Mañoso, moitos anos antes de ser da miña familia, tomaban cuncas de viño, «chiquitas», Álvaro Cunqueiro, Luís Seoane... E eu admiro a Seoane por riba de todos os artistas galegos. Para min é unha estupenda plasmación humana da miña idea de artista. Seoane era antes de nada un grande artista plástico –que palabra tan fea esta para chamarlle a un artista–. E tamén era un intelectual comprometidísimo, fecundo, proteico, diverso, que o mesmo facía un mural, un gravado, un óleo sobre bastidor, que editaba libros antifascistas, antifranquistas, que escribía el. Imaxinaba e deseñaba un país contemporáneo. Como pintor, debuxante e gravador é extraordinario, cheo de forza expresiva; é certo que ten unha débeda clara con Picasso, mais se Seoane na vez de ser un exiliado galego en Buenos Aires chega a emigrar a New York tería hoxe moito maior recoñecemento. Eu adoro a Seoane, e ao seu lado que tristes, aborrecidos, mortuorios, tantos santóns «gallegueros». Carallo, Seoane si que foi un artista e un intelectual vivo. Era un moderno dos bos, exiliado dun país derrotado, aquí non había sitio para el. E desgraciadamente o galeguismo que ficou aquí foi o que formou novas xeracións na súa ladaíña morriñenta, e non aquel republicanismo liberador dos exiliados. O galeguismo e o mundo intelectual que ficou aquí era tan magoante..., como o país todo, naturalmente. En fin, a historia de España toda, a da Galiza, é unha putada. Grazas a Franco, aos franquistas e mais a nai que os pariu a todos. Perdemos o mellor.

Un mundo popular

Sobre todo lembro un mundo popular moi vivo. Recordo que os xoves en Santiago era o día da feira. Nese día a cidade transformábase, e isto durou até que eu tiña quince ou dezaseis anos, até que estudei sexto de bacharelato. A feira estaba no centro da cidade de Santiago, no centro da Alameda e alí se xuntaba a cidade e o campo. Os xoves chegaba xente de todas as aldeas e lugares da Galiza, e chegaba xente de Lugo, de Ourense, da provincia de Pontevedra, de todos os lados. E chegaban persoas e animais. Ás veces viña, unha cousa curiosa hoxe inconcebíbel, nos mesmos automóbiles na parte de diante xente e na parte de atrás animais. Entón a xente viña cos animais e viaxaba dentro ou enriba do coche cos cestos sobre a carrocería. Os xoves Santiago enchíase de labregos, labregas e animais. Era marabilloso porque se transformaba nunha cidade absolutamente medieval. Os xoves Santiago arrecendía aos callos dos bares e á calor humana e húmida. Penso que foi o poeta Uxío Novoneyra o que describiu iso como «a Europa da gleba», palabras significativas.

O bar enchíase de labregos e tratantes. Eran os nosos avós, os nosos pais labregos. Os deuses «lares» ou «penates» dos romanos. Á fin e ao cabo nas cidades, na nosa xeración ou dúas ou tres atrás, todos vimos da aldea. Os nosos avós visitábannos e de feito no meu caso era literal. No meu caso viñan os meus avós da aldea da miña nai, sobre todo polas grandes festas de Santiago, á feira da Ascensión, que era unha gran feira de cabalos, e á Feira do Apóstolo: a gran feira galega. Viñan os polbeiros e facíase o polbo á feira, e recordo os seus nomes, moi paveros, como eran «O Capitán Pirata», «O fillo do Capitán Pirata», «O neto do Capitán Pirata»... Cada polbeiro colocaba a súa tenda e era unha marabilla de ruído e recendos. Arredor da feira viñan feirantes. Recordo un home moi pintoresco que se chamaba o señor Papiri. Era un home que non sei se era xitano. Falaba galego unhas veces, castelán outras..., falaba galego moi ben, e dende logo á súa clientela, como eran galegofalantes, falában en galego. El vendía cousas miúdas. Vendía desde pastillas de xabón até adorniños, un pouco de bixutería, panos... de todo un pouco. Eu lémbroo berrando: «¡Vinde porcas, vinde. Vinde porcas, que non vos lavades! ¡Pastillas de xabón a peseta, *braghas* de cu aberto, medias que *cheghan* á cheminea!» E é gracioso que as mulleres, facéndolle caso, reuníanse ao redor del. Facía o reclamo con humor. Na comunicación persoal no noso país hai unha marxe moi grande para o humor e para a picardía. A nosa linguaxe popular está chea de picardía e de intencións, a comunicación é un xogo de intencións amagadas e encubertas constantemente, é como un combate irónico constante. Unha retesía sutil.

Tamén lembro unha muller xitana, chamábase «Arxentina, la mujer adivina». Ela vendaba os ollos e facía de adiviña. Naturalmente, acertaba grazas ás informacións subrepticias que lle transmitía o seu acompañante.

Os xoves era unha embriaguez, un tumulto, unha inundación de diversidade, de vida. A cidade estaba embriagada de vida. Ademais recordo o rito dun prato típico que sempre houbo en Santiago, os callos á maneira galega, cos garavanzos. Miña nai por certo facíaos moi ben. No Mañoso facíanse moi ben e viñan os veciños a buscar os callos. Recordo aquela como unha etapa de bastante apuro, viviamos nunha casa pequeniña encima do negocio. Houbo que instalar una ducha na adega, onde estaban os pipos de viño. Así recordo eses ritos da hixiene, que non era a idea de hoxe, nin como se vive hoxe o corpo e a hixiene. Desde logo duchabámonos un día á semana. Hoxe, sobre todo a xente nova, vive unha certa histeria da hixiene, do olor do corpo, e hai que recordar que na vida dos nosos pais, e desde logo na vida da miña infancia, a xente bañábase normalmente un día á semana porque moitas veces non había nas casas auga corrente, e a auga ademais quentábase na cociña, non había termos nin duchas eléctricas ou de gas. Quentar a auga na cociña levaba tempo e había que xuntar auga, e bañábanse varias persoas na mesma auga. Eu recordo en Sar unha tina de zinc e irse bañando os irmáns.

Mellorou moito a hixiene, e iso é estupendo, e hoxe costaríanos renunciar a eses novos hábitos adquiridos. Mais tamén quero dicir que hai entre nós algo de histeria coa hixiene e os microbios e os cheiros e todo iso, e que nos está a facer un pouco intolerantes, logo viaxamos a outros países e queremos trasladar o noso criterio actual de hixiene e facer diso un absoluto. Non nos damos conta de que o que estamos vivindo é relativo, é algo novo ademais. Eu teño oído a xente nova nosa xulgar con moita dureza os costumes de limpeza dos ingleses, por exemplo, cando eses hábitos eran os que tiñamos todos aquí non hai tantos anos.

Logo tamén acórdome de neno da vida na taberna, no Mañoso. Naquel época Santiago estaba aínda moi vivo, cheo de veciños. Hoxe o casco, Santiago histórico, está morto, é una momia moi ben conservada, moi fermosamente conservada, mais non ten veciños. É un triste fracaso, fóronse os veciños e nada máis queda quen non pode marchar, entre a especulación, os reparos excesivos para amañar as vivendas por dentro e os ruídos nocturnos debido aos horarios dos bares non hai quen queira vivir alí. Daquela estaba chea de veciños e de nenos a corricar polas rúas. As tabernas e os cafés estaban cheos de clientela, de santiagueses. Hoxe só hai xente de paso: estudantes ou turistas.

Pintores e debuxantes

Recordo un cliente noso que era descendente dunha xinea local de debuxantes e pintores, que se chamaba Villafines. Este señor Villafines lémbroo pintar con xiz un debuxo nun encerado que tiñamos colgado no Mañoso, onde se anunciaban as tapas. Recordo que como o debuxo tiña moito mérito, pois deixouse estar e aguantou moito tempo na taberna, sen poder anunciar as racións. Tamén acordo outro home que viña pola nosa casa, o bar, un cliente que tamén debuxaba, o señor Morón, e facía deseños para una tenda de mobles. Cada semana facía un debuxo alí na lousa das tapas, supoño que competindo un pouco con Villafines. Eu tiven alí un exemplo artístico, unha referencia artística naquelas persoas modestas. E de feito foi daquelas que eu tamén empecei a debuxar. Podía ter eu cinco ou seis anos, e empecei a debuxar. Recordo que os meus pais gababan os meus debuxos, e ensinábanllelos orgullosos aos siareiros. E recordo xa daquela de facer algún debuxo a algún cliente... serían garabatos, claro. Esas cousas que teñen algúns pais, os meus desde logo estaban orgullosísimos de todos os seus fillos, aínda hoxe.

Teño moi claro que foron os nosos pais, especialmente miña nai, quen alimentou a ambición para a vida de todos os irmáns, e quen nos deu tamén confianza en nós mesmos. A miña nai é sorprendente, dá por suposto que os seus fillos somos capaces de todo. Por exemplo, cando tiven un desagra-dábel enfrontamento público con Fraga Iribarne, á miña nai preocupábanlle naturalmente as consecuencias para min, pero con todo ela estaba menos preocupada ca min. Ela daba por suposto que un fillo dela podía enfrontarse perfectamente a Fraga e á súa Administración ou a quen fose se o consideraba pertinente, e desde logo se o facía era porque habería razóns para ese enfrontamento. Ela unicamente me animou a que tivese coidado, ¡a que o fixese con prudencia! A miña nai é un fenómeno. E desde logo na súa imaxinación nunca concibiu límites para os seus fillos.

Tampouco o meu pai foi manco niso. Hai un par de anos, non conforme con que os meus libros fosen tendo unha boa acollida razoábel, dime coa inocencia de quen fala desde o fondo da alma, «bueno, a ver si me das un día una alegría y te dan el Premio Nóbel antes de que yo muera» [riso]. Un día destes voume ter que dar algo de présa con iso, porque o meu pai está xa moi maior.

La televisión, pronto llegará...

E foi por aquelas que chegou a televisión. Cando xa tiñamos O Mañoso a principios dos anos sesenta chegou a televisión, e este é un asunto importante: a Televisión. A primeira televisión chegou a Santiago a principios dos anos 60. A televisión primeira que vin foi nun circulo recreativo, O Mercantil, que daquela estaba na rúa do Preguntoiro. Lembro ir cos meus irmáns e con moitísimos nenos do barrio, pasabamos *de estrangis* para dentro a ver a tele. Os primeiros anos da televisión tiveron moito de maxia, a tele ía chegando a bares, a barrios, logo a aldeas..., e a xente reuníase onde podía para ver aquilo que sen dúbida era unha marabilla. Hoxe non lle damos á televisión o valor que ten. Hoxe da televisión case só vemos o lado negativo que ten, que sen dúbida é serio, e temos esquecido que é maxia antes de nada. Se lembrásemos aquela xente fascinada e coa boca aberta ollando a pantalla brillante, con tanta inocencia, teriamos unha visión máis cabal da tele. Algunha xente máis acomodada que compraba aqueles televisores, que eran cunha caixa de madeira para ter máis nobreza e acomodarse aos aparadores, permitía que os veciños pasasen a vela. E mesmo había quen abría as fiestras para que a visen desde fóra. Hoxe, en cambio, a tele é exclusivamente algo privado e solitario.

Recordo ver *Agustina de Aragón*, e que malos eran os franceses e que pistonudos os españois, e publicidade daquela época. De todos modos as películas dese tipo, españolas feitas no franquismo, perderon o seu papel rapidamente fronte aos produtos norteamericanos feitos para televisión que foron chegando, como *Rin-Tin-Tin*. Aos nenos gustábanos máis ver *Rin-Tin-Tin* que *Agustina de Aragón*. Os norteamericanos crearon a televisión e tiveron tempo de madurar contidos específicos e adaptados a ese medio, a tele inventárona eles como quen di e invadiron os países do mundo cos contidos que exportaron e exportan. Sen dúbida que a televisión foi un instrumento de expansión da súa industria e tamén usado conscientemente por eles como medio de colonización cultural e ideolóxico.

Pero a televisión era una marabilla. Logo o meu pai trouxo un televisor a proba ao bar, estivo a proba unha semana ou mais, logo devolveuno. Máis adiante comprouno definitivamente. Naquel momento a televisión enchía os negocios de xente.

A televisión é moi importante para min porque me chegou na infancia. Eu teño lembranzas de antes da televisión e despois da televisión. Eu lembro un mundo antes da tele e xa despois, cambiou as nosas vidas.

Acordo tamén que naquel mundo tan austero, tan pobre, as lambetadas eran as pedras de azucre que tiñamos na taberna. Recordo de comer as galletas no bar. Os rapaces de hoxe o problema é que comen demasiadas lambetadas, mais daquela non había. Logo, tamén, acórdome da escolarización.

A escola

Eu debín escolarizarme algo tarde, pois daquelas non había escolarización tan cedo como hai hoxe. Eu quizais tivera xa cerca dos seis anos cando entrei na escola. O certo é que recordo unha escola pequena mixta, moi pobre, na Praza de Cervantes na que estabamos amontoados os nenos de varias idades. Era dunha sobriña de Alfredo Brañas, o teórico do galeguismo conservador. A mestra atendía nenos de distintos niveis, a min quen me atendía era unha das nenas maiores. Iso si, da primeira infancia sempre fica unha lembranza dourada das primeiras mestras, son os verdadeiros amores primeiros.

Eu recordo que os meus irmáns, máis vellos, escribían con plumín, aínda gastaban tinteiros. Eu empecei como eles co que chamabamos a *pizarra*, que era un anaco de lousa. Era una tecnoloxía antiquísima, porque era escribir sobre unha pedra: do paleolítico. Tiña un bordo de madeira e escribiamos cun anaquiño de pedra afiado e logo borrábase cun pano. Aí empezabamos e o seguinte paso era escribir no papel. Nos papeis xa non empecei con plumín, eu creo que xa empecei con bolígrafo, ou polo menos non lembro andar mollando no plumín, aínda que quizais si porque naquela escola arredor miña si recordo de nenos utilizándoos. Eu penso que xa entrei nun cambio tecnolóxico que sería o dos que gastamos bolígrafo.

Ao cabo dun ano de estar alí pasei a Peleteiro, entrei xa nun colexio que non era mixto senón só de nenos. E realmente eu crieime entre seis irmáns, nun bar, un mundo tamén moi masculino, moi de homes, e estudei logo nun colexio masculino, como era o ensino na época de Franco: o ensino segregado de homes e mulleres. Un mundo só de homes. Hai aí sen dúbida unha certa anomalía obxectiva: durante moito tempo a única muller na miña vida foi a miña nai. Tamén que pobre miña nai, que tivo que vivir nun mundo tan de homes e criar seis fillos, todos nenos. Como para aborrecer aos homes para sempre.

No Peleteiro ao principio paseino moi mal, probabelmente porque levaba moi mala base. Cando me puxeron cos rapaces dos meus anos, eu debía ter entón sete anos, custoume moito. Recordo que se me daba ben o debuxo, pero as matemáticas dábanseme fatal, supoño que era en parte polo meu tipo de mente. Teño unha mente moi dispersa, cústame moito centrarme, conservar a atención. Só concentro a atención naquilo que me atrae. Cústame moito disciplinala. É moi desordenada e sobre todo refúxiase constantemente na ensoñación, son un fantasioso. E logo tamén, por outro lado, quizais poida atribuílo á miña mala escolarización. O caso é que eu entrei co paso cambiado.

Realmente nunca se insistirá bastante no que ten a escola de tortura para moitos nenos. Eu penso que todo ensinante de primaria debería facer o esforzo de lembrar como foi a súa experiencia na escola, e examinala, recuperar os sufrimentos se os houbo para logo dicirse que a crueldade non é precisa, e evitar tratar aos meniños do mesmo modo en que foron tratados eles. As reflexións dos pedagogos que no século XX cuestionaron e quixeron humanizar a escola como Paulo Freire, Freinet, Ivan Illich… están hoxe completamente esquecidas. O pensamento de Iván Ilich non serve para organizar a vida social, mais é unha obxección de conciencia ao noso modelo de civilización con moito sentido e é imprescindíbel para non esquecer que cousa é a persoa e que cousa é a vida. Cada día é máis esquecido e precisamente cada día é máis preciso o seu coñecemento para as xeracións que xa nacen dentro da lóxica da vida industrial, da razón tecnolóxica. As súas razóns deben ser tidas en conta. Eu vexo nos grupos escolares das cidades que baixo nomes distintos todo segue igual. Hai hoxe mestras torturando nenos como elas mesmas foron torturadas antes, segue a haber aulas nas que os meniños sofren atemorizados, a pedagoxía está completamente esquecida, iso si, con algunha palabriña moderna. Falo dos meniños, dos pequenos, a problemática que se dá logo cos adolescentes é distinta, chégase hoxe ao caso contrario de que é o profesorado o que está atemorizado e angustiado. O ensino reflicte as patoloxías sociais mellor que ningunha cousa: hoxe non hai cariño, e tampouco autoridade lexitimada.

Neses anos eu tiña conciencia de debuxar ben, tiña o orgullo de sacar boas notas en debuxo. Estábame orientando naqueles anos a ser debuxante, pintor: era a vocación que estaba cultivando. Sempre debuxei algo e nos anos oitenta mesmo fixen cómics. Lembro que cando marchaba á aldea de miña nai a pasar a temporada das vacacións, alí chamábanme os meus avós: «o pintore».

E de feito, eu soñaba con ser pintor, imaxinábame facendo esa vida dos pintores bohemios que resulta tan fascinante por ser tan libre, tan individualista. Realmente os pintores e escultores son quen mellor representan a figura do artista heroico, conquistador, tráxico. En fin, esas cousas que poden atraer aos rapaces que non soñan con ser futbolistas. Hoxe esa figura encárnana moi eficazmente as estrelas do pop, cun imaxinario mesmo de heroes tráxicos, como Jimi Hendrix, Jim Morrison, Janis Joplin, os Sex Pistols, Kurt Covain o de Nirvana... O caso é que eu soñaba con ser pintor, artista. O de escribir literatura non o vía eu nada heroico nin aventureiro, os pintores tiñan aspecto de guerreiros en cambio os escritores parecían todos avogados, vestidos de traxe gris. Doutra banda, eu podía ver na miña cidade exposicións de pintores, aínda que fose unha arte moi tradicional, mais nunca vía escritores e a súa obra era algo remoto. Daquela os escritores non eran visíbeis e parecíanme unha cousa remota e imposíbel, non conseguía imaxinar aí un modo de vida.

A radio

Naqueles anos de primeira infancia a radio tiña unha presenza moi forte na nosa vida. Nós tiñamos o televisor porque era una taberna, un bar, pero nas casas o que había era unha radio. Recordo que naqueles anos a radio era cerrilmente españolista, a cultura era puro nacionalismo franquista, e axustábase a esa idea de nacionalismo folclórico. Emitía constantemente pasodobres, coplas andaluzas... as cancións de moda, Antonio Molina con aquel «Soy minero», canción ben simpática e bonita aínda que mala de cantar, e a canción andaluza..., a canción pretendidamente española que era a canción andaluza. Algunha tamén como «Al pasar por el Pilar la Virgen está dormida...», é dicir, o imaxinario español, que como sabes, construíase con estas referencias do castelán, sobre todo o andaluz, no asunto musical, algún maño por aquí, bastantes rancheras por alá, Jorge Negrete... Desde principios dos sesenta había presenza de cancións italianas, algunha francesa... E foi unha pena que esa presenza desaparecese completamente a principios dos setenta, porque as cancións italianas son unha delicia e finalmente aquela folclorada franquista acabou sendo esmagada absolutamente polo pop anglosaxón que sepultou todo, tamén a música que nos podería chegar doutras culturas. Hoxe é imposíbel oír na radio comercial algo cantado en italiano, francés, alemán, árabe... Só se oe inglés ou castelán. O caso é que daquela educación de infancia quedaron para min asociadas moitas cousas ao discurso ideolóxico franquista, por exemplo a tal «copla española». E tardei ben anos en poder gozar das canción de Imperio Argentina, por exemplo. Con todo, sigo pensando que non é desinteresada a reivindicación que se fai na actualidade destas cousas. Na reivindicación dos touros, da copla... hai moito de ideoloxía franquista. Ás veces cando dicimos unha cousa estamos a falar doutra cousa.

Recordo que había diariamente as chamadas novelas, que en realidade eran radionovelas. Recordo a de *Fray Escoba*, que era un mulato que se chamaba Fray Martín de Porres. Era terrible aquilo, cómo sufrían os personaxes, e as mulleres que escoitaban aquilo choraban. Ou aqueloutra, *Ama Rosa*. Veña chorar as mulleres todas. Pero non hai que desprezar a radionovela: era a presenza da literatura nas vidas da xente, a presenza dunha literatura que emocionaba, a presenza da literatura e o teatro na vida dos pobres. Non hai que desprezar estas radionovelas. E por outra banda estaban realizadas con moita dignidade por actores, guionistas..., daban de comer a artistas, creaban profesión. Eu penso que é moi triste que hoxe non se fagan radionovelas ou espazos dramáticos na radio, pois son teatro lexítimo. Coa diferenza de que a cámara escura que é a cea teatral neste caso somos nós, as voces crean un espazo na nosa mente que escoita, a acción dramática ocorre dentro nosa.

A radio foi un medio de vida para actores, un medio artístico, lembremos que Orson Welles traballou moito na radio, paréceme que creara un espazo que se chamaba *Teatro do aire*. Qué nome tan bonito. Digo a verdade, gustaría escribir textos dramáticos para a radio, que fosen lidos por actores e actrices e escoitados pola xente nas casas mentres cociñaban, calcetaban, nos traballos, nos autos... O que pasa é que para iso habería que crer na radio, na literatura, e nas radios públicas cada vez hai menos xornalismo e máis servilismo pailoco ao mando político. Ademais de seguro que non mo habían encargar a min, co ben que me queren...

Nas radios non existía a frecuencia modulada, senón que todo era onda media, onda curta e onda longa, e polas noites collíanse emisoras árabes, portuguesas, en inglés... en idiomas estraños. Aínda que nos chocaba o paradoxo de que as emisoras portuguesas, que falaban parecido aos galegos, eran ao tempo «estranxeiras».

A radio era o único diverso que había nas vidas durante o franquismo, era a única idea de que no mundo había liberdade e alegría; como escribiu Ciro Alegría naquel título tan fermoso, *El mundo es ancho y ajeno*, a idea de que o mundo era algo extenso, diverso, remoto, variado, sorprendente. O franquismo quixo anular os nosos espíritos, derrotarnos até a raíz, e a radio era unha proba de que había outra vida, outras vidas. E de feito, de noite cando é o tempo de soñar, pola radio podíanse oír as emisións da BBC en castelán, até tiñan un programa semanal en galego, ou de Radio Pirenaica, que era unha emisora do Partido Comunista de España, ou de Radio Moscova en castelán... A radio era un chisquiño de aire libre. Eu adoro a radio por ese espírito viaxeiro, libertario, libre, que salta montes, océanos e aduanas. A radio é máis fermosa que a televisón aínda. Oíndo a onda media pola noite dan ganas de facerse mariño.

Todos gostamos, penso eu, de soñar algunha vez «se eu fose millonario...» Pois se eu fose millonario abriría unha taberna, para que a xente puidese reunirse a beber e a cantar, colocaría un carteliño ben visíbel que dixese, «aquí pódese cantar, fágao o mellor posíbel». Eu desprezo ese odio que hai na Galiza desde hai uns anos a que a xente cante nas tabernas, esa é unha gilipollada. Comprendo que non se faga nun café, que é para conversar, mais nunha taberna... E abriría precisamente tamén un café, animando tamén a que a xente se reunise para facer tertulias, xogar ao xadrez, ás damas... Iso si, non tería naipes. Entendo que o xogo de naipes ten unha graza distinta, para iso deixaría se acaso un reservado. Para os fumadores faría un salón especial, como había en tempos. Eu gostaría de ver reunións de xente, tertulias, vida social en suma, que cada día é máis escasa.

A oralidade

Ben, pois outra cousa que abriría se fose millonario é unha emisora de radio. E nesa emisora metería todo o que non queren as outras. Programas persoais, outras músicas, divulgación de noticias libres, información non controlada nin polo poder político nin polas empresas que pagan a publicidade... E sen publicidade. Soñar é libre, xa se sabe, pois nunca hei ser millonario.

En Radio Galicia-SER había o costume de radiar contos galegos, chistes. Había un señor en Santiago que se chamou don Xesús Mosquera, que era un vello galeguista conservador. Tiña unha tenda no Preguntoiro e fora amigo de Castelao. Este señor facía un personaxe na radio que se chamaba «O vello dos contos. Contaba chistes choqueiros arremedando o falar dos paisanos, tipos populares, caricaturizados. Hoxe ao que facía chamariámoslle «monólogos teatrais», e dese oficio vello veñen os «contacontos» actuais, os actores que difunden esa maxia do teatro, esa marabilla de contar historias dramatizándoas en bares e lugares públicos para xente que non iría hoxe ao teatro, e que así e todo era o público natural do teatro cando este estaba vivo, antes de ser desprazado polo cine e logo pola televisión. A xente que asistía aos autos sacramentais barrocos, ás obras da compañía do Shakesperare no Globe, ás comedias de Lope... eran xente común que hoxe non pisa un teatro nin atada. O teatro está alienado de si mesmo, perdeu o corpo e así tamén a alma. O teatro hoxe está exiliado e sonámbulo, penso eu.

Un humorista que entón era moi famoso era O Xestal, que grababa discos daquela. Cando eu tiña oito ou nove anos outra das miñas grazas, ademais de debuxar, era relatar estes chistes. Contaba os chistes que me aprendía da radio, da rúa ou do patio do colexio. Os chistes corren entre os nenos, sempre, aínda. O noso mundo era un mundo oral, no que falabamos moito e contabamos contos uns aos outros, hoxe en día é un mundo moito máis audiovisual no que os nenos consomen as videoconsolas, debuxos animados..., mais aínda así seguen a aprender e a contar contos. Eses contiños se seguen vivos é porque o gozo da literatura é algo universal, e esa é unha literatura da que os nenos poden gozar.

Con todo, o noso mundo era máis oral, había unha maior transmisión da cultura oral. Os chistes para min son unha cousa importante, parte da cultura oral. Entón eu de pequeno recordo que tiña esta graza de contar chistes, e recordo que era unha graza miña porque aos meus irmáns non lles daba por aí, até tal punto que recordo á miña tía Ramona chamándome *O vello dos contos*. Eu era un neno que tiña esta dobre habilidade que era a narración, a oralidade, o oído, e por outro lado tamén cultivaba o debuxo. Tiña estes dous camiños. Seguramente do meu mundo de infancia quedoume a idea de que a palabra verdadeira é a palabra falada, que a palabra escrita é unha palabra alleada, sen aura. Sempre me custou encerrarme nos límites da páxina de papel. Vénme de aí, supoño, e tamén de que son moi falador, claro.

Por certo que Ramona tamén lle chamaban á mula que tiraba do carro dos varredores municipais, a pobre da miña tía tiña que soportar as bromas conseguintes. E non recordo moi ben que lixo podía recoller, porque daquela o lixo todo que sobraba nas casas era moi pouco. Daquela a xente non tiña lixo. É un tema curioso este do lixo, eu diría que se poden estudar os cambios na nosa civilización a través do estudo da produción de lixo. Hoxe a industria do lixo, recollida, reciclaxe, procesado todo, move grandes sumas e o lixo transformouse nun auténtico problema que atinxe á supervivencia da nosa civilización e da nosa especie. Esta civilización nosa, este modelo socioeconómico, produce tanta porcallada que ameaza a todo o planeta. É evidente que é un modelo insostíbel e que debe ser custionado.

Daquela todo o que sobraba da comida era para os porcos ou para as galiñas, nós tiñamos galiñas, e non había lixo. Plásticos case non había. Periódicos había poucos, líanse poucos periódicos. Hoxe non moitos máis. Nas casas dos pobres non se lían periódicos, e amais os periódicos valían para queimar nas chemineas, para acender o lume, ou para envolver cousas, os xornais ninguén tiraba con eles pois eran moi útiles, de maneira que non sei que lixo podían recoller aqueles varredores que lembro que pasaban ocasionalmente polo meu barrio. Hoxe témonos transformado esencialmente en fabricantes de lixo, debemos facer un quilo por persoa ao día. Iso é debido a que xa non somos traballadores, creadores, senón consumidores. O rasto que deixamos non é o que fabricamos senón o que consumimos, e os restos do consumo.

Máis infancia de posguerra: a ética do traballo

O do bar foi realmente un cambio brutal nas nosas vidas. Sen dúbida que o meu irmán máis vello, Antonio Raúl, foi o que pagou un prezo máis alto, porque era un neno. Se eu tiña catro anos el tería daquela nove ou dez. Entón con dez anos empezou a traballar no bar, e non chegaba á máquina cafeteira, hai que recordar que as cafeteiras de antes tiñan un brazo que se levantaba, coma unha panca. El non chegaba para darlle ao brazo e subíase a un tallo. E aí empezou unha nova época da historia da miña familia. Todos empezamos a traballar no bar. O meu irmán Manolo debeu empezar con once e eu xa empecei con trece ou catorce, así que fomos progresando, o progreso existe, cada irmán incorporábase máis tarde. Recordo perfectamente a solidariedade entre os irmáns, os que xa traballaban querían retrasar a entrada no traballo do que viña atrás, doíanse del, o que pasa é que era unha cadea natural. Realmente foi un cambio brutal na nosa vida.

Os meus pais tiveron o prurito de que os seus fillos, tivesen os estudos que eles non tiveron, e déronnos o estudo nun colexio que eles creron que era o mellor, que era un colexio de pago. Daquela tamén hai que dicir que o ensino público non ofrecía moitas alternativas. A xente cando fala alegremente do franquismo faino porque é canalla e cómplice ou por ignorancia. A sublevación dos militares fascistas, o franquismo todo, supuxo a destrución dun sistema de ensino público que a República estaba a levantar pouco e pouco. Perdeuse un sistema de ensino público como o que tivo por exemplo a República Francesa, iso si a cambio Franco tivo unha poboación ignorante, submisa e amedrentada, entregándolle a educación á Igrexa Católica Romana, que foi a verdadeira intelectual do franquismo. Pero tranquilos, que nin os militares nin a Igrexa Católica van pedir perdón á sociedade española polo dano que lle fixeron. Que se arrepintan os pecadores, eles non. Mentres a Igrexa Católica non pida perdón e non cambie, mentres o clero sexa ese, é un deber moral de toda persoa honrada ser anticlerical, e dun modo específio todo cristián que coñeza e crea no *Novo Evanxeo*, e na súa mensaxe de caridade e amor, debe ser anticlerical, antifariseo.

E así fomos estudando no Colexio Peleteiro todos os irmáns con bastante sacrificio especialmente dos meus pais, pero tamén noso. E realmente ese esforzo común amalgamou a nosa familia toda, de maneira que temos conciencia dunha grande unidade familiar, todos os irmáns e os meus pais, un grupo bastante compacto, porque estamos unidos por un grande esforzo, un certo destino familiar. Penso que para todos nós a idea de levarnos mal entre os irmáns sería algo insoportábel. Aínda que, naturalmente, a vida ábrese, expándese, continuamente e cada irmán vai tendo unha vida propia e distinta.

Houbo bastantes anos na nosa vida nos que non se cerraba o bar nunca, nin sequera no día de Noite Boa. Realmente antes a vida estaba sempre aberta. Quen tiña unha tenda de ultramarinos ou unha taberna tiña sempre a porta aberta.

Chegaba un veciño a calquera hora. Entonces era así, quen tiña un mostrador, quen tiña unha porta, vivía coa porta aberta todo o día.

E quen vive toda a vida nun negocio onde hai xente, vive sempre no ruído, nas voces, nos ruídos de fondo, de tal maneira que para min estar só, dentro da casa no silencio, é unha anomalía. Realmente eu padezo de algo que é un medo contemporáneo: o *horror silentii*. A xente ten medo a estar soa. Eu non teño medo a estar só, a soas conmigo mesmo, nin a falar no sentido de verme a min mesmo, pero si que instintivamente escapo do silencio. Chego á casa e prendo a radio. É unha pena porque o silencio é unha marabilla, é un bálsamo. Cando vén en doses axeitadas. E cada vez é máis escaso. A xente nova pásalle como a min, xa case non sabe estar en silencio. No fondo o silencio déixanos a soas con nós mesmos, e iso é cada vez máis insoportábel para o *eu* contemporáneo.

O traballo hoxe

A conciencia que temos hoxe de separación entre traballo e ocio antes non existía tan clara. Había días festivos, claro é, mais na sociedade preindustrial existíase traballando, sobre todo se traballas no teu non vives o traballo dun modo tan alienado, non o vives tanto como unha escravitude. Nos textos de Marx, que segue moi vivo, como seguen vivos outros pensadores do século XIX como John Stuart Mill ou Max Weber, hai, paréceme, dous conceptos distintos de «alienación» do traballo. Hai un concepto posterior, que está recollido no *Capital* no que analiza, desvela, o nacemento da «plusvalía». E hai outro concepto, anterior, que está recollido nos manuscritos de xuventude, *Grundisse*, no que analiza o cambio entre o traballo dun labrego ou dun artesán e o traballo industrial. Eu penso que esa análise primeira da alienación do traballo é máis esencial aínda que a outra, a perda do senso do traballo é unha desgraza en si mesma. Hai unha certa relación, ou polo menos eu véxolla, entre estas análises primeiras de Marx e algunhas reflexións posteriores de Benjamin sobre a vida no noso tempo, verdadeiras iluminacións. A historia non se desanda, non se pode volver atrás, mais as formas en que se dá o traballo hoxe nas sociedades occidentais é deshumanizadora. E xa non digo a verdadeira escravitude na que traballan tantos millóns de persoas no Terceiro Mundo para encher de mercadorías de moda os andeis das tendas e grandes almacéns. A economía do consumo ciméntase na escravitude; sen escravitude laboral de mulleres e meniños pobres non vestiriamos con modas anovadas cada ano, non vestiriamos roupa de usar e tirar con ela.

Os nosos pais educáronnos a todos cun grande sentido da responsabilidade, que é un dos nomes da culpa, ou que tamén está moi achegada á culpa. Parte da miña educación é a da responsabilidade. Tamén a dos meus irmás, así como o sentido do deber, en todos os aspectos da vida, no compromiso. Isto vai asociado tamén a cousas como a palabra, o valor da palabra. Hai cousas que van asociadas na nosa educación. Os nosos pais educáronnos con moita firmeza en valores como a lealdade, a responsabilidade, no deber en xeral, e cun criterio moi claro do ben e do mal, tanto no social como no individual.

Valores e educación

Hai que darse conta de que a nós nos educában para ser adultos pero tamén, conforme eles mesmo aprendían a profesión, aprendíannos a servir detrás dun mostrador e tamén a tratar aos empregados, aos camareiros. Tiñamos que saber como tratar ás persoas poñéndote tanto nunha situación de inferioridade como de superioridade, qué cousa estaba ben ou mal tanto cun cliente como cun empregado. E ao tempo conservar a dignidade en situacións contrarias, facer equilibrios. Ese é un núcleo da nosa educación moi compacto. E penso que iso fixo de nós persoas moi capaces de comprender aos demais, de pornos na pel dos demais.

Xa non quero comentar o que tal aprendín eu na vida nun bar sobre a vida en xeral e sobre a vida social, desde logo que sen toda esa información e perspectiva non podería ter escrito case nada.

Desa experiencia teño moitas leccións, polo meu modo de ser cústame moito tratar a ninguén desde unha posición superior, de mando, mais, sendo da familia propietaria do negocio, no meu papel de encargado, tocoume exercer ese mando e nunca gustei diso, ponme nunha posición especialmente incómoda. E por máis que polo común as relacións cos empregados no noso bar sempre foron moi boas, co compañeirismo propio da convivencia diaria, sempre hai momentos en que hai que exercer a autoridade, iso non ten volta. A min custábame máis iso que o traballo propiamente; non todos valemos para mandar.

Eu teño experimentado máis tarde outras formas de exercer o mando, a autoridade, nas que me sentín con máis forza moral. Penso que a autoridade é precisa, onde non hai autoridade explícita e real manda o máis forte sobre o máis débil. Agora que a autoridade que nace democraticamente, co consenso da colectividade, é a que ten forza moral para mandar. Non hai que ter medo a esta palabra, mandar, sempre que ese mando se dea nunha sociedade democrática e se exerza con control democrático. De todos modos, eu prefiro ser mandado, e penso que en xeral, se non hai abuso que me obrigue á rebeldía, son moi guiado. Ou mellor aínda, o que prefiro é andar por libre, sen mandar en ninguén e sen que ninguén me mande. Actualmente son traballador autónomo, e síntome verdadeiramente a gusto, como nunca. No entanto, hai persoas que prefiren mandar, outras ser mandadas. Hai xente para todo. Eu realmente son un pouco cabra, prefiro andar ceibo.

O traballo no bar aprendeume tanto... Aprendín a necesidade das formas de cortesía, o servizo baséase nas formas de cortesía. Aínda que hoxe é apirolante que hai camareiros que na vez de falar, e con cortesía, rosman, roñan, non dan as grazas... En fin, a hostelaría está de puta pena. A hostelaría ensina que debes tratar con respecto de entrada a todos, tanto ten que che caian mal, tamén a esa persoa antipática débela tratar ben. E iso está moi ben, porque cada vez que tratamos con respecto a unha persoa que a priori non o merece estámoslle a dar unha nova oportunidade de, sentíndose respectado, portarse debidamente. Se o fan ou non xa é conta deles. Eu tiña que tratar con respecto a persoas estupendas, regulares e algunhas, poucas, francamente estúpidas.

En todo caso, coido que a cortesía é unha conquista irrenunciábel, é como a presunción de inocencia, como os dereitos que nos recoñecen as leis a todos, e paréceme intolerábel o que fai a sociedade española que perdeu totalmente o sentido da cortesía e da urbanidade. A sociedade española actual, ademais de inculta e iletrada, como foi sempre, é agora groseira, torpe. Pasouse do servilismo obrigado polo medo á barbarie da perda total da urbanidade. Campa o populismo que lle di a xente que é guai e todo iso, que ri da falta de educación, mais iso é un populismo que pretende o dominio sobre a xente a través da complacencia. Nunca esquecerei a prédica daquel cabrón vestido de traxe italiano e camisa de seda, que viaxaba en Mistère a conta nosa para ver as corridas de touros, e que se dirixía aos «descamisados», tanto me ten de que partido sexa, un cabrón reaccionario é un cabrón reaccionario. Alabar a ignorancia e a brutalidade da xente fano os demagogos que reducen as persoas á plebe, e que aspiran a dominala. Os nosos pais educáronnos en xeral nun culto ao traballo, porque nós só tiñamos o traballo, máis nada. Os meus pais eran practicamente proletarios. Eran traballadores que abriron un negocio e tiveron que sacalo adiante a poder de traballo. Non había máis que traballo. Non tiñamos propiedades nin rendas, a cultura da nosa casa era moi calvinista. Para nós pódese dicir que o traballo é unha fonte de valores, e isto paréceme unha verdade xeral. O traballo apréndenos antes de nada o valor das cousas, se non sabemos o traballo que custa facelas, gañalas, as cousas parécennos que caen gratuitamente do ceo. E alén diso, quizais máis importante, traballar demóstranos o noso propio valor, a nosa propia capacidade, o que somos quen de facer. O traballo demóstranos que non somos inútiles, non hai outro modo de sabelo. Quen non traballa debe saber que está nunha situación que non é normal, que é excepcional, unha situación que basicamente é a de estar mantido por outros, e que a sociedade, ou a súa familia, só pode soportar de forma transitoria. O normal na vida para as persoas útiles é traballar. Francamente, só o traballo nos proporciona orgullo e dignidade. Quen vive doutros sabe no fondo que está nunha posición débil, infantilizada diriamos. E iso non é propio de adultos. Claro que estas cousas que digo hoxe están moi veladas pois o que se nos pide é que sexamos consumidores, non traballadores. Mais a persoa adulta que está reducida á mera condición de consumidor é unha persoa moi débil, falta de dignidade, que merece a nosa conmiseración.

Eu diría que outros aspectos da cultura da miña casa son o respecto á autoridade, que loxicamente falando daqueles tempos leva dentro compoñentes autoritarios. Aínda que penso que non o servilismo. O meu pai especialmente sempre tivo a gala respectar e ser útil aos seus xefes, o seu ascenso social e profesional debeullo a serlles útil, tendo a capacidade de ser mediador e bo compañeiro. Pero por outro lado paréceme que conservou unha marxe de liberdade individual e un sentido persoal de xustiza. El sempre conservou para si o senso de non ser servil, un certo sentido da liberdade individual. Unha reserva particular.

Esa marxe da liberdade individual para min foi importante, e naturalmente unha fonte de conflitos. Obrígache a negociar, a pactar, non autodestruírte mais conservar ao mesmo tempo unha marxe para o individuo, conservar o teu criterio, un certo sentido da rebeldía, e tamén un certo sentido pícaro na parte do meu pai. O meu pai tivo que sobrevivir sen ningunha arma, sen ningún instrumento máis que as capacidades persoais. El era un emigrante e cando veu para aquí non tiña nada e tivo que saír adiante. Entón hai tamén un certo sentido de picaresca na cultura do meu pai que nos transmitiu a todos nós, é dicir: as ensinanzas do meu pai son a ser traballador antes que nada, mais tamén deixou unha marxe para ser pícaro, ser espelido e atento as ocasións. O que traballa se non o acompaña de agudeza non progresa, esa é a súa lección. Ser boa persoa mais non ser parvo e advertencias semellantes. Aínda que en verdade, polo que eu vexo, el propendía a ser bo de máis. Máis que fortuna conseguiu respecto e afecto dos demais.

Hai moitas circunstancias na vida que nos atan, hai ocasións nas que non temos marxe de acción, liberdade individual, nas que non temos outro remedio que baixar a cabeza e soportar humillacións, pero mesmo nesas situacións debemos conservar un reduto interior que nos permita ver cos nosos ollos, nunca aceptar o que che queren impor inxustamente. Debemos conservar un lugar interior sempre para a disidencia, para a nosa propia voz. En casos extremos é o que nos salva de perecer e nos permitirá logo saír adiante. O que non garda unha voz libre no fondo de si e se entrega ao dominador enteiramente está perdido, será un escravo porque lle terán tirado a alma.

Inestabilidade social

Realmente o meu pai foi un instaurador de valores na nosa casa. Sendo un home formado nun mundo de campesiños moi conservadores e adoutrinado logo de mozo na ideoloxía fascista do exército de Franco, tiña un certo desprezo a quen se comporta de maneira clasista. Pódese dicir que a nós ensinóusenos a tratar con respecto a quen fora socialmente menos que nós e tamén a desprezar a quen estando por riba nosa se comportase de forma clasista, inxusta. Hai un grande desprezo en nós polo elitismo e a humillación social.

Na miña familia penso que temos tamén unha grande inestabilidade social, é dicir, non está claro o noso lugar de clase. Tanto o meu pai como a miña nai viñeron dunha aldea, a miña nai dunha aldea de aquí, o meu pai dunha aldea de alí, pero cada un deles inventouse a si mesmo; por así dicilo, como todo inmigrante, escaparon ao destino e empezaron a nova vida, mais o seu modo de instalación foi moito coa perspectiva do ascenso social, do progreso. Eran ambiciosos, no bo senso da palabra. E polo tanto se eu me movín en Sar nun barrio de xente traballadora, co tempo marchamos de alí e ascendemos ao alto da cidade, tanto no senso social como no espazo físico, pois Santiago é unha cidade levantada nun castro elevado rodeada de dous ríos, Sar e Sarela. A rúa onde tivemos O Mañoso chamábase a Praza do Castro. Entón ascendemos do Sar ao centro da cidade, dentro das murallas. O noso mundo sempre foi ese equilibrio. Eu crieime entre traballadores que eran a nosa clientela esencialmente, aínda que tamén había xente da pequena burguesía. Un mundo moi igualado, e vivíase moi mal. A principios dos anos 60 vivíase moi mal e con moitos traballos, como xa dixen.

Os meus pais tiñan negocio, mesmo tiñan algún empregado, pero viviamos do noso traballo. Eramos unha cousa ambigua que estabamos entre uns e outros sempre. E á fin e ao cabo quen despacha ao público é un servidor, serve, de feito chámase «servir nun bar», «servir una consumición»... O dono dun negocio, aínda que teña diñeiro, serve. Hai una posición ambigua en todo na miña familia, ambigüidade social. E iso é unha fonte de inestabilidade para min mesmo, sigo sen ser quen de situarme a min mesmo: estou seguro de que hai persoas que me situarían socialmente nun plano de relativa relevancia social, mais eu sigo sen verme a min mesmo así, e de feito teño vocación de estar fóra de clase, sei que nunca serei de ningunha clase, e isto arrinca da miña infancia, da miña historia familiar. A conciencia que temos na miña familia é que vivimos unha vida de excepción, no sentido de que vivimos condicionados polo traballo. Eu crieime na rúa e nos bares. Eu desde pequeno, malia os esforzos de miña nai, loxicamente aprendín a blasfemar; aos clientes facíalles moita graza oír dicir aos nenos as palabras dun maior, un palabrón. Eu vivín nun mundo popular de xentes traballadoras de todo tipo. O que dá o ton nun bar é a xente común. Polo tanto eu vivín sempre rodeado diso e ao mesmo tempo non sendo parte diso. Dentro pero fóra. Estea onde estea síntome fóra de lugar, un intruso no fondo.

O traballo é moi importante na miña vida e na miña formación, fíxome moito máis capaz, moito máis activo, máis resistente. Cando os demais estudaban, eu estudaba e traballaba. E puiden relativizar tamén o propio mundo intelectual, o da xente que vive exclusivamente no mundo das ideas. Quen só estuda na súa vida e logo incluso continúa exercendo unha actividade laboral como é a investigación ou o ensino, que é unha prolongación da vida do ensino, quen só coñece esa vida, ten unha deformación por vivir nun mundo só de ideas. Eu estou moi prevido para non caer aí. Interesoume sempre ter un contacto co mundo real, o mundo do traballo, o mundo da xente común, e francamente nunca lle tiven moito respecto ao mundo dos intelectuais. Nunca me interesou tratar con eles. Ás veces interésanme as ideas dalgúns, mais eu tomo a idea por escrito e xa está, o trato persoal pouco che me interesa.

O autodidactismo

Eu como intelectual son atípico, formeime absolutamente por libre, sen ter referentes cercanos; e iso desde logo ten cousas boas e tamén terá as súas cousas malas. Nunca busquei nin me interesaron os ambientes literarios de Santiago nin de ningún outro lugar tampouco, porque hai xente que minusvalora o que ten no seu lugar e logo adoecen como papóns polos que saen nos xornais de Madrid. E como co curso dos anos e das cousas acabei por coñecer xente de aquí e de acolá comprobei o que xa sabía, en todas partes hai xente estúpida e intelixente, e frecuentemente os nomes máis sonados da prensa madrileña son foles finchados de vacuidade. Ademais, que esa idea de «centro» no mundo das ideas nada máis existe para os papóns, hoxe a prensa escrita ou dixital chega a case todas as cidades occidentais, na miña cidade podo ler prensa inglesa, francesa, alemana.... e na Internet. Hoxe o cinema afortunadamente tamén chega a máis sitios, hai máis teatro... De modo que esa dependencia provinciana dun centro non ten moito senso. Non quero dicir que non se viaxe para coñecer cousas, polo contrario digo de viaxar cando se queira e se poida, mais facelo sen complexos e facelo con criterio persoal, non como ovellas, ir a Barcelona, a París, Londres, Madrid...

Ao que vou, eu non quería entrar en contacto coa xente instituída ou coa xente que tiña poder. Francamente penso que non se consegue nada dese xeito, e prefiro gañalo eu. Ademais son orgulloso de máis para aceptar situacións de pupilato. Son moi chulo no sentido de que quero gañar eu as cousas a pelo, é o único modo de aprender realmente. O que alcanzo eu está ben. Moralmente resúltame moi incómodo deberlle algo a alguén. Aínda que, coido eu, non oculto as débedas cando as hai e recoñézoas.

Se cadra tamén influíu neste refugar á xente establecida intelectual ou artisticamente un certo instinto iconoclasta que me parece evidente que teño. De entrada someto a crítica a calquera autoridade ou figura instituída, receo dela, só lle concedo respecto se me demostra que é merecedora del. E agora que o penso paréceme que este trazo do meu carácter, ese ser orgulloso, é o que me fixo forte para non ser submiso, nin papón, e tamén me deu a enerxía para atreverme á aventura da arte. Todo artista aliméntase de orgullo e ambición solitaria.

Por outro lado tamén hai aí un perigo, se tes moita ambición mais non tes o talento e a forza para levala adiante, podes caer nun pozo, que é moi característico do mundo intelectual e artístico, o da envexa e o resentimento. É unha amargura cativa que impide recoñecer o talento nos demais e que na fin de contas tampouco permite ter a xenerosidade precisa para crear. Unha cousa é envexar o que alcanza outro, desexar conseguilo tamén, e outra cousa é desexar que o perda. Dicir isto é dicir evidencias, mais penso que o hai que dicir unha e outra vez, porque o temos moi esquecido no noso mundo artístico.

Ser *Falapaso*

Lémbrome estando só coa miña *abuela* Valentina, a que vivía con nós, moi sumida moi beata, sumida nas lembranzas do seu lugar, do seu mundo. Desas horas gardo unha impresión, aló no fondo de min, de estar só. Nalgún sitio no fondo de min ocupa un lugar importante a sensación de estar só un neno. Debín pasar horas bastantes con ela. E logo recórdome cos nenos pola rúa e os meus irmáns. Pero sobre todo a partir do Mañoso os meus pais estaban sempre detrás do mostrador traballando. A miña nai sempre estivo moi atenta a nós, con moita ansia de nós. Tívonos moi atendidos, moito coidado de ternos limpos, o mellor vestidos que podía dentro dos límites da nosa economía. Pero case sempre tiña que traballar e para min na miña vida o gran papel educador desempeñárono os meus irmáns. Entón para min o amparo afectivo foron, en gran medida, os meus irmáns máis vellos: o meu irmán Antonio Raúl e o meu irmán Manolo, e eu teño moitas cousas que son deles os dous. Penso que de Antonio tomei o senso da formalidade e o deber, aínda que isto é moi común en todos os irmáns, e de Manolo un modo de estar na vida brincadeiro e alegre, Manolo era un rapaz moi alegre e sempre estaba a facer o indio. En certa medida nunha familia numerosa e na que os pais traballan, os irmáns máis vellos exercen o papel de pais e nais para os máis novos.

Avós e familiares

Eu abrín un libro, *Parado na tormenta*, quizais o máis persoal meu, cunha evocación da miña avoa Dolores, e cerreino con ela tamén. Se cadra amiña avoa actuou como musa do libro. No texto dicía que mentres a miña avoa foi sempre a mesma, dunha peza, e pasou de nena a muller sendo a mesma muller, eu en cambio, o seu neto, son moitas persoas distintas, son unha persoa fragmentada, escindida. Eu son moitos Susos, son moitas persoas. Chamábase Dolores e o nome da casa era *Falapaso*, ese é o nome da miña xente materna, da miña xinea, mentres que a casa do meu pai alá extinguiuse, a casa cerrouse, vendeuse. A miña *abuela* emigrou aquí e con ela cerrouse a casa, e cerrouse a súa vida. A familia da miña nai estivo moito máis presente na miña infancia. Pódese dicir que a miña ascendencia cara atrás, polo lado paterno está truncada, foi cortada, e de feito eu apenas tiven contacto coa familia do meu pai. E hai aí un elo solto, o meu avó paterno, Faustino, do que sabemos moi pouco. Emigrou a Cuba, quixo pasar aos Estados Unidos ilegalmente e cando chegaba o gardacostas da policía guindáronos ao mar a el e aos que o acompañaban; comérono as quenllas do Caribe. Un día, penso, escribirei a miña investigación sobre ese home fantasmal, un día perseguirei esa pantasma.

Coa familia da miña nai o contacto foi máis achegado. Para min a viaxe cara atrás na miña vida era esa familia, a ascendencia era esa familia, esa casa de aldea é a que ocupa un lugar maior no meu imaxinario, sen dúbida. Así e todo, eu xa son un rapaz nacido na cidade, e polo tanto ese é un lugar de onde veño pero ao que xa non pertenzo.

A identidade

Recordo unha vez que vindo de Londres cadrei nun avión con Mick Jagger diante miña, que viña actuar a Santiago; é bonito iso de «actuar», facer un acto. E viña tamén un home, un emigrante, ao meu carón. E que falando con el dese modo elíptico e de avance gradual tan dos galegos acabei descubrindo que era da aldea da miña nai. E para lle dicir quen era eu a ese home, díxenlle «eu sonche de Falapaso», o nome da casa familiar: entón, nese momento, el soubo quén era eu. Eramos dous descoñecidos mais en dicíndolle que eu era de Falapaso el soubo quén era eu. Para el a clave da miña identidade era o nome da casa a que pertencía eu. Para el, no seu mundo, o sentido da pertenza a un lugar clave, a aldea, e a unha xinea, é a clave da identidade.

Esa é a concepción tradicional da identidade. Pero iso non é así no mundo actual. No mundo actual a miña identidade está aquí na carteira, no NIF. No mundo actual quen me asigna identidade a min é o Estado. Esta cifra de números e letra é a miña identidade. É o Estado quen me tatúa un número até que morra. E realmente eu son isto na vida diaria, ese número constantemente, nas transaccións, nos negocios... Entón son dúas identidades absolutamente distintas, este número e, un pouquiño tamén, a identidade tradicional.

Para min o tema da identidade é o tema esencial. Repara en que as claves da identidade son o lugar de onde es, aquel home e mais eu soubemos algo un do outro cando nos dixemos de «onde» eramos, e logo a familia, a casa «de quen es». Na sociedade tradicional eses son os dous trazos que che fornecen identidade: a pertenza a un lugar e a unha xente. E de feito por iso mesmo *Calzados Lola* é unha obra que trata temas moi antigos: trata da identidade, do choque entre a persoa que nun lugar é alguén, porque é alguén por pertencer a un lugar, e logo esa persoa cando emigra perde esa identidade arcaica e pasa a ter unha identidade contemporánea. E a identidade contemporánea é a soidade: ser un individuo máis libre e tamén máis só. Ser un descoñecido nunha cidade allea.

Os críticos galegos que tan agoniados están porque a literatura en lingua galega reflicta e acrescente a identidade tradicional e todo iso non comprenderon que é unha novela que trata desa ferida, de algo que verdadeiramente me é tan querido e que é tan contemporáneo como é o arraigamento e o desarraigamento.

Na *Odisea* aparece dúas ou tres veces a situación en que un descoñecido chega a unha praia estranxeira. Telémaco, por exemplo, chega a unha praia e pregúntanlle os do lugar de qué terra é e de qué xente. É dicir, o que aquí comunmente se di «ti de onde es e de quen vés sendo». E Telémaco responde e entón é recoñecido.

Eu quero seguir sendo un Falapaso mais xa non é certo. Alegroume moito cando a aquel home lle puiden dicir que eu era de Mercedes de Falapaso, pero eu xa non son iso. Eu son tamén unha triste personaxe mediática, para os meus fillos afortunadamente son outra persoa distinta, son o que berra con eles e co que comen na mesa. Así e todo cada vez máis a personaxe mediática devora os outros aspectos da miña identidade, da miña vida, de tal maneira que case todo o mundo, os meus veciños, a quen ven é a personaxe mediática. Non me ven como unha persoa senón como un personaxe, e un personaxe non é máis ca unha máscara. Mesmo eu ás veces vexo no meu espello ao puto Suso de Toro, teño medo a transformarme nel. Aí hai un aspecto terribel, íramático, da relación entre persoa e personaxe. Todas as persoas hoxe somos moitas personaxes en suma, unha na casa, outra no traballo, outra... De todos modos, voando naquel avión, e voar nun avión ten algo como de saír do tempo e do espazo, as coordenadas nas que se dá a nosa vida, foi como se saíse nun hiato da miña vida. E alí estiven, naquel voo máxico, entre as dúas forzas que tiran de min en dúas direccións antagónicas, dunha banda estaba aquel personaxe icono dos adolescentes criados polos *mass media*, Mick Jagger, e polo outro alguén saído do mundo do que veño e ao que nunca pertencerei. Era coma se estivese entre dous anxos ou trasnos ou algo así, os meus dous *daimon*. Foi unha experiencia estraña.

O asunto ten voltas. Con todo algunhas delas son paveras, como me pasou unha vez, xa hai anos, en que veu un tipo de Madrid a entrevistarme, dixéranlle de entrevistar varias persoas na Galiza e unha era eu. Como o meu nome non lle era familiar quixo cerciorarse de que eu era realmente alguén coñecido, ou sequera coñecido na miña cidade, convidoume a xantar nun restaurante caro para a entrevista e logo preguntoulle ao camareiro se me coñecía, estando eu diante, desde logo que foi ben maleducado, mais fíxome rir a situación. O camereiro olloume e contestou, «coñezo, claro». O outro preguntoulle entón se lle podía dicir quen era eu e o camareiro contestou «o do Venecia, ¿non?» O Venecia é un café que ten a miña familia desde hai bastantes anos. El coñecíame, sabía quen era eu, e de feito tamén sabía que andaba na cousa de escribir ou algo así, mais sabía fundamentalmente a miña identidade pola pertenza á familia. Eu rin moito, porque o resultado das preguntas impertinentes era paradoxal, o preguntador comprobou que eu era efectivamente un fulano coñecido, mais érao por ser do lugar [risos]. Aínda hoxe río lembrando aquilo.

En todo caso, se eu chegase ser a un repugnante polo asunto da soberbia, unha contestación así devólveche de contado ao teu nivel. Quizais para alguén que anda no asunto este de ser personaxe o máis conveniente sexa seguir vivindo sempre no teu lugar, así nunca poderás crer de vez a historia da personaxe. Os demais sempre saberán de quen vés sendo. E iso non é malo. Aínda que ás veces tamén apeteza desaparecer e empezar de novo noutro lugar.

Os actores

E en relación coa identidade persoal e con esta escisión íntima está o asunto dos actores. A min resúltame moi curioso o oficio dos actores, moi interesante, e inquedante. Un actor, actriz, é alguén, penso eu, que debe estar baleiro para dar cabida a outros «eus», a outras personaxes sucesivas que van interpretando. En cada interpretación debe asumir outra vida, outra personalidade, outra biografía, outros costumes adquiridos... E para iso o máis conveniente en abstracto é non ter unha vida persoal, parece que o máis acaído é estar baleiro, coma un traxe que agarda pendurado o corpo humano que o encha. Naturalmente isto é terríbel. A min fascínanme os actores porque practican esa especie de maxia. Ao cabo alguén que interpreta unha personaxe é coma se estivese posuído por ela, é como ser médium e deixar que esa pantasma, a personaxe, entre en ti e fale e actúe a través túa. Hai como unha alienación no traballo de actor. Ben sei que hai escolas de interpretación que o entenden de modo distinto. Porén eu creo que é un traballo moi exposto, e non me estraño nada da fraxilidade dos nervios dos actores. Para min son os artistas máis arriscados e vulnerábeis. Admíroos pola súa entrega, unha entrega que pode chegar á alienación. Son o artista que está máis preto das vellas cerimonias relixiosas, eles si que fan transubstanciacións e falan cos espíritos. Gaño medo de pensar en ser actor. De todos xeitos eu non vallo para iso. Eu só podo espirme indirectamente, en oco, a través da escrita. Iso de exporse ao público, de amosar as febras máis íntimas que un leva dentro, de amosar os movementos, os ángulos do corpo máis reservados, os estados de ánimo, sentimentos... Hai que ser especial.

E precisamente penso que a palabra literaria só vive na boca e no corpo do actor, ese é o gran milagre literario, a encarnación da palabra. E para o teatro é cando se poden escribir cousas que na páxina semellan ridículas. O teatro é o lugar da palabra literaria total, do máis baixo e vil e do máis elevado. O teatro é un milagre. Tamén o cinema. A interpretación é o que é verdadeiramente un milagre. E os actores facedores de milagres.

A infancia como tema: edipismo e masculinidade

Eu teño a idea de que o neno e a nena que fomos emocionalmente seguímolo sendo sempre. E ademais estou convencido de que aínda que unha persoa chege a vella, séguese vendo a si mesma, imaxinándose, como o neno ou a nena que foi. Realmente no profundo, no mundo emocional, é como se non evolucionásemos. Evolucionamos nas capas exteriores, mais no núcleo interior seguimos sendo sempre nenos. O neno é a cerna dun mesmo.

A memoria da miña infancia non é a dunha infancia feliz. Hai cousas moi fermosas no medio mais en xeral na miña infancia non domina o esplendor do verán senón máis ven predomina a cor pálida e gris do inverno.

En *Tic-Tac* hai a idea da infancia como o predominio da infelicidade. Esa é a idea que vexo na miña infancia. Supoño que na medida en que *Tic-Tac* é unha expresión miña, un libro dos máis poéticos meus, dos máis subxectivos, dos máis persoais, debe ser o que máis se acerque a unha visión literaria de min mesmo. Porén, non sei establecer a relación directa entre a miña vida e o discurso profundo do libro, ou se cadra o que non podo facer é ese acto de violencia, de razoamento. Supoño que o que non podo facer é a psicanálise da miña obra. Podo facer unha psicanálise de min mesmo e de feito pódese dicir que eu vivo facéndome a psicanálise, pero o que non podo é facer a lectura psicoanalítica de *Tic-Tac*: non sei traducir da literatura que escribín ás miñas vivencias, non sei facer a equivalencia.

Pais e fillos

Desde *Tic-tac* pode que aparezan temas novos: unha dor nova. Posibelmente apareza o tema dos nenos, da dor pola infancia, porque ter fillos ten un dobre carácter: por un lado desgasta, e polo tanto envellece, e fai que esteas máis canso, e polo outro rexuvenece, porque cos fillos de novo volves a revivir a túa infancia. Eu digo que cada fillo abre un manancial na pedra que nós somos, que son eu mesmo. Ás veces os fillos pregúntanche se lles queres máis a un que a outro, esa é unha pregunta importante que ten a ver coa nosa necesidade de existir, de non ficar na sombra, de estar no centro da vida. E eu penso que o cariño a cada fillo é un manancial que abrolla dun lado distinto da pedra. Reverdecen, fecundan, porque se non ímonos secando como pedras. Hai que criar nenos, polo ben deles e polo propio ben. Ás veces poden ser testudos, pero hai moitos nenos no mundo que precisan pais e nais, que precisan cariño... Eu creo que para a maduración das persoas hai que criar nenos, aínda que non sexan dun, que sexan bioloxicamente doutros.

En canto á afirmación do individuo, eu teño a idea de que o chamado complexo do Edipo é preciso tanto para homes como para mulleres. Máis alá da lectura que fai o propio

Freud, eu creo que ese complexo é bo, tanto para uns como para outras, no sentido de que é a rebelión que che permite independizarte. Creo que hai un momento en que toda persoa ten que medrar, e só medra cando se separa, e para poder separarse hai que romper, e só se pode romper mediante un enfrontamento.

Defendo a necesidade do mito de Edipo, que os pais estean aí diante para que precisamente os fillos se poidan rebelar. É doloroso ser pai nese momento, mais tamén é doloroso ser fillo. Eu fun fillo e agora son pai. E non obstante creo que iso tense que dar, os fillos precisan uns pais a quen querer, uns pais que os queiran e, asemade, uns pais a quen poder odiar chegado o momento. E iso é preciso. A miña nai dicía de min que cando eu era un neno fun un neno moi boíño e que non dei guerra ningunha, e que a guerra empeceina a dar entrado na adolescencia. A partir dese momento fun moi rebelde. A partir dos trece anos empecei a ser moi rebelde. Claro, a rebelión na familia tradicional concretábase na figura do pai, que era quen establecía a lei: era o poder e a lei. Entón eu fun moi rebelde fronte a meu pai, e podo dicir que vencín, no sentido de que para un modo de ser como o meu só hai dous modos de saír dun enfrontamento: ou vencer ou ser destruído. Co modo de ser que teño eu non tiña outra opción que vencer. Porén, nunca na vida vences sen máis, digamos que máis ben sobrevives aos enfrontamentos sucesivos.

Eu digo que os homes somos moi mala xente até que pasamos os trinta ou os corenta anos. Hai un veleno en nós, unha enerxía negativa, violenta, que portamos con nós e nos fai atacar, sermos violentos e intolerantes. Debe ser a testosterona, unha enerxía agresiva. E realmente hai unha época en que empezas a adozarte, a suavizarte. De certo os homes cando máis capacidade de facer paternidade temos é nos primeiros anos, pero realmente un home empeza a ser mellor pai a partir dos trinta e bastantes, porque ten máis capacidade de dozura e non precisa estarse afirmando, estar afirmando a súa virilidade. Aos homes realmente pódesenos tratar a partir dos trinta e tantos: antes diso somos asasinos e violadores en potencia. Portamos con nós unha enerxía, que é a enerxía da especie, a que propaga vida, que é moi destrutiva, moi dura, irracional e cega. Cando vai perdendo potencia o home é cando vai mellorando a persoa. Pódese dicir que até entón o home está tripulado pola especie, polo instinto de supervivencia, que o único que quere é atacar, asaltar, fecundar... O meu irmán Antonio facía trasnadas de neno. Una vez cunha machada rompeu un cabalo de cartón que lle regalaran e tirouno na fonte. O meu irmán Manolo era un trasno completo, un rapaz moi inquedo. Tanto é así que unha vez a miña nai deulle a beber auga bendita, a ver se tiña un demo dentro, porque non había maneira de domealo. En cambio eu cheguei á puberdade, á adolescencia e empecei a afirmarme aí.

O meu pai hai que entender que é no fondo un emigrante. Emigrou dunha aldea do sur de Zamora, e a través do exército veu dar a Santiago. Só tiña vinte anos e daquela xa ficou aquí. El mesmo hoxe ten conciencia de ser emigrante, el sábese galego polo destino histórico, repite iso de «uno no es de donde nace sino de donde pace», pero ao mesmo tempo a súa identidade persoal, íntima, é a daquel rapaz dunha aldea castelá. Isto é unha base de desarraigamento na propia historia familiar. Por outro lado a súa educación, como a de xeracións de mozos españois, fíxose no exército, onde continuou anos. O sentido que tiña da familia era o imaxinábel. O concepto da autoridade bastante cuarteleiro, e o papel suavizador era a miña nai.

Doutra banda, referíndome ás relacións de pais e fillos, hai unha cousa que esquecemos porque desprezamos o coñecemento que proporcionan os animais, os machos disputan o territorio. Mesmo dúas femias tropezan. Especialmente sábese que o macho adulto é celoso do macho máis novo conforme medra. Cousas que van máis alá da propia razón, dos propios sentimentos, é algo que está na lóxica da especie. E eu, sinceramente, acredito moito na lóxica da especie. Creo que á parte das pautas psicolóxicas, pese á cultura, que suaviza e enmascara de tal modo que permite que os enfrontamentos sexan civilizados, quen manda en nós é a especie, a vida. Pero enfrontamentos hainos. Se non recordamos esas cousas non entenderemos nada do que nos narran a diario as páxinas de sucedidos dos xornais.

Abundo na idea do edipismo, de que é preciso para o adolescente rebelarse. O enfrontamento é un rito de paso. O enfrontamento é parte do rito de paso necesario para facerse adulto. Dun modo ou doutro, as veces explícito outras non, mais ese choque maniféstase.

Como dixen antes, eu vivín nun mundo moi masculino, e a muller sempre foi o «outro»: un continente descoñecido. É un tópico mais para min é verdade, non coñecía muller. Na rúa tendiámonos a separar os nenos das nenas... de tal maneira que eu nunca souben tratar coas mulleres, custoume moito. Nunca entendín o que as mulleres querían. Nunca entendín a súa linguaxe, que é unha linguaxe social, claro. Pero a información sobre o sexo, as relacións coas mulleres, víñanche a través das amizades. Daquelas non había educación sexual de ningún tipo. Todo iso era pecado sen máis. Todo era prohibido. Entón o único que aprendías era a través dos chistes pícaros, que curiosamente eran os que che subministraban a única información que tiñas durante moitos anos, e con iso tiñas que facer cábalas, cómo era a cousa do home e a muller, cómo era o corpo delas...

Pódese dicir que o sexo píllanos por sorpresa: de repente o corpo empeza a falar por si mesmo, xa non podes paralo. E realmente o sexo nos adolescentes é unha desas demostracións do poder da vida. Oufanámonos do control do noso mundo racional, sobre nós mesmos, pero é unha falacia moi grande. De feito na adolescencia o que ocorre é que a propia natureza embriágate, apodérase de ti, posúete. É coma se de repente rebentases, rebentase a natureza a través de ti. É algo que non controlas. É incómodo lembrar a adolescencia, porque o rostro da verdade sempre é máis ou menos perturbador.

No que eu lembro sempre fun moi heterosexual, sempre tiven una fixación sexual clara nas mulleres, nas rapazas, e logo o que tiven foron moitos amigos. Tiven moitas amizades moi significativas, de adolescente. A amizade desempeña na miña vida un papel moi importante, e digo a amizade entre homes, aínda que hoxe poida ter tamén amizade con mulleres. Pero sobre todo naqueles anos, naquel mundo masculino, a amizade para min era cousa de homes. Creo que é un erro da xente relegar cousas a un estadio, á xuventude, e pensar que a amizade é algo da xente nova. Para min a amizade é especialmente importante na xuventude, pero é algo moi valioso en calquera momento da vida. Eu entendo que un amigo é un amigo de por vida, que son testemuñas da túa vida e ti da deles: un compañeirismo vital. É unha parvada pensar que a amizade se debe abandonar.

O cinema, a aventura

Recordo tamén ir os domingos ao cine cos meus amigos. O ir ao cine era un acto colectivo. Na saída do cine volviamos a repasar as escenas da película, a representalas, e a xogar as escenas de piratés, romanos, vaqueiros... Reviviamos a película. Estabamos entre o soño –a película que tiñamos aínda no fondo da cabeza– e o xogo colectivo. Estabamos nun presente de xogo mais estirabamos aínda o soño. Recordo unha película marabillosa que volvín a ver todas as veces que a puxeron: *Los Titanes*. Seguramente que se a vexo hoxe levo as mans á cabeza do malo que debía ser aquel *peplum*. Mais para min naquel momento en *Los Titanes* había aventura, a violencia da aventura, as loitas, pero tamén o horror dun mostro, que era a Górgona, e había este cruzamento que eu realmente creo que é a aventura, cando se xunta o valor heroico, enfrontarse individualmente a un perigo mortal, co horror, co sinistro, co monstro que dá noxo porque é inhumano. As películas educáronnos na ética da aventura, do aventureiro. Pero eu non teño claro se é bo ou malo educar os rapaces na aventura. Para min máis ben si. Pero a aventura é a guerra, non nos enganemos. O heroe o que fai é matar. Entón aí entra un problema moral que non teño claro, non o teño resolto. Cando lles dicimos aos nenos que non xoguen con pistolas, que non xoguen a matar, non sei se é bo ou malo.

Este é un tema de moral. Nos últimos anos empezan a difundirse algo a través dos medios as ideas pacifistas que critican a educación para a guerra, o militarismo. Aínda que a publicidade, os filmes e videoxogos propagan a agresividade, o machismo, a deshumanización con moita máis eficacia. No mundo da miña infancia a sociedade era concibida como un cuartel, un cuartel católico, onde o Exército español e a Igrexa católica tiñan presos a todos os internos, un colexio nacional-católico. Era unha educación absolutamente odiosa, machista e fascista. Militarismo puro, os nenos desfilabamos na escola, a sociedade enteira desfilaba.

Aparece un problema que ten unha dimensión estética e ética. Cando os nenos viamos aquelas películas estabámonos educando en valores épicos, e polo tanto en valores guerreiros, pero estabámonos educando no valor, físico, moral, no heroísmo e a aventura. E os valores da aventura son: a lealdade aos amigos, ao teu pobo, á túa xente, á túa familia, e sobre todo tamén a coherencia, é dicir, a lealdade a ti mesmo, a insistencia en ser ti mesmo. Eu creo que todos estes son valores positivos, e logo ademais está o valor para desafiar ao que te quere destruír, ao que cuestiona a túa identidade. Se cuestionamos todas as películas guerreiras e impedímoslles xogar..., eu non sei que pasa, en que os educamos, ¿na anemia da vontade, do valor? A nivel simbólico é necesario, pero ao mesmo tempo non queremos educalos para matar a ninguén. Estou desconcertado: non teño ningunha resposta.

A morte

Penso que en parte ten que ver co medo á morte, que tamén é o medo á vida, pois a morte é a compoñente fundamental da vida, percórrea toda. Pretendemos evitar a morte. Hoxe cando morres desapareces, o teu cadáver faise invisíbel, lévano para un tanatorio nas aforas da cidade, apartado. Eu recordo antes cando sacaban a caixa da casa, a xente que acudía alí, mesmo os desfiles solemnes, con banda de música... A morte era un acto social, a fin dunha vida social, non era algo privado. Hoxe morrer parece que é de mal gusto, ninguén quere saber que morres. Acabaremos morrendo como cagamos, en privado no váter. Logo tirarán da cadea e alá iremos. Se falas cunha persoa nova de que queres comprar unha parcela no cemiterio, quen che escoita sacode a cabeza como querendo apartar a conversa, como dicindo que é unha conversa de mal gusto. Como se en morrendo non te tiveran que meter nalgún lado. Eu penso que a tendencia que se vai estendendo de preferir a incineración ao enterramenteo ten que ver coa impresión de que a incineración é como unha desaparición máxica, unha morte volátil. Pois eu non, eu quero que me lembre a miña xente. E quero que a miña lembranza os ilumine dalgún modo, que estando eu morto o meu cariño os alcance aínda, os protexa dalgún modo. A presenza real da morte tiña un valor educador tamén que se perdeu. A trivialización da vida conduce a que a morte non se considere, se oculte. A morte tiña un valor educador na vida das persoas. Hoxe en día, como se ignora que existe, desaparece a morte e polo tanto desaparece tamén a vida. Faltando a morte falta a vida viva, paradoxalmente.

O problema que temos hoxe é que non queremos educar aos rapaces para matar, pero ¿que ocorrerá se teñen que defenderse? Se non os educamos para matar como unha posibilidade, ¿estámolos educando para vivir? Estámolos educando para unha vida na que está excluída a necesidade, a continxencia de que poden morrer. Non sei ben, quizais nos equivoquemos cando educamos aos rapaces.

Perfílase un problema moral, que é o problema de matar, o problema de quitarlle a vida a alguén. Establécese o problema da necesidade. Na vida actual non existe a necesidade. Hai pouco dixenlle á miña filla que ela nunca coñecera a fame: querer comer e non ter qué comer, pero é bo coñecer a fame. O refrán do meu pai, que é castelán refraneiro, é que «no hay mejor sazón que el hambre». Nada lle dá máis sabor á comida que a experiencia da fame. Do mesmo xeito a desaparición da necesidade fai que a vida sexa trivial, sen substancia nin valor. Ao final non sabemos o valor das cousas que temos. Se nunca careciches de algo nunca saberás o seu valor. Moitísima xente, todos algunha vez, soubemos o que nos importaba algo ou alguén cando nos faltou.

Unha cousa é ser pacífico e outra cousa é educalos para unha vida na que están a salvo da vida, na que nunca ninguén os vai atacar, na que non van ser molestados. Estamos preparándoos para unha vida na que nunca van correr riscos, na que non hai perigos. Pero ¿e si hai perigos? ¿Quen te vai defender se ti non tes a responsabilidade de defenderte a ti mesmo? Daquela teno que facer o Estado. Por un lado estamos creando seres irresponsabeis, infantís. Son servos, irresponsábeis, non son capaces. Pero por outro lado o Estado, para esa continxencia de vida ou morte precisa un exército. Este é o problema que eu considerei cando apadriñei no seu momento obxectores de conciencia. O conflito entre o dereito a unha ética individual, pacifista, que me sinto obrigado a defender, ten un valor bo, e, asemade, constato que cómpre un exército. Constateino cando, como consecuencia do ataque brutal contra Irak que lle permitiu aos EE.UU. establecer fortes bases militares nesa zona estratéxica polo seu petróleo, se desencadeou unha vaga de insubmisión ao servizo militar obrigatorio e xurdiu na sociedade española o tema da obxección de conciencia. Case ao mesmo tempo houbo a guerra en Iugoslavia. ¿Se non hai ningún exército quén defendería aquela xente? Porque hai xente que si que estaba disposta a matar, a facer unha limpeza étnica. E vaina haber sempre.

Matar

Isto formula tamén o problema que eu me cuestionei durante o franquismo. A miña conciencia política e a miña militancia leváronme a considerar o problema da loita armada e o problema de matar. Non só polo teu país, tamén pola túa idea. O país son moitas cousas. A militancia antifascista fíxonos considerar a moitos o tema da loita armada: fronte a un estado militar que utiliza exército e policía armada contra a poboación, ¿é lícito ou non é lícito moralmente defenderse tamén coas armas? Hai un aspecto que é a efectividade política: ¿a que te conduce? A experiencia da guerra civil fai máis ben pensar que conduce á autodestrución. Un estado moderno militar non pode ser vencido desde fóra por unha poboación que non pode armarse. Iso conduciría á aniquilación, iso foi o que fixo Franco: aniquilar a sociedade, deixar unha sociedade esnaquizada e débil na que el podía mandar coma un vampiro absoluto.

Outra dimensión á parte da política é a dimensión moral. Eu cuestioneime o tema seguinte: ¿se eu teño oportunidade matar a Franco e librar a sociedade dun tirano cruel e pernicioso, faríao? ¿E se a policía dispara contra manifestacións antifranquistas debemos devolver o fogo? E ese é todo un dilema. Agora falamos da loita armada, do pacifismo e de matar como un absoluto, pero hai situacións nas que eu non teño unha resposta clara, hai situacións excepcionais nas que moralmente non sei se é posíbel ou non, se é xusto ou non matar. O que si sei é que o franquismo foi tan radical que nos obrigou a todos a considerar temas tan radicais como a loita armada, o problema de matar.

E non esquezamos que do franquismo vén o GRAPO e a ETA. Poderá dicirse que noutros países hai loita armada e non o franquismo, pero o certo e que a ETA naceu contra o franquismo, a súa primeira morte foi a dun comisario torturador, e os GRAPO naceron contra o franquismo. Iso está relatado no libro de conversas que fixen con Camilo Nogueira e moitas máis persoas, a loita armada do GRAPO naceu directamente da represión policial. E, aínda que agora custe recoñecelo, o GRAPO da fin do franquismo, ou o FRAP non estaba tan lonxe doutras organizacións nas que militamos outros. E digo «militar» con conciencia do que digo. Ou como cre a xente que se financiaban os partidos clandestinos e como conseguían parte dos seus aparellos de propaganda? Cando o estado ilegaliza a xente toda a súa vida vólvese forzosamente ilegal.

E logo hai outros problemas na cuestión de matar, o tema social e o tema xurídico de se o Estado ten dereito a tirarlle a vida a unha persoa. Eu son contrario á pena de morte, creo que os estados non teñen dereito a tirarlle a vida a unha persoa. Agora ben, tamén digo que se unha persoa lle fai mal a alguén que eu queira ou me fai mal a min, se pretende destruírme a min ou aos meus, eu creo que eu se podo mátoo. E xenio paréceme que non me falta.

Mesmo penso que por vinganza, cando xa o mal está feito, e non é para evitar un mal, eu creo que podería matar a unha persoa que lle fixese un mal grave a unha persoa que eu queira. Unha cousa é a moral social e a estrutura xurídica e de ideas, a pena de morte, e outra cousa é o mundo do individual e do ético. Na verdade creo que a vinganza é o máis humano, parte dun sistema de reparacións e equilibrios. *Non volvas* trata entre outras cousas diso.

Ás veces na nosa sociedade o sentido da xustiza e o humanitarismo confúndese coa estupidez. O que hai en realidade son ideais que non teñen unha convicción profunda, a xente repite eslógans, a nosa sociedade non ten valores reais, asentados dentro das persoas, non é que haxa un pensamento débil senón unha ausencia de pensamento. A xente ten medo a pensar de forma individual e repite consignas.

Lingua e identidade: primeiras lecturas

O meu pai, como dixen, é castelán e a miña nai en casando pasou a falar o idioma do meu pai. Primeiro porque é o idioma do meu pai, e logo polo proceso común que se deu e se segue a dar de escapar da lingua, xa que a situación do idioma non cambiou de modo esencial e segue a ser o idioma subordinado. Para a maioría dos galegos pasar ao castelán é un modo de procurar escapar da necesidade, da pobreza, e de ascender socialmente. É dicir: na Galiza, aínda hoxe, o idioma propio dos nosos antepasados é para moita xente o idioma do pasado, da nosa historia... de todas as desgrazas. É o idioma dos traballadores, das clases populares, dos labregos, o idioma da necesidade, da emigración, da fame, das humillacións... O idioma co que eras humillado ao chegar a escola. Todo idioma ten unha memoria, unha carga de connotacións e significados. O galego foi, e aínda o é, o idioma dos perdedores. Hai que ser moi chulo para afirmarse nel, para resistir, porque iso é o que é.

O idioma do Estado era e mais é o castelán, o idioma do poder. Non vou detallar o que aínda está na vida de moitas persoas vivas. O galego non era vivido como un idioma senón como unha fala dos oprimidos, un estigma. O idioma era un signo de clase. Para integrarte na sociedade que pintaba algo, na cidade, para ascender, había que escapar do idioma, dos nosos pais. Para non ser desprezado había que pasar ao castelán. O galego era da aldea e dos barrios, o castelán do centro da cidade. O grande drama nacional galego é ter perdido as clases dirixentes e a consecuencia é que a lingua ficou sen ter un suxeito consciente, reducido a unha fala vulgar.

Dentro dese proceso dun plan implícito de ascenso social na miña familia, a miña nai optou por un proceso de desclasamento, e optou por educar aos seus fillos en castelán, quixo para ela e para os seus fillos o mellor. Desgraciadamente é o que está ocorrendo aínda hoxe. Nin houbo nin hai liberdade no uso do idioma, o idioma foi até hoxe unha condición do destino das persoas. Esa é a base idiomática da miña infancia. En todas partes hai diferenzas na lingua que sinalan distincións de clase social, divisións entre campo e cidade, mais a anomalía sociolingüística é que nun pobo de Valladolid, poño por caso, aínda que un labrador e un notario falen con algúns trazos distintos, falan o mesmo idioma. Na Galiza, en cambio, o notario dese exemplo, poño por caso, fala non o idioma do país senón o castelán. En Valladolid un señor apréndeles aos seus fillos o seu idioma, que xa foi dos seus pais; aquí apréndenlles aos fillos o idioma dos outros. Hai unha humillación moi grande aí oculta, unha ferida íntima, e sobre a humillación non se levanta vida digna ningunha. Unha poboación humillada nunca será un país libre.

Na miña casa falábase un castelán ben falado pola parte do meu pai, e un castelán acastrapado por todas as demais partes, cheo de galeguismos. Pero é que ese castelán cheo de galeguismos era o que se falaba na miña cidade. Cando eu entrei na escola, os meus profesores falaban tamén un castelán cheo de galeguismos que eles mesmos non detectaban. ¿Como habiamos «falar ben» se os nosos profesores falaban un castelán acastrapado? Logo ao noso arredor estaba o galego. O galego, aínda que reducido a un nivel moi baixo e con castelanismos, fluía con toda naturalidade na vida diaria. Había que ser moi impermeábel para non estar influído. Eu vivía nun cruzamento de dous idiomas, ese é o meu lugar lingüístico.

A aldea

Nos veráns pasei temporadas de neno na aldea da miña nai. E a aldea era un mundo que me namorou, porque era en verán, que é a época dourada, unha época marabillosa, e realmente a aldea era un mundo moi familiar, moi cálido, e cheo de experiencias agradábeis, físicas, táctiles... olores, sabores, xogos. A aldea é un mundo de liberdade para os nenos. Non hai mellor lugar para criar un neno, especialmente os primeiros anos porque é un mundo da gran liberdade física e de experiencias, de estar exposto a olores, sabores... un mundo cheo de cousas. Un mundo dourado. Mesmo os traballos eran diversión. Nós divertíamonos traballando. Eu teño ido de neno apañar a herba, cargala no carro, dabámoslles de comer ás galiñas, apañar a froita, regar as leiras... Fixen traballos que eran traballos mais tamén ocasión de xogar.

Para min é un mundo máxico. As temporadas que pasei na miña aldea son un tesouro de experiencia, como escritor e como persoa. É un tesouro de experiencias que me serve de contraste co resto da miña vida, coñecín aquel mundo, desaparecido, e coñecín este mundo, e sérveme para relativizar o meu mundo, o mundo ao que pertenzo. Eu podo analizar en parte a vida industrial, a vida mediática, a vida contemporánea, a vida do ruído, porque coñecín o silencio. Coñecín un val no que a xente falaba dun lugar a outro a voces, porque non había ruídos, non había tractores, nin radios... Un mundo de silencio. Os ruídos eran as voces da xente, os latidos dos cans, os ruídos da auga, do aire..., do mundo. A única máquina que eu recordo de moi neno naquela aldea era a malladora, a máquina de mallar o trigo, que ía a gasóleo, o único aparello de motor que había por alí. O muíño era de río, e os ruídos eran os que facían as xentes ou as bestas.

Eu creo que é importantísimo na vida das persoas tratar cos animais. Sinto moito que os nenos urbanos de hoxe non coñezan o trato cos animais. Eu creo que tratar cos animais humaniza porque dá unha dimensión transcendente da vida, a vida existe fóra de nós, os humanos non somos o único escenario da vida. Esa idea que temos de ser o centro exclusivo do universo é errada, non somos máis que hóspedes do mundo, o que pasa é que somos uns mangallóns que abusamos do resto do mundo vivo. Tratar animais relativiza a condición humana.

Hai unha gran deformación na vida contemporánea. É absolutamente antihumana: unha vida estúpida e antihumana. Unha vida na que o humano se quere separar doutros animais. O que se fai é crer que o humano é algo distinto, que está só no mundo, que está exento. Ao final todos somos parecidos a cans, a bois, a gatos... E quen teña tratado con animais aprendería moito sobre a xente tamén, e mesmo relativiza o que hai de especificamente humano en nós mesmos. Relativiza o valor da cultura. Os animais son curmáns nosos.

Eu enlazo coa lingua galega non tanto polo galego «ambiental» da miña cidade, senón dun xeito íntimo: a través da aldea dos meus avós, de Camboño, por certo un nome celta. Paréceme que ven de *cambudunum*. Para min esta é a ligazón inicial e íntima co idioma. Logo veu o coñecemento da realidade social e a ideoloxía, mais primeiro está un afecto inicial. Realmente descubrín alí na aldea a miña familia, porque a miña nai era unha persoa soa, mais alí estaban os pais da miña nai, e os irmáns da miña nai... e toda a familia. A fonte de onde un vén. Alí descubrín a xente da miña nai, a miña xente, a familia que realmente existía, porque a do meu pai practicamente non existía, e amais era a que eu tiña máis cerca fisicamente. A miña conexión co idioma e complexa e íntima. O que fixen eu é saltar por riba dunha cesura familiar, unirme directamente ao mundo dos meus avós, á aldea de procedencia. Eu aprendín galego na aldea. Para min son palabras cargadas de afecto, moitísimo amor, e sobre todo de graza, o idioma que se falaba na aldea da miña nai é para min a lingua máis fermosa. Sonoro, cheo de eses sonoros, unha gheada moi suave, que lle daba graza ao idioma, unha fala moi parecida ao brasileiro. É unha lingua fermosísima e chea de expresividade a da miña avoa Dolores que aínda dicía «quinta feira».

Para os rapaces nacidos na aldea que chegaban á cidade ser da aldea era un estigma que os puña en peor posición fronte aos rapaces de barrio, eu en cambio, curiosamente, presumía cos meus amigos de «ter» unha aldea e lembro que lles falaba a todos eles marabillas da «miña» aldea, a da miña nai. Supoño que debía ser un pesado coas cousas que me entusiasmaban. O meu cariño e entusiasmo revalorizaba un mundo que era desprezado, tan inxustamente.

Eu aprendín ese galego, e para min pasou a estar ligado cun pracer. Pódese dicir que cultivei iso na distancia. Cando volvía á cidade seguía cultivando o recordo da aldea e o seu idioma. Na cidade nada tiña, comparado a aquel mundo. Volvía ao mundo pálido das rúas, que tamén tiñan vida, pero que ao lado da aldea palidecían. Aquel era un mundo dourado, verde e dourado. Podería reconstruír experiencias, sensacións... os pés descalzos na terra, o arrecendo da herba, arrancar mazás dunha árbore, o sabor da auga da fonte fresca, o sabor do leite muxido da vaca, denso, espeso, cheo de sabor... Lembro nenos marabillosamente salvaxes baixar bestas da Barbanza montados a pelo suxeitos das crinas. Tantos sabores, olores... Para min ningún olor que se asocie coa aldea é malo, nin sequera o olor da bosta. Aínda que hoxe hai olores novos, como o purín, que é puramente tóxico. A porta do forno cerrábase con bosta. Esas repugnancias que hai actuais de quen non sabe o valor das cousas, de quen non sabe que para recoller o trigo e para poder comer o pan, primeiro hai que recoller o esterco e estralo logo na leira... No mundo tradicional, no mundo arcaico, quen ten medo a mancharse de esterco non come pan. O esterco é algo valioso. Pero claro, unha persoa tan estupidificada que descoñece de ónde ven o pan que come non o pode comprender. Unha persoa que sabe o valor das cousas sabe que o esterco é valioso.

Esa é unha lección que só a dá a agricultura, a vida do agricultor. A vida do labrego é unha vida chea dunha sabedoría fonda, chea de valor, unha vida na que todo ten sentido e todo ten o seu lugar. Para min a ligazón co idioma é afectiva, moi íntima, e movida sobre todo por un afán de religazón a un mundo do que me sentín exiliado en adiante: o mundo que perdín. O meu paraíso perdido é aquela aldea que xa non existe daquela maneira. Os meus avós morreron... É un mundo co que hoxe non teño contacto. Pero unha e outra vez volvo alí na miña memoria. E teño a conciencia de que o meu paraíso perdido é alí. Por iso cultivaba o galego. Non é algo político, iso veu despois, é unha necesidade, a necesidade da miña identidade.

Literatura como fuga

Eu cultivo a lingua antes de cousa ningunha por amor a aquel mundo, e por iso mesmo empecei a escribir en galego.

Un profesor descubriume escribindo un poema en galego, aos nove anos, na pasta do caderno, e aos doce anos escribín por primeira vez unha redacción en galego, e aquela profesora de Valladolid, curiosamente, valorou que estivese escrita en galego, e foi publicada nunha revista escolar do colexio onde estudaba. Era unha estampa da «miña aldea», da aldea dos meus avós. O que facía escribindo aquilo era cultivar a súa memoria. Quizais sexa ese amor o que me conduciu no seu día a que dun modo natural a miña cultura ficara unida ao galeguismo nun senso amplo, como as miñas ideas políticas. Pero non foi esta unha decisión política en orixe.

Cando eu escribía aos doce anos aquela redacción, unha paisaxe, unha estampa costumista, estaba expresando unha parte de min. Efectivamente a literatura é claramente un modo de expresar e de alcanzar onde a vida non chega. Cando eu escribo aos doce anos sobre unha aldea o que estou facendo, claramente, é prolongar e avivar as brasas da memoria. Estou expresando unha parte miña, e tamén creando un lado de vida virtual. A literatura é iso: vida virtual.

A literatura suple o que non hai na realidade, é vida virtual, e a vida virtual substitúe a vida real. É unha fuga. A literatura é do autista, cando escapas da vixilia, da vida consciente, da vida social, e te refuxias no teu mundo interior. Iso é literatura. E cando eu escribía desa vida idealizada, bucólica, pois o que facía era refuxiarme, escapar cara ao meu paraíso.

Na infancia eu era moi autista, penso. Era escapista. A miña viña era refuxiarme na miña vida interior, escapaba da vida exterior. Lía moitos tebeos, contos. Era un vicio auténtico, unha adicción. Lía tebeos como un degoxado. Realmente a miña primeira lectura foron os tebeos. As aventuras que eu lía eran *El Capitán Trueno*, o *Jabato*, *Supermán*... contos de humor. Lembro aos meus maiores que se asombraban de verme lendo nunha esquina, encerrado nun conto, e de repente botábame a rir, e a eles chamáballes moito a atención que eu rise só. No meu mundo en xeral non había libros. Nós somos a primeira xeración dunha xinea de xente que nunca tivo libros. Nós somos a primeira xeración que ten estudos, e mesmo estudos universitarios. Entón claro, para os meus maiores a experiencia de ler é unha experiencia rara, pero ao mesmo tempo gustáballes ver que liamos, sabían que aí había camiño para nós, que ese era o camiño. Para min as primeiras aventuras foron as do *Capitán Trueno*: as primeiras loitas entre o ben e o mal, a primeira épica, as primeiras lecturas de misterio... Todo iso estaba nos meus contos de aventuras. Logo empecei a ler xa cos once ou doce anos a Xulio Verne, a Karl May, que era un escritor alemán que escribía novelas de vaqueiros. E logo xa empecei moi rapidamente aos trece a ler os libros que tiña o meu irmán Antonio. Recordo de ler varios libros de Valle-Inclán, e a verdade é que me resultou asombroso, porque era un mundo cheo de sombras, expresionista, desconcertante pero moi suxestivo.

Un libro en galego

Lin tamén aos trece anos o meu primeiro libro en galego, *Á lus do candil,* de Ánxel Fole, impresionoume moito. En primeiro lugar non entendía moitas palabras, pois eu só coñecía o galego falado «occidental», que vai da ribeira até máis ou menos a zona de Santiago, no que facemos as terminacións en «án» e dicimos «ti». O dos contos de Fole era o máis oriental no que facían terminacións en «ao» e dicían «tu», formas coincidentes co portugués. Ademais diso chocoume mesmo ver as palabras galegas por escrito. Chocoume ver un libro enteiro escrito en galego. E sobre todo resultoume moi suxestivo. Os contos de Ánxel Fole eran contos de misterio: aí había o «medo». Para min a literatura por antonomasia está nesa literatura, que é moi modesta, moi popular, pero moi fermosa: os contos de misterio, de medo, no que hai tanto a fera, encarnada no lobo –unha presenza magnética que vai máis alá do racional–, como o misterio sobrenatural, representado nos contos de aparecidos, a presenza da morte... Ese é o relato por antonomasia.

E logo diso seguín lendo na biblioteca do meu irmán Antonio. E aquí habería que falar do papel que desempeñaron, cada un á súa maneira, o meu irmán Antonio e o meu irmán Manolo, que eran para min «os maiores». Indubidabelmente eran os meus modelos de conduta. Pero ademais diso tiñan cada un cousas que me deron: de Manolo, que era moi festeiro, digamos que collín o sentido da alegría, da liberdade, mesmo da extravagancia, do xesto libre, que me resultou moi útil na vida para atreverme a ser eu mesmo, e de Antonio teño influenzas do seu modo de ser, reflexivo, mais tamén intelectuais, a súa biblioteca foron as miñas primeiras lecturas.

O 68

Antonio desencadeou dentro da nosa casa o 68 de Santiago, que xa empezou case no 67. O 68 foi o ano das ideas democráticas, a mocidade universitaria internacional, a que estaba nos campus de Estados Unidos e europeos, pedía a gritos esas ideas novas de xustiza e democracia, de alegría, de amor libre, de liberdade na conduta, para a persoa, unhas ideas moi rexuvenecedoras. E as ideas democráticas na Galiza, recuperando a tradición republicana, eran galeguistas. Igual que os republicanos eran galeguistas todos, fosen socialistas, comunistas, anarquistas, do Partido Galeguista... O maio do 68 en Santiago foi o renacer, a ascensión das ideas democráticas, asociadas intimamente ao galego. As ideas modernas chegaban en galego. Eu son un fillo serodio do 68 a través do meu irmán. Con seis anos polo medio accedín ás súas lecturas e influenzas desde neno. Esas ideas da xeración do meu irmán formáronme.

Na miña casa entrou con moita naturalidade tanto a música pop como as ideas galeguistas. Entrou todo dun modo natural, alegre e vivo. A primeira noticia que tiven de Bob Dylan foi lendo as súas letras en galego, impresas en papel ciclostil, que era como circulaban entón tantas cousas prohibidas, ...e as de Joan Baez e Peter Seeger, os cantautores da esquerda americana. Así coñecín a *nova cançó* catalana, que en Galiza ten o seu correlato no grupo *Voces Ceibes*, ou as letras contra a guerra do Vietnam e a favor da liberdade, dos traballadores... pero todo moi matizado porque estabamos nunha ditadura.

É entón foi cando oín por primeira vez falar de Portugal. Para España Portugal non existía, pero para Galiza máis ou menos debilmente sempre existiu como unha esperanza, durante a República, antes no primeiro terzo do século, e volveu existir a partir do 67/68. Os universitarios progresistas sabían quen eran os cantautores Xosé Afonso, Luís Cilía... E aí había unha irmandade, un camiño, unha esperanza. Por iso só podo entender o antiportuguesismo militante dalgúns elementos debido a que simplemente non foron antifranquistas. Na cultura antifranquista estaba ese compoñente de achegamento dun modo natural.

Naqueles anos o galeguismo non só era patrimonio dos propiamente nacionalistas galegos, que eran moi pouquiños, aínda que influíntes, senón que era de toda a esquerda. Como a resistencia ao franquismo reivindicaba a traidición republicana reivindicaba tamén a autonomía, o recoñecemento da nosa cultura, como unha parte natural dese herdo. No PC, a organización da Galiza do Partido Comunista de España no ano 68 formalizouse como organización autónoma en París, e pasou a chamarse Partido Comunista de Galicia, e empezaron a facer propaganda bilingüe. O propio PC difundiu, sobre todo na universidade, ideas galeguistas.

É interesante ver, coa distancia, que o galeguismo era patrimonio de todo o antifascismo: non había aquí un antifascismo españolista. Todo o españolismo era franquismo, e hoxe segue a selo. O antifascismo era todo galeguista, aínda que con distintas fórmulas. O PC defendía a recuperación do estatuto de autonomía da República, en cambio a Unión do Povo Galego –UPG– defendía a independencia e unha revolta antiimperialista. Pero en todo caso uns e outros coincidían no recoñecemento de Galiza como unha nacionalidade histórica. E hai que dicir que daquela só había o PC e a UPG, de onde saíu posteriormente o Bloque, desgraciadamente a represión e o medo eran tan brutais que non había máis diversidade política. Só as persoas máis radicalizadas, e as formulacións políticas máis radicais e simples podían existir. Ao redor de Ramón Piñeiro había círculos culturais, mais non tiñan relevancia nin actividade política, o papel de Piñeiro e o seu mundo cobrou importancia anos máis tarde, morto Franco e iniciada a instauración da democracia e a autonomía cando houbo que vestir a autonomía con xente máis ou menos galeguista. Outra cousa é o o papel da editorial Galaxia, que foi creación dese círculo galeguista: Galaxia foi esencial na formación de varias xerazóns. O mero feito de subsistir unha editorial en lingua galega era valiosísimo, prefiguraba o soño dun país que recuperase a lingua.

Este era o mundo de ideas daqueles anos, e este mundo indirectamente chegaba a min por camiños diversos.

A ler e a debater

Aos catorce anos lin por primeira vez a *Introdución á psicanálise* de Freud, editárao por aquelas Alianza Editorial. Volvino a ler o ano seguinte e foi unha lectura que me transformou, inicioume como lector de ensaio, como lector activo, discutidor de ideas. Alianza encheu un hoco que había na sociedade española, foi como unha actualización xeracional da biblioteca de Espasa-Calpe. Editou naqueles anos obras de Marx, algunha estaba permitida, como Os manuscritos sobre economía e filosofía, os Grundisse, que eu lin pouco despois. Creo que Ariel editou a Gramsci, escritos *Cultura y literatura*, un teórico do comunismo europeo que en parte segue vixente, penso que as súas consideracións sobre a «hexemonía» seguen en pé. Eu lin en Alianza os escritos de Trotski *Sobre arte y cultura*: obxectivamente non teñen interese ningún, mais naqueles anos era a suxestión de ler a Trotski. Interesoume lelo porque era de esquerda e ocupábase de cousas que me interesaban a min, como eran a arte e a literatura, parecíame unha boa combinación.

Con todo, a idea que teño hoxe de Trotski é dun político, e seguramente un individuo, nefasto. Polo que sei foi un tipo moi inhumano e politicamente desastroso. Porén, debido a que perdeu o pulso con Stalin, que sempre apareceu con trazos moi negativos, e foi perseguido e asasinado por orde súa, pois beneficiouse dunha aura de «perdedor», «marxinal», dunha idealización que non é acertada. Trostki penso que foi tan equivocado como Stalin. Desde a fin dos anos sesenta aparece, sobre todo en medios universitarios, unha esquerda trotskista que tiña a súa mente intelectual en Francia moi encarnada nun profesor universitario, Ernest Mandel. Representaban como un estilo algo distinto do estalinismo, que era o dominante, os «troskos» eran como máis finos, máis intelectuais, mentres que os estalinistas idealizaban o populismo. En fin, de todo aquilo non ficou cousa ningunha. E máis vale, coido eu, porque non eran realmente instrumentos útiles para loitar contra a inxustiza, eran labirintos ideolóxicos sen saída e prexudiciais.

Tamén naqueles anos comezaban a publicarse autores da chamada Escola de Frankfurt, filósofos alemáns, algúns deles exiliados nos Estados Unidos, como Marcuse, Eric Fromm, Wilhelm Reich, Adorno... Nos últimos anos do franquismo editoriais como Alianza ou Ariel empezaron a encher un baleiro intelectual e a dar lecturas a esta xeración. E eu tiña iso na miña casa. Fun lector precoz de ensaio, para ben ou para mal. Pódese dicir que con quince anos lía tanto ensaio como literatura. O que pasa é que fun e son un lector moi desordenado, teño moi mala memoria e reteño moi mal as cousas. Se cadra lin un libro e non o recordo. O que fago é ler cousas que intuitivamente me interesan: depredar. Son un depredador: quedo coa idea que me interesa. Nada mais reteño aquilo que dalgún modo xa estaba dentro sen formular e cando o leo digo, «claro». En certa maneira só descubrimos aquelas cousas para as que xa estamos preparados ou que levamos dentro. Supoño que isto que dixen debe ser un platonismo...

Paralelamente na biblioteca do meu irmán tamén había literatura. Lía literatura e ensaio, e sobre todo discutía cos meus amigos. Como dixen, neste sentido fun privilexiado de nacer en Santiago, porque a sociedade española era moi inculta, moi cerrada ao exterior. En cambio en Santiago a través de persoas, arredor de bibliotecas particulares, chegaban e difundíanse na cidade as novidades últimas da literatura internacional, do pensamento. Por Santiago circulaban as ideas por capilaridade. E unha parte da formación era oral: a discusión. Discusións inacabábeis sobre todo. Discutiámolo todo. E iso era o máis característico, someter todo a crítica. Debatiamos sobre o que liamos, sobre o que oïamos, sobre todo, era como ter que gañar cada cousa, non aceptar nada de antemán.

Na biblioteca do meu irmán había un pouco de todo. Recibía *Cuadernos para el diálogo*. Recordo que foi a Londres, traballou alí unha tempada para aprender ben inglés, e trouxera de Lenin, *¿Que facer?* e *O manifesto comunista* en inglés. Agachounos nun caixón falso que había nun moble da miña casa no que o meu pai, cando eramos nenos, gardaba dúas pistolas. Despois en vez das pistolas do exército, aquel caixón pasou a gardar dúas obras do comunismo internacional [*risos*].

Eu continuei lendo pola miña conta, e lía cousas sobre a arte clásica, porque eu quería ser pintor. Eu concibía que ser pintor podía ser un oficio artístico. Non podía concibir en cambio como un oficio artístico o de escritor. Naqueles anos, quitando a Gironella e a Camilo José Cela, non había escritores profesionais. A escritura era moi minoritaria.

Para min tamén desempañaban un papel moi importante as librerías da miña cidade. Especialmente na rúa do Vilar había catro ou cinco librerías, todas debaixo do mesmo soportal, e recordo que aos catorce anos, paseaba por alí, aburríame, e miraba eses escaparates. Sabía os títulos de memoria. Ademais daquela había poucos libros e anovábanse pouco. E había algúns libros en galego, había una librería, a librería

Galí, a primeira que se abriu na Galiza, un catalán, claro. Foi a que editou *La casa de la Troya*. Tiña unha pequena vitrina sempre enteira de libros galegos, o cal era como un oasis naqueles anos, cousa case inconcebíbel. Nos meus catorce anos un soño era chegar un día a ter un libro meu naquela vitrina. Acabei téndoo, cando o vin alí aínda rin un pouco, mais xa pasaran anos, cambiara todo moito e non era o mesmo. En calquera caso a literatura galega era moi minoritaria, editábanse moi poucos libros, e tiñan pouquísimos lectores. Na literatura galega dos anos 60 e principios dos anos 70, un libro podía ter con sorte douscentos ou trescentos lectores. Paréceme que *A romería de Xelmírez* de Otero Pedrayo vendeu corenta e tantos exemplares no curso de varios anos. Iso é significativo do dramático da situación para a lingua, a literatura, e mais para aqueles autores que fixeron un sacrificio inmenso. Entón naturalmente era impensábel que iso puidera ser unha profesión: escribir tiña de ser unha afección particular.

Eu seguín lendo, *Cien años de soledad* prestouma un amigo, tamén naqueles catorce anos. E logo quedei cuarto de Galiza nun concurso de Coca-Cola de redacción. Recordo iso, para a miña nai foi unha gran ilusión, a foto aínda anda pola casa: aquel acto de entrega nun escenario e ver a aquel home, Félix Rodríguez de La Fuente, que era famosísimo, entregarme o premio..., un estupendo reloxo *Duward*, que por certo fallou miserabelmente aos poucos meses. Un par de anos despois comprei outro co diñeiro do seguinte premio.

Quedei de cuarto, mais quedoume sempre a idea de que a miña redacción era a mellor. Para min é significativa esa confianza absolutamente cega, e probabelmente errada, no valor do meu traballo.

Os anos do bacharelato e o paso pola universidade

E logo marchei porque non soportaba a disciplina interior daquel colexio, o Peleteiro, que naqueles anos era de maneiras moi autoritarias; hoxe teño estado alí, xa como un antigo alumno aprezado, e vexo que cambiou. Para min chegou un momento en que non aturaba máis aquilo.

Hai que dicir que nos últimos anos do franquismo a presión dentro das familias, das institucións, do conxunto da sociedade, era cada vez maior. España enteira era cada vez máis como unha ola exprés que se vai cargando, se Franco tarda un par de anos en morrer ou chegan a triunfar os seus continuadores, como Arias Navarro ou Fraga Iribarne, habería un novo enfrontamento civil impredicíbel. O caso é que neses anos, no 72, houbo na Galiza unha folga xeral en Vigo co despedimento de miles e miles de traballadores e centos de detidos e torturados, un episodio da loita obreira impresionante. E no mesmo ano hai unha folga no Ferrol, que daquela era «del Caudillo», con consecuencias tremendas, a frota da Mariña de Guerra apunta cos seus canóns aos edificios de vivendas das familias dos operarios e a Policía Armada metralla unha manifestación de obreiros desarmados, matando a dous, Amador e Daniel, e ferindo a moitos. E en sexto de bacherelato, tiña daquela quince ou dezaseis anos, e xunto cun par de compañeiros animei unha folga no colexio. O outro compañeiro máis significado era Manolo Castelao, que asina as súas películas como Raúl Veiga. Manolo era un alumno brillantísimo en todo, especialmente nesas asignaturas de prestixio como as matemáticas. Foi unha experiencia curiosa. Dunha banda nós sabiamos que tiñamos toda a razón, a nosa protesta contra o modo despótico que tiñan entón de tratarnos algúns profesores era xustísima e cando nos plantamos no patio do recreo e non quixemos subir ás aulas sentímonos libres, inmediatamente pasamos a preocuparnos tamén polas consecuencias para nós. Afortunadamente non as houbo, a dirección quería negociar cos «cabecillas», mais nós insistimos en que falasen cunha asemblea de todos nós. Acabárono aceptando e iso xa foi un triunfo. Implicitamente aceptaron que tiñamos razón, e os profesores máis déspotas tiveron que comer as ganas de castigarnos. De feito, como os dous principais instigadores da revolta eramos «bos alumnos» tiñan un problema, puxémoslleo difícil.

Aquel ano déronme por primeira vez sorpresivamente unha medalla de prata por bo comportamento e méritos académicos. Era evidente que eu fora todo o contrario e os meus méritos académicos eran poucos, eu daquela era moi lacazán nos estudos, sacaba boas notas un pouco pola cara. Para min xa era tarde, digamos que me fixera adulto e quería voar fóra de alí, tiña fame de liberdade.

O instituto, ordenando lecturas

Marchei a estudar COU ao Instituto Xelmírez. Convencín á miña familia, que non quería deixarme marchar, e para min foi unha grande experiencia. Cheguei ao instituto e foi unha experiencia de liberdade persoal absoluta, unha marabilla. Estamos falando do curso 72-3. Era un instituto no que había profesores antifascistas, demócratas, e no que os alumnos se expresaban con moita tolerancia e liberdade. Había un nivel académico no profesorado que nunca volvín a ter. A universidade foi para min unha decepción moi grande logo daquel COU. Naquel instituto, ademais do nivel dos profesores, había un autentico ambiente universitario no sentido de liberdade, curiosidade, tolerancia. E facíase propaganda clandestina do PCG cunha certa tolerancia da dirección, no sentido de que entendían que o seu labor era académico e non tiñan obriga de denunciar aos alumnos á policía, non eran parte do aparato represor do réxime. Cando cheguei a COU tropecei cun profesor que aínda hoxe é amigo, Xosé Manuel González Herrán, deunos clase de lingüística e ao tempo animábanos nas lecturas e dábanos azos ás ansias dos alumnos democráticos. Había outros profesores tamén moi interesantes, como o profesor Manteiga Pedrares, que estivera na Universidade en Madrid no equipo de Aranguren cando foi represaliado, el mesmo tivo como consecuencia un revés académico, e de Madrid veu para aquí.

Alí a figura central para miña formación literaria é don Benito Varela Jácome. El foi unha desas persoas que padeceron a guerra civil, e a sublevación fascista machacouno. Podía ter sido un profesor universitario cunha carreira brillante, pero veu o «18 de Julio». Foi dramático na súa vida e academicamente foi a súa desgraza. Cando eu o coñecín era un home xa maior, estábase xubilando como catedrático de instituto, aínda que despois acabou xubilándose como catedrático da Universidade de Santiago de literatura sudamericana.

Convén recordar que os catedráticos de universidade, os intelectuais dos anos 60, eran case todos falanxistas. Como a transición a perdemos os antifascistas, e quen gañou foron os que querían conservar o que había na medida do posíbel, pois hoxe fálase moito daquelas autoridades intelectuais, daqueles estudosos sen máis, como se non tivesen ideoloxía. E eu digo: si, serían bos estudosos, pero a maioría eran bos estudosos fascistas. E transmitiron a súa ideoloxía na interpretación das súas materias de estudo, o mesmo fose a prehistoria, como Alonso del Real, que na historia ou na historia da literatura.

Don Benito era un bo estudoso e intelectual demócrata. Publicou naqueles anos unha introdución en español á literatura do século XX, e era un libro moi interesante, porque penso que non había nada equivalente en español naqueles anos. Era un libro do que chamariamos literatura comparada, e daba alí a perspectiva das correntes literarias do século, no mundo anglosaxón, no mundo europeo, na literatura sudamericana, até as modas últimas, até chegar aos anos 60. Ese libro debe ser do ano 69 ou 70. As súas clases partían deste traballo.

Eran unha introdución á literatura contemporánea e á literatura sudamericana, especialmente en español. A literatura en portugués, como a brasileira, ficaba fóra do seu campo. Pero tamén, nas aulas, facía unha introdución á literatura galega, o cal era moi revolucionario, falo do ano 73. Nas súas clases tamén se estudaba a obra de Castelao, a obra dalgúns autores desde unha perspectiva moderna, unha análise textual, unha análise cos mecanismos da crítica á moda, moito esquema e frechiña para aquí e frechiña para alá. Don Benito axudoume a ordenar as lecturas que fixera anteriormente dun modo asistemático, e tamén a ordenar as lecturas futuras. Lémbrome na clase de don Benito de ler algún capítulo –el carteábase con Torrente Ballester– de *La saga/Fuga de J.B.* antes de que saíse publicada. E tamén escoitamos parte dunha novela súa que tiña inédita, que nunca editou, que se chamaba *Fort Caimán*.

Con don Benito gocei con Borges, Cortázar... De Cortázar xa lera antes, pero as clases del eran unha introdución a eles, a Juan Rulfo, aos americanos, a Dos Passos. Recordo que en COU lin mundos e moreas de cousas, e sobre todo ordenadamente. Os novelistas franceses á moda, Robbe Grillet, Nathalie Sarraute... que naqueles anos se estaban traducindo en España. Lin algún libro clandestinamente, como o *Ulysses,* que aquí estaba prohibido –chegaban as edicións en castelán desde Buenos Aires–, creo que na Editorial *Sudamericana,* o exemplar prestoumo Manolo Castelao. Eu lera antes xa unha guía para a súa lectura escrita por Stuart Gilbert, un dos seus secretarios. Lin o libro en poucos días e pouco proveito lle puiden tirar á lectura, aínda que tiña xa ideas previas e o que facía era confirmalas. Aquel libro tamén tiña para nós unha aura propia do fetiche, era algo máxico, e a nosa relación co libro era unha miga mítica, non había unha relación crítica racional, venerabamos algo que nos viña anunciado por persoas que administraban un saber sagrado e prohibido e nós iniciabámonos así. De todos xeitos, a relación con Joyce foi en conxunto fecunda para min, e desde logo, determinante. O *Ulysses* que me prestou Manolo Castelao mercárao clandestinamente nunha librería que había na rúa do Vilar, no portal dunha casa. Este era un portal moi estreito e alí había unha librería. Este home tiña nos lados do portal uns estantes que cerraba logo con cadeados cando non estaba, e viña todos os días da Coruña cos seus libros no Castromil, o autobús de liña. En Santiago facía un gran negocio, porque aquí vendía libros, prohibidos ou non, a moitos universitarios. Naturalmente isto sabíao a policía e tolerábao, mesmo era un modo de ter esa demanda controlada.

Por alí entraba desde o *Sempre en Galiza* de Castelao, ao *Ulysses* de Joyce, as novelas de William Faulkner prohibidas, de André Gide, ou incluso a pornografía: todo o que prohibía a censura. Eduardo foi un libreiro básico, importantísimo, que cumpriu a función de satisfacer esa demanda dos círculos intelectuais.

Don Benito deunos un plan de lectura, para ser lector de literatura contemporánea. El foi o que me reorientou de novo. Nunca deixara de escribir pero con el foi cando me formulei o tema de atreverme a ser escritor, nese COU.

A raíz da influencia de don Benito e do trato con González Herrán, daquela formación literaria, subscribinme á revista literaria *Ínsula*, que segue a existir hoxe. Subscribinme a *Ínsula* con afán de coñecemento, de prepararme para a literatura. Realmente era unha revista moi centrada na literatura española: só falaba da literatura castelá escrita por cidadáns españois, a literatura hispanoamericana case non aparecera alí. Pero ben, era unha revista interesante, empezaron a aparecer tamén naqueles anos escritores exiliados, como Max Aub, Sender, Corpus Barga. Dentro de España comezou a recuperarse a literatura dos escritores que se exiliaran na República, e empezou a editarse. Á parte diso seguía puntualmente o suplemento literario do xornal *Informaciones* de Madrid, un suplemento bastante bo no que, por exemplo, publicaba todas as semanas unha columna Torrente Ballester que se chamaba «Los cuadernos de la Romana». Lía tamén unha revista de Barcelona que se chamaba *Índice*, que como todas estas nacera do mundo falanxista, e que fora evolucionando. Naturalmente todas eran de literatura castelá: era un mundo cultural moi españolista, castelanista, pero eu estaba decidido a facerme unha formación ordenada, sólida e vocacional de literato, que coexistía aínda co afán de pintor-debuxante. E de feito, cos poucos cartos que tiña compraba tamén unha revista de arte, *Guadalimar*, e mesmo me matriculei da asignatura de modelado na Escola de Artes e Oficios.

A universidade

A universidade non me aportou case nada, francamente. Naquel momento eu quería facer Belas Artes en Madrid, pois na hora de decidir unha forma de vida, un oficio, a literatura daquela non daba e eu pensei que un pintor si podería vivir da súa arte. Eu pregunteino na casa sabendo que non podía ser, os meus pais dixéronme que non me podían pagar unha carreira fóra da nosa cidade, e que ademais eu facía falta no negocio, de maneira que podía estudar unha carreira universitaria se ficaba na cidade e axudaba a traballar. Daquela Belas Artes só se podía estudar, creo recordar, en Madrid, Barcelona e Sevilla. Total que dixen: «Boh, voume matricular nunha carreira.» Como me levaba moito a idea do galego pois matriculeime en Románicas. Dixen «vou estudar galego». Daquelas non había esa disciplina, e dixéronme «pero ben, se estudas Románicas polo medio vas estudar algo de galego-portugués». Cheguei alí sen ganas de estudar, a verdade, e había francés, e como eu estudara inglés, dixen: «uhhhh, vou ter que traballar moito», entón anulei a matrícula na primeira semana e marchei á facultade do lado, na que tiña un amigo que estudaba Historia, e fun estudar Historias con el. Alí foi onde acabei estudando logo a especialidade de Historia da Arte na especialidade de Moderna e Contemporánea. Realmente eu sabía máis de arte moderna e contemporánea antes de entrar na universidade, porque polo medio esquecín o que sabía. Con todo, algo sempre se aprende, se non foi de arte moderna, pois foi de arte antiga ou de Historia.

A universidade foi moi pobre, especialmente despois dun COU tan espléndido como fora aquel. Eu tiña unha visión crítica da universidade, agudizada pola miña situación de axudar a traballar no bar, coa visión panorámica que iso me daba da sociedade. Ademais, o pensamento revolucionario que xa entón tiña dicíame que era antidemocrática, fascista, clasista, españolista, reaccionaria, difusora de ideas contrarias a todo o que eu pensaba, e que non valía para nada. E entón realmente eu fun moi mal estudiante universitario. E nunca tiven ese orgullo de ser universitario.

Nos EE.UU., en toda Europa e especialmente en España, houbo unha crise da ideoloxía que sustentaba a universidade, e do prestixio desta, da que aínda non se recuperou. A idea histórica da universidade é dunha «excelencia» universitaria que era moi clasista, pois até aqueles anos da metade do século XX en que se abriu á sociedade, só podían ser «excelentes» os fillos das familias ricas. Porén, a idea da superación, do esforzo, de arriquecer o propio talento a través do estudo e a investigación, é preciso conservala. Unha sociedade que renuncie a iso está perdida, será puro mercado, pasto para outras sociedades máis fortes. A idea da excelencia universitaria cómpre recuperala, o que pasa é que debe ser interpretada con criterios democráticos, aínda que esixentes. E de feito, Antonio, a min, que fun mal estudante, admírame o esforzo dos que estudades e investigades de verdade.

De todos modos, debo dicir no meu descargo, que fun mal estudante en relación co que podería ter sido, do que podería ter aproveitado. Así e todo unicamente suspendín en xuño, paréceme recordar, dúas asignaturas e media en toda a carreira. E debo ter media de ben ou notábel. Tampouco está tan mal para un tipo que ademais traballaba; sen contar o tempo que gastaba en facer política, porque gastaba máis enerxías e creatividade en axitar e organizar xente que en estudar. Por aquelas a miña profesión, ou o meu modo de estar na vida era o de axitador. Se o considero todo xunto tampouco estivo tan mal, eu creo que merezo un aprobado de conxunto.

No ano 68 o universitario tendía a ser fillo das clases dominantes e urbanas. Pero logo hai que ter en conta que o franquismo desenvolveu unha política de bolsas de estudos nos últimos anos, xa que logo, como en todos os países, facía falta máis man de obra cualificada, con estudos universitarios. A política de bolsas fixo que puidésemos acceder aos estudos os fillos de familias máis humildes.

Entón cando eu entrei na universidade no ano 73, a universidade era moito máis masiva. Ao mellor duplicáranse en cinco ou seis anos o número de alumnos, e ademais a extracción social era distinta, había xa fillos de familias traballadoras e fillos de labregos. A universidade tiña socialmente unha composición distinta xa, aínda que predominaba a pequena burguesía. Ao mesmo tempo a reacción fronte ao franquismo condicionou toda a vida social. Para nós a universidade era unha máis das moitas institucións do Estado. O franquismo ocupábalo todo e entón nós tiñamos que negalo todo. A universidade realmente non tiña autoridade moral ningunha. E este cuestionamento veu xa do 68.

Eu recordo que cando meu irmán estudou o Preuniversitario, os alumnos aínda gastaban gravata, e o mesmo cando entrou na universidade, en cambio os do meu tempo deixamos de usar a gravata en primeiro de bacharelato. E realmente cando entrei na universidade xa ninguén levaba gravata do alumnado, todos vestiamos de *sport*, e os propios profesores tampouco levaban gravata. Fórase perdendo xa a ritualidade, as formas, e ao mesmo tempo fóranse debilitando os roles, especialmente a autoridade moral do profesor. A universidade estaba en crise totalmente. En calquera momento os alumnos montabamos unha asemblea na clase dun profesor, ou irrompían outros alumnos: os coñecementos que transmitían eran discutidos e mesmo rebatidos.

Toda a sociedade española estaba en crise e a universidade tamén. Para min ser universitario carecía de valor ningún. Ademais, do meu profesorado en concreto, salvo algunhas excepcións, o nivel era moi malo, e moitas veces os contidos eran obsoletos cientificamente, a aprendizaxe era obsoleta pedagoxicamente, e ideoloxicamente algúns eran super reaccionarios. De feito eu creo que a universidade aínda está en crise, igual que a sociedade española no seu conxunto, está nunha crise cultural e de valores da que non saíu aínda e que ademais non vexo trazas porque non hai unha reflexión sobre a crise de valores real. Esencialmente a universidade está na mesma situación en que estaba hai vinte anos, o único que pasa é que os alumnos non son un suxeito activo, senón un suxeito pasivo. Non hai por parte do alumnado unha impugnación. Aínda que non puidésemos cambiar ou ofrecer un modelo porque non o tiñamos, pero si eramos activos en tanto que estabamos impugnando, criticando aquilo.

Asociacións culturais

Por aquelas, un grupo de amigos que nos coñeceramos nunha asociación chamada Auxilia, para axudar a persoas con minusvalías, cavilamos en montar unha asociación cultural galeguista. E un de nós propuxo que nos acollésemos ao parauga do Patroado Rosalía de Castro para poder formar un grupo. Ese padroado é unha sociedade á que lle tiñamos antipatía porque sabiamos que era unha asociación moi conservadora, e nós eramos mozos dinámicos, activistas, e malia non termos aínda ningún de nós filiación política, eramos xa rapaces claramente contestatarios. Para nós eran a xente do padroado eran uns carcas. Non obstante un convenceunos de que dese xeito poderiamos conseguir os permisos do Goberno Civil para facer ás nosas actividades. Hoxe custa crelo pero daquela había que pedir permiso ao Goberno Civil, ou sexa, á policía franquista, para calquera acto público ou privado, e aínda así acudían policías secretas aos actos permitidos para vixiar e informar logo. O certo é que todos tiñamos ficha policial aberta xa antes de que nos detivesen por primeira vez. Así que nos constituímos, aínda que ningún de nós eramos universitario –eu estaba en sexto de bacharelato e outros máis vellos ca mín estaban no COU–, en Asociación Universitaria do Patronato Rosalía de Castro. Con este nome fixemos vendas de libros o Día das Letras Galegas, sacabamos mesas á rúa, e entramos en contacto cunha asociación cultural chamada O Galo, fundada en Santiago a principios dos anos 60, e que naquel momento estaba controlada totalmente polos estudantes da UPG, os ERGA, que entón aínda eran moi pouca xente. No franquismo as asociacións de todo tipo eran moitas veces tapadeiras legais para que as organizacións clandestinas puidesen facer propaganda encuberta e para captar novos activistas. Nós colaboramos con eles e recordo unha reunión na que estaba un que anos despois se converteu en amigo meu, o deseñador gráfico Pepe Barro. Pepe, que logo se fixo un home moi moderno, entón era tamén un home moi moderno mais da maneira en que eramos modernos naqueles anos –andaba con zocos pero ao mesmo tempo tiña unha barba moi mesta e andaba cun chuvasqueiro encarnado–. Era un universitario moi post-68.

Lembro unha conferencia que organizaramos con Xosé Manuel Beiras, que daquelas era catedrático de Economía, sobre os montes comunais. O dos montes comunais era un dos temas que tiña por entón o galeguismo, pois os montes de man común foran absorbidos polo Estado. Estábase pedindo a devolución aos veciños dun tipo de propiedade que non recoñecían as leis do Estado. Era unha figura xurídica que non existía pero que aquí era unha tradición. Había un conflito ideolóxico porque por un lado era unha causa xusta, democrática –devolver algo que era da xente, dos veciños–, e por outro lado pedíase o recoñecemento dunha forma de propiedade que era especificamente galega: recoñecer un fenómeno socioeconómico galego.

De Beiras, por certo, tamén recordo unha conferencia no Colexio Peleteiro, na que argumentou moi sensata e razoabelmente que o socialismo era a forma máis sensata de organizar a economía, o cal era unha cousa moi curiosa naqueles anos. No entanto, hai que ter en conta que o PSG entón era máis que nada unha asociación cultural, non unha asociación subversiva, como si o era a UPG, e había unha certa tolerancia porque realmente se movían á marxe da contestación estudantil ou obreira. Eran un colectivo de persoas, profesionais, membros incluso de boas familias da pequena burguesía compostelá. Despois o PSG revitalizouse e foi cambiando o carácter, pero naqueles anos era unha cousa moi simbólica.

Un día tocounos ir falar cun dos directivos do padroado. Eu non quería ir porque a min non me simpatizaba aquela xente, aqueles dinosauros tan reaccionarios. Pero fomos porque había que pedirlles que nos apoiasen para non sei qué. Fomos tres compañeiros e falamos cun directivo, catedrático de Filosofía, no seu despacho da Facultade. Díxonos que estaban moi orgullosos de nós, e que nós eramos os universitarios do futuro, e non sei qué... e non coma eses que andaban cos obreiros. Nese momento decidín marchar de alí, foi pedra de toque esa entrevista. Tiña claro que o meu lugar en todo caso era cos obreiros e non con aquela xente.

O problema do culto rosaliano é a mistificación: unha forma de asimilar e reducir o efecto subversivo da propia Rosalía. Rosalía é rebelde, e esta xente o que quería era asimilala, reducir o seu efecto, domesticala. Aquela xente o que pretendía era domesticar e facer un «galeguismo ben entendido», un galeguismo asimilábel por aquela situación política, que era o franquismo. Era un grupo enormemente conservador de clérigos dunha relixión da mistificación do galeguismo. O galeguismo foi historicamente a causa da xente, unha causa social, unha rebeldía contra unha situación de opresión, de humillación. Desde Sarmiento e Feixoo é o humanismo e a reivindicación da dignidade de nós, das persoas que habitamos esta terra, e esa reivindicación sen dúbida era e segue a ser incómoda para o Estado e para os intereses instituídos.

Traballos literarios perdidos

Eu perdín todo o que escribín naquela época. Daquelas non había maneira de aprender galego. Eu sabía o que oía mais ninguén me aprendera a escribir en galego. Xa eu son desordenado, xa eu odio a gramática... para canto máis cando no que lía en cada libro era distinto doutro. Un escribía á súa maneira, o outro escribía doutra maneira. Eu nunca estudara unha gramática, e entón tiña moitas dificultades para escribir o galego, moita inseguridade. E recordo que aquel ano había un premio que fixera o Peleteiro, que tiña unha tradición de premios —xa nos anos 50 convocara os que se chamaban *As xustas minervais,* unhas xustas poéticas, e logo daquela reconverteuno e chamouse *Premio Valle-Inclán de Narrativa—.* Eu saquei naquel ano o premio de narrativa, pero presenteime en castelán, pois aínda que a miña idea era presentarme en galego eu quería sacar o premio. Pensei: «Unha cousa é que eu escriba para min, que me atreva, e outra cousa é presentarme a un premio... Vanme dicir que está mal escrito.» Entón presenteime ao premio en castelán baixo o lema de «El lamparón» porque cando xa tiña o conto acabado caeume un lamparón de graxa no conto; e díxenme: «Co traballo que me dá escribir á máquina —que non sabía, escribía letra a letra buscándoas— non o podo volver a pasar, así que ten que ir así.» Creo recordar agora que se titulaba «Entre el azul y el gris».[4] Non sei se o conservará Manuel Quintáns Suárez. El era profesor meu e tamén é un profesor a quen lle agradezo os seus incentivos e a súa vía. Foi entón cando tiven un profesor que nos daba cancha para ler.

«Entre el azul y el negro», ou como se chamase, era no conxunto un conto moi kafkiano, que utilizaba instrumentalmente técnicas da *Nouveau Roman* francesa. Alguén vivía nun piso, nun edificio, e simplemente chegaba un enviado e lle dicía: «hai que marcharse», e o outro aceptábao e marchaba con el, e logo embarcaban nun barco e íanse perdendo na brétema. Realmente era como unha pasaxe á morte. O característico era que quen recibía a visita aceptábaa como algo esperado, no fondo agardábao, e marchaba con el.

Daquela déranme dez mil pesetas e merquei un pantalón e tamén un reloxo, e déranme unha medalla que aínda conservo na casa. Sentín non facelo en galego pero non me atrevía. E logo xa no mesmo ano publiquei un conto nunha revista que fixemos entre varios, na que hai debuxos meus e hai un conto meu, que é a primeira publicación que teño. Ese conto publiqueino eu, fixen a revista e dixen: vou publicar un conto. Ese conto está nun galego fatalmente escrito[5], «A fenestra». Aí

---

[4] O texto aparece reproducido no apéndice 2.
[5] Véxase o apéndice 1.

aparecen xa temas que son moi meus, como é a preocupación social: o protagonista é un emigrante que está emigrado en Holanda nunha fábrica de tabaco. Está de vacacións na aldea e ten que cerrar a casa para volver á emigración. E ao mesmo tempo está o tema da morte, o expresionismo, e o choqueiro, esa asociación entre o brutal e o cómico. Cando o protagonista morre, e alí hai unha metedura de pata miña que demostra o descoñecemento da vida da agricultura e a gandería, fixen que morto o protagonista, o galo lle mexase por riba, coma se fose un can, cando calquera que teña criado galiñas sabe que os galos e as galiñas non mexan [risos].

Pero en todo caso ese detalle de que cando o morto está alí nunha pociña de sangue, veña un animal e defeque enriba del, xa é característico en min. Ese detalle é un trazo característico, como un certo pudor á hora de expresar o tráxico, de rebaixalo a unha dimensión máis humana, pero ao mesmo tempo non é con afán de degradar ao home. É como un afán de reducir a propia vida e a propia morte a algo que é tráxico pero ao mesmo tempo é parte da vida. A vida continúa: o galo chega alí e mexa. Agora lembro que anos despois, dezaseis anos despois, empecei *Land Rover* de forma parecida.

Escribín varios contos aquel ano. E recordo un deles, que xa era absolutamente beckettiano: dunha vella inmóbil nunha casa en ruínas. Ese era o relato, non había máis. Era un dos textos que fixera, non sei cantos folios podía ter. Sei que había máis pero non os lembro e perdín todos os papeis daquela época, cambiei moitas veces de casa e logo deixei aparcada a literatura.

E logo, naqueles anos, aos dezasete, empecei a escribir unha novela moi ambiciosa. Había dúas dimensións, unha era puramente narrativa. Recordo que o argumento era un home que era algo así como unha reencarnación, que vivira no pasado, que vivía no presente, e que coñecía o futuro, e era un home que estaba tolo, encerrado no sanatorio psiquiátrico de Conxo. Pero arredor del eu quería reflectir a vida social, a contemporaneidade da sociedade galega. Quería reflectir o mundo urbano, rural, do mar, das distintas clases sociais, e era consciente, eu era moi novo, de que necesitaba ter un coñecemento de primeira man da realidade, pois eu sabía que un novelista ten que coñecer a realidade, se non, non pode expresala con convicción, non a vai expresar adecuadamente. Así que foi daquelas cando fun ao mar un par de noites, cun amigo meu mariñeiro, para coñecer a vida dos mariñeiros. Coñecía algo a vida dos labregos, das clases traballadores urbanas... Quixen tamén ter un traballo nunha mina, xa digo, para coñecer o que era o traballo plenamente industrial, e en Santiago iso era máis difícil. Logo xa o deixei, tiña algúns textos escritos, pero deixeino porque as cousas foron indo doutra maneira e botóuseme enriba o compromiso político.

Para esta novela xa tiña un modelo, que eran as novelas que lle gustaban realmente a don Benito, como era o *Ulysses*. Joyce era deus e don Benito era o seu profeta. O *Ulysses* era un intento de facer unha obra total, e realmente cando o fixen pensei nesa idea da obra, unha obra que expresase a ánima dun tempo, un momento da civilización, pero tamén a realidade social. Unha obra moi global que fora interior pero que tamén expresase unha epopea social. Quizais é o principio de *Tic--Tac*. *Tic-Tac* tamén responde a ese intento dunha obra total a través do fragmentario, pero xa non pretendo expresar tanto a sociedade, a crónica social. Quizais para aquela novela pesaba tamén en min a lectura das obras de John Dos Passos, lido moi pouco hoxe. A lectura de John Dos Passos a un narrador tenlle que influír forzosamente.

Por aqueles anos eu debuxaba, escoitaba música. Recordo facer un poema aos dezasete anos, cando te namoras e fas un poema. Era un poema moi influído pola poesía de Bob Dylan, do disco *Blonde on Blonde*, que é un disco extraordinario. As letras estaban moi marcadas polo surrealismo, pola poesía do absurdo, e o meu era un poema xa nunha estética moi ligada ao surrealismo. Outra vía de lectura importante para min eran as obras sobre arte. Eu lía moito sobre pintura e escultura. Os manifestos dos dadaístas, dos surrealistas, dos expresionistas, dos futuristas, dos construtivistas rusos... Compraba libriños pequeniños de pintura de Gustavo Gili, que editaba libros baratos. E fun facéndome unha pequena colección sobre a arte do século XX. Dese modo pódese dicir que toda a miña formación daquelas eran as vangardas, a literatura moderna, as artes modernas, o cine moderno... Ideoloxicamente eu era moi próximo ao marxismo e esteticamente tiña unha formación moi marcada polo afán de modernidade, de vangarda. Estou falando do ano 73.

E daquelas xa tiña o afán de intervir na literatura. Eu vira un desnivel groso entre a literatura galega e as literaturas contemporáneas. Entón cuestionábame iso. Pero tamén, cando falo das lecturas, esquezo dicir que había unha narrativa galega desde finais dos anos 50 ata principio dos 70 conscientemente vangardista e moderna, de autores como Méndez Ferrín, e María Xosé Queizán, Camilo Gonsar e que eran obras deliberadamente vangardistas, experimentais. Eu era lector daquelas obras tamén. Era una literatura tamén moi debedora de Kafka, Joyce, da novelística francesa especialmente. Era unha novelística moi actual.

Había una colección en concreto, da editorial Galaxia, que se chamaba Illa nova. Era o meu referente. Eu aspiraba a escribir un libro que fose editado en Illa nova. O que pasou é que a editorial cerrou a colección por eses anos e eu metinme xa na política. Pero o meu horizonte aos dezasete anos era ser continuador dese ciclo, e eu cando conscientemente me imaxino por primeira vez escritor, imaxínome como un escritor de Illa nova, dese grupo de escritores. Entón chegou un momento, grazas á nova literatura galega, a narrativa de Illa nova, en que entendín que se podía escribir en galego sendo moderno, ser contemporáneo e escribir en galego. Foi sempre o punto no que me situei: ser contemporáneo no idioma de Galiza. Porén, no conxunto da literatura galega, quitado ese grupo, seguía habendo unha literatura moi ancorada na reivindicación do folclórico, moi ligada a unha memoria antropolóxica, a unha ideoloxía...

Por aqueles anos o meu irmán Antonio estaba en Cantigas e Agarimos, que era unha sociedade folclórica onde aniñaba o cariño polo propio. A min gustábame moito a idea, pero non cheguei a estar aí entre outras cousas porque xa fun polo atallo e entrei na política. En Cantigas e Agarimos ademais de xente que gostaba do canto e a danza había galeguistas conscientes. De feito a partir do ano 68 fixeron representacións de obras teatrais, lembro ao meu irmán Antonio actuando na representación da obra de Castelao *Os vellos non deben de namorarse*, que é unha comedia moi ben feita, moi bonita... amarga e reaccionaria, pero bonita. Estas eran cousas illadas que sumaba, unha aquí e outra alí. Configuraba moitas referencias en poucos anos, entre os catorce e os trece entrei en contacto con moitas cousas.

A narrativa anglosaxona e americana

Falando de influencias literarias daqueles anos, en min hai un peso moi grande da literatura anglosaxona. Teño dito ademais que eu me consideraba un escritor anglosaxón en idioma galego, por un motivo, que precisamente no libro sobre os celtas, *O país da brétema*, intentaba teorizar, e é que na literatura anglosaxona é onde hai un instinto épico, é onde a narrativa contemporánea ten épica. De feito, hai autores europeos con moito prestixio intelectual máis para min son aburridísimos, tediosos. Penso ás veces na novelística alemá, e na novelística francesa en boa parte: é formalista e pedante. En cambio na novelística anglosaxona é onde se conserva o instinto da épica, da acción. É certo que tanto cando leo como cando escribo nunca renuncio a unha vea dramática e as veces épica, e na literatura anglosaxona isto existe. E tamén é certo que eu tiña un paradigma do que era a literatura contemporánea en Joyce, un irlandés que escribe en idioma inglés. O propio Beckett, aínda que escribiu unha parte da súa obra en francés, é un escritor que vén da lingua inglesa. E logo os narradores americanos foron moi importantes. E hai que ter en conta que gran parte da narrativa sudamericana, digo tanto Rulfo como García Márquez, naceron de William Faulkner. Estamos a falar dun auténtico manancial, poderosísimo.

Eu digo que o pensamento máis interesante do século XIX e XX está escrito en alemán, mais a literatura contemporánea está en inglés, aínda que unha parte estea en alemán, como Kafka. E logo quizais tamén teña ese atractivo porque é unha literatura que gardou moi ben a épica, que é algo que a literatura española ou a portuguesa non teñen desde *El Mío Cid* ou *Os Lusíadas*. Onde hai épica é na literatura hispanoamericana, e de feito para min a gran narrativa en lingua española está escrita por mexicanos e sudamericanos. Creo que desde José María Arguedas a Juan Rulfo, a Cortázar, a Borges, a García Márquez, a Horacio Quiroga, ao Sábato dos seus primeiros libros, Alejo Carpentier, Miguel Ángel Asturias, Cabrera Infante... ou poetas como César Vallejo, que para min é o máis grande poeta,... toda esa literatura está escrita alá. A min o que me fai graza da cultura española, que é castelanocentrista, madrileño centrista, é que considera que a literatura española é só a que escribiron en castelán cidadáns que teñan o pasaporte español. É dicir, exclúe tradicionalmente a escrita por cidadáns doutros estados, aínda que escribiran no idioma español, e exclúe tamén a de cidadáns españois que non escriban en castelán, como cataláns, vascos e galegos. É un criterio absolutamente político e provinciano. É claro que na literatura española do século XX hai cousas marabillosas en español, como é a obra de García Lorca, de Valle-Inclán, os poetas do 27, obras de Cela, algunha de Torrente, obras de María Zambrano, poemas de Claudio Rodríguez... Gosto de narradores dos anos 50 como Ignacio Aldecoa, pero vamos, a literatura sudamericana é colosal, con obras magnas, extensas e marabillosas, ambiciosas, elevadas. Non é comparábel o seu vigor, que ademais é un vigor épico. A literatura española en conxunto é aburrida e triste. E agora de todos modos a literatura en xeral tende a ser nimia, tende á nimiedade.

O comezo da militancia: xustiza social

A política durante o franquismo

Para unha persoa máis nova, para quen non viviu aqueles anos tan característicos do franquismo e a fin do franquismo, resultará estraño o papel que a política representou nas nosas vidas, porque hoxe a política parece algo banal, como a publicidade na televisión, algo que nos vén dado de forma gratuíta. Seguramente non se sabe o valor das cousas até que se perden. Xa temos esquecido tamén o 23-F. A vida baséase no esquecemento, para poder afrontar cada día con enerxía renovada, sen que nos pese o pasado. En primeiro lugar, o franquismo non era un réxime político, era moito máis: era o noso mundo, pensabamos que a vida era así, sen máis. Daquela só saían ao estranxeiro os emigrantes e unha minúscula minoría de universitarios, de maneira que a vida só existía dentro dos límites do estado español coas súas fronteiras vixiadas. Era un mundo onde só había unha canle de TV e non había prensa internacional en papel nin internet, claro. E, dentro dese mundo hermético no que transcorrían as nosas vida, a política oficialmente non existía: ¡Franco dicía que non había que meterse en política! Que el e os seus gobernos non facían política, simplemente estaban aí sentados onde debían estar porque esa era a orde natural das cousas. Hai que ter en conta que Franco contaba coa beizón da poderosa igrexa católica, que o declarou «Caudillo por la Gracia de Dios». Iso é o que liamos desde nenos nas moedas: Franco era como o Deus da Igrexa, algo natural, todopoderoso e que ademais, gobernando tanto tempo, parecía eterno tamén.

En segundo lugar, logo do xenocidio practicado na guerra e na posguerra contra os republicanos, e logo de décadas de represión nunha sociedade militarizada e totalmente controlada, e verdadeiramente aterrorizada, era moi difícil que chegase a un a voz da disidencia. O natural era non pensar niso, apartar eses pensamentos críticos e calar para non ter problemas. Mais a partir da década dos sesenta, especialmente desde finais da década, a disidencia política foi collendo máis forza e xa nos primeiros setenta en todas as casas e a cada un de nós se nos presenta un dilema que tiña un forte contido moral: viamos cousas inxustas, eramos conscientes do trato humillante que nos daba o estado e podiamos reaxer de dous modos, seguir sendo submisos ou rebelarnos. Neses anos viviuse dentro de cada un e nas familias do país un dilema que cada un resolveu como puido.

A política era algo prohibido, expresamente tabú. Recordo na miña infancia algunha vez a algún cliente emborracharse e proferir frases de descontento, e recordo ao meu pai dicirlle: «Eh, fulano, cala, non digas iso aquí.» Nun local público habías ter coidado que non se dixesen cousas, sempre había oídos de que podían escoitar. Había un medo enorme, atroz, a ser denunciado por dicir ou permitir dicir algo no local. Recordo no bar que apagabamos a televisión rapidamente antes de que empezase a soar o himno nacional porque se non había de deixalo tocar enteiro. Non se podía apagar na metade, porque podías ser denunciado por «desafecto ao Réxime», que era o termo que se utilizaba. Eras moi vulnerable socialmente. Tamén, ao mesmo tempo, o propio himno nacional era visto como algo militar, algo que non era natural. Por máis que se diga, a bandeira española, a cara de Franco e o Himno Nacional español non eran algo natural, nin querido, nin nada. Era algo que se sabía que era o «Réxime». Había outra bandeira española, pero era a bandeira republicana.

Tamén na miña infancia apareceu o problema da ética a partir de ver a pobreza. Dun modo intuitivo apareceu un conflito que tamén tiña unha dimensión lingüística, ao ver que as persoas oprimidas e traballadoras se expresaban en galego; era unha constatación moi evidente da que se podían tirar conclusións diversas. Había esa identificación do galego coa lingua dos oprimidos. Isto reforzaba o lado ético: eu identificábame co galego pero por motivos íntimos dáballe unha dimensión ética. Na medida en que eu sentía simpatía por ese mundo cultural, que no meu caso arrincaba da aldea, inevitabelmente daba paso a que eu sentira simpatía polo mundo dos oprimidos.

Eran anos de moita tensión xorda, corrían as noticias en voz baixa. E con todo, aquela nova disidencia, corría e filtrábase un pouco por todas partes, era un proceso histórico de fondo imparábel.

Houbo en min sempre unha certa demanda de xustiza. En torno aos nove ou once anos lembro de dicirlle a uns amigos meus que Fidel Castro debía vir a Galiza, e que todos debían ser iguais, e que debía haber xustiza, cousas así, e defininme como «comunista». Afortunadamente eu era un neno nada máis, iso se o dicía un adulto no seu mundo podía traerlle consecuencias.

A conexión cristiá

Eu teño unha tradición moi longa de estar organizado, de participar en organizacións, o que recordo en primeiro lugar é a conexión relixiosa. Eu de neno tiña sentimentos relixiosos. E de feito, ademais do catecismo, que era obrigatorio, recordo que no colexio, aínda que non fora de curas tiña unha tutela relixiosa, de estar nunha organización aos dez anos que se chamaba Os cruzados, e que era unha forma de organizar os rapaces máis piadosos. Verdadeiramente o cura non sabía moi ben que facer con nós. Logo, aos trece, entrei en contacto cun xesuíta que facía proselitismo para unha organización que promovían os xesuítas e que se chamaba Acies Dei, unha réplica do Opus Dei, claro.

O Opus é un modo de organizar segrares baixo tutela relixiosa dentro dunha liña extremista do catolicismo, digamos trentina, absolutamente reaccionaria e que, sobre todo, ignora a mensaxe evanxélica. É curioso, este é un extremo que nunca contrastei, coido que o Opus ten moita semellanza coa relixiosidade rabínica, preocúpase da lei, do texto, non da mensaxe moral de Cristo, a compaixón e a caridade. Pódese dicir que a súa é unha relixiosidade precristiá, aínda que, como sabemos, hoxe son eles, xunto con outras sectas semellantes, quen mandan na Igrexa Católica, unha vez que Wojtyla sepultou definitivamente o Concilio Vaticano.

Sen embargo o AD quería ser o contrario.

Os xesuítas foron os grandes valedores do Concilio Vaticano II, que foi unha gran revolución, un intento de devolver á Igrexa Católica a mensaxe evanxélica, digamos. A Igrexa desde Constantino, desde o Imperio Romano, pasou a ser unha máquina de poder. E nese momento, no século XX, estamos falando de principios dos anos 60, había xa uns anos que a Igrexa perdera practicamente todo o poder temporal, quedando reducida ao estado simbólico que é o Vaticano. Excepto en España, claro, onde a Igrexa era o mesmo Réxime, era un estado confesional, como o de Irán, que é do que gostan os bispos españois.

Xoán XXIII provocou un proceso de reflexión da Igrexa que intentou volver conectarse co tempo que vivía a humanidade, un intento profundo e moi interesante. Os xesuítas, coa súa concepción militarista, guerreira e activa, a característica da orde, foron os militantes do *Concilio*, os que expandiron nos barrios obreiros as JOC –Juventudes Obreras Católicas–, e entre os estudantes as JEC –Juventudes de Estudiantes Católicas–. Foron os que viaxaron a América a atoparse alí cos pobres, e a predicar o Novo Evanxeo para os pobres. Foron os que asumiron a causa dos pobres, o chamado *Evanxeo da Liberación*. En conxunto, na sociedade española, foron os xesuítas os que difundiron as ideas de xustiza social, democratización, e achegáronse ás asociacións antifascistas, democráticas.

En concreto este cura, Julio Vigil, recrutaba adolescentes con preocupacións relixiosas, inquietudes sociais e culturais, para encadralos na súa organización, o Acies. Mais eu non tiña moi claro qué era aquilo. Hoxe coa distancia vexo o que era. De feito cheguei a ter certa responsabilidade, a ser responsable dalgunha célula, por así dicilo, de rapaces máis novos ca min.

O compromiso, o dilema

Por aquelas foi o Consejo de Burgos, un xuízo a varios militantes de ETA, entre eles Mario Onaindía, e foron defendidos por Juan María Bandrés. Estaban acusados de terrorismo e pedían para eles varias penas de morte –estamos falando dun franquismo que fusilaba xente, non só torturaba, detiña e encerraba, senón que ademais fusilaba–. Uns anos antes asasinaran, sendo ministro de Propaganda Fraga Iribarne, a Julián Grimau, a quen torturaron, tiraron pola xanela da comisaría e logo fusilaron sentado e atado a unha cadeira porque non podía terse de pé, co corpo absolutamente roto. Son crimes que non teñen xustificación, e aínda ningunha desas persoas pediu nunca perdón por todo iso. Iso é o máis terrible dos franquistas.

Aqueles mozos vascos, esencialmente eran mozos que estaban contra Franco, defendían a liberdade do seu país e estaban contra a ditadura. Entón ETA non era o que logo pasou a ser. O Consejo de Burgos desencadeou unha mobilización democrática en Europa e tamén na sociedade española, creouse un movemento forte, especialmente en medios intelectuais e universitarios. En Santiago houbera tamén encerros na catedral, de protesta; a mostra do apoio dun certo sector da Igrexa é que os encerros eran dentro de igrexas ou de catedrais. Este home sacerdote contounos a un grupo pequeno, de tres ou catro rapaces coma min, a súa decisión de encerrarse a protestar e facer folga de fame aínda que o levasen preso. Por primeira vez, a través daquel xesuíta, tropecei coa oposición decidida ao franquismo e coa disposición a pagar un prezo: ir preso. Aquel home estábanos transferindo un dilema ético. Foi a primeira vez que eu tiven diante miña un problema moral suscitado polo réxime, e o camiño da oposición. Estábanos dando un exemplo. E seguramente aquel foi o momento decisivo, debía ter eu catorce ou quince anos, no que me formulei por primeira vez aquel dilema. E paréceme que concordei intimamente coa postura daquel home. Os primeiros xestos militantes comezaron da man deste xesuíta.

Primeiros contactos

Entrei en contacto coa política primeiro indirectamente a través das ideas vagamente democráticas e culturalistas que me chegaban de aquí e de alí, e logo a iso dos dezaseis anos tamén a través dun compañeiro de curso que tiña contactos políticos. Este era un rapaz un par de anos máis vello ca min que repetira cursos e viñera rebotado dalgún outro colexio e cadramos na clase. Xoán Guitián pasaba de todo, e parecía non sentirse problematizado por estar perdendo o tempo nos estudos, el estaba metido xa no mundo dos círculos da clandestinidade universitaria. Pois Juan metía para dentro do colexio unha guitarra e con toda a cara botaba as horas libres tocando e cantando cal a cigarra do conto; os alumnos de letras tiñamos moitas horas libres e por iso suscitamos a natural envexa dos compañeiros de ciencias e o odio e desprezo dos seus profesores. Non era para menos, sabía todas as cancións do Paco Ibáñez, e cantábaas ben. E así foi como coñecín eu os poemas de Celaya, Blas de Otero, Lorca, Alberti... Tamén a poesía social de Manuel María.

E tamén, cando el viu que eu estaba maduro en disposición e en ideas antifascistas, propúxome unha cita cun contacto para entrar nunha organización estudantil. El tiña contactos cunha organización anterior ao MC que era a Federación de Comunistas (FECO). Como había que ter moitas cautelas, fíxoo dunha maneira moi habitual naquela época, de modo encuberto: concertoume unha cita «cunha persoa que acabou a carreira, que vai dar clase, e que quería coñecer como era a xente, os estudantes do ensino medio...», unha cousa así, e fun a unha cita nun bar, a miña primeira cita política nun bar.

E alí apareceu unha universitaria que me ofreceu formar parte dunha organización que se chamaba Comités de Curso. A min a verdade, chocoume un pouco, porque non era ese o motivo oficial da cita, pero sinceramente estaba disposto a entrar. Era unha organización antifascista: declarábase democrática, para loitar pola liberdade do ensino..., todo iso. Quedei en pensalo.

O que fixen foi contrastar cun amigo meu que era do Grupo Scout de Santiago, e que estaba nos Comités de Curso da universidade, e díxenlle: «Mira Clemente –chamábase Clemente Crespo–, a ti que che parece isto, ofrécenme entrar nos Comités de Curso... ¿Que sabes ti dos Comités de Curso, ti que estás metido niso?» Por suposto todas estas organizacións tiñan moita discreción, moito coidado. El díxome: «Mira, os Comités de Curso é unha asociación universitaria, entón non entendo iso de que cho suxiran a ti, que estás no bacharelato». Total, deume a entender que aquilo era unha cousa rara. E contesteille a este amigo que non entraba nos comités. Esperei dous anos máis. Entrei logo nos Comités de Curso da universidade, que era unha organización de estudantes controlada polo MC.

Por outro lado, o Grupo Scout de Santiago, no que estiven un par de anos previos á entrar na militancia, era un grupo moi interesante, porque os grupos scouts acostuman a ser un lugar de transmisión de ideoloxía moi reaccionaria, moi machista. Sen embargo o Grupo Scout de Santiago estaba nun sector da Igrexa posconciliar, a que estaba democratizándose, achegándose á sociedade. Naquel grupo tiñan referencias e heroes propios, case mártires: antigos scouts que eran universitarios exiliados, expedientados ou expulsados da universidade polas súas actividades antifascistas. Era un grupo cunha cultura interna moi democrática, cara adentro e cara fóra. Era un mundo que me resultaba cómodo. Decidinme a entrar cando lle oín ao que era o xefe do grupo, Clemen, dicir: «Eu por Galiza daría os collóns.» Cando oín esa expresión de compromiso tan rotunda e radical por unha causa coa que eu simpatizaba, dixen: «Este é o meu lugar.» No Grupo Scout había debates constantes sobre as decisións a tomar e sobre todo tipo de temas culturais e sociais. Desde o Grupo Scout faciamos traballos de colaboración con Cáritas, e foi onde entrei en contacto con Auxilia. Axudaba no que podía.

A militancia antifranquista

Naturalmente as organizacións do tipo dos Comité de Curso eran tapadeiras e modos de captación das organizacións clandestinas, todas elas de inspiración marxista-leninista. Eu tiven sorte de non ter entrado naquela primeira cita porque de alí a un ano houbo unha «caída» moi seria do MCE, a policía detivo, torturou e os xuíces encarceraron varios militantes aos que lles colleron propaganda clandestina. Como era método usual da policía franquista difamaban aos militantes e nalgúns xornais figuraba que se lles incautaran explosivos, o cal era unha falsidade habitual para desprestixiar a oposición clandestina. Se chego a caer tan novo a miña vida se vería partida pola metade, non sei como evolucionaría en adiante.

A este respecto non podo aceptar a actitude tan corrosiva dalgunha xente respecto dos militantes antifranquistas. Desde logo que o entendo nos herdeiros ideolóxicos do franquismo, que campan triunfantes. Non o entendo nalgúns escritores españois actuais máis ou menos novos que tratan con ironía cáustica e con desprezo aquel episodio da nosa historia e aos que se comprometeron contra o Réxime. Penso que iso se explica porque eles non se comprometeron ou tiveron algún contacto superficial con aquel mundo. Supoño que quererán xustificarse a si mesmos, o modo de explicar por que eles non se mollaron é descualificar aos que si o fixeron. Iso resúltame repulsivo. Eu non creo que todos teñamos que ser heroes, iso do heroísmo, os graos do valor, é un tema complexo. Comprendo, porque me coñezo, o que é o medo. E respecto as circunstancias de cada un, que fan que todos ponderemos as consecuencias da nosa rebeldía, os límites da nosa liberdade, non quero nin podo enxuizar as decisións dos outros. No entanto, respecto, e admiro, ás persoas que se atreveron e se atreven a loitar por ideas xustas sabendo que lles vai traer custos. Quero dicir que é humano ter medo, mais parécenme admirábeis os valentes. E calquera actitude digna na vida pasa por recoñecerlle o valor aos valentes, o contrario é ser un miserábel e un mesquiño. Por ese camiño non se constrúe nada.

Eu pasei moito medo e vinme en apuros, e fun afortunado de librarme ben en situacións comprometidas, mais sei de persoas que o pasaron moi mal, e que desfixeron a súa vida, torturas, situación familiar, perda de traballos, de carreiras profesionais. Quen faga riso diso para min é un cabrón.

Tamén ve un que se nos critica aos antifranquistas que fósemos comunistas, ou sexa marxistas leninistas, que non criamos verdadeiramente na democracia e que as nosas demandas democráticas eran unha máscara para atacar ao Réxime e facer unha revolución antidemocrática. Isto é un argumento franquista. É certísimo que os que fomos comunistas non criamos no que chamabamos a «democracia burguesa», que pensabamos que as liberdades individuais eran un vicio burgués e bobadas parecidas, iso é certo. Aquí habería que entrar nunha longa disquisición sobre o papel das ideoloxías, que o mesmo son liberadoras que son tamén alienadoras. Pero moito máis certo aínda é que as doutrinas e as organizacións comunistas eran as únicas que se nos ofrecían ás persoas rebeldes para loitar contra aquel réxime inhumano, e que o certo é que había un único dilema ético: alistarse ou non na loita contra o Réxime. Había quen se alistaba e había quen non. O medo, a indecisión é comprensíbel e respectábel, agora que xustificalo a posteriori rindo dos que se atreveron e explicando que estaban errados é unha porcada de cagóns.

E por outra banda, o marxismo como ideoloxía, como visión escatolóxica da historia e como interpretación da sociedade e da vida parece claro a quen queira velo que é un fracaso histórico, e que ese experimento da nosa civilización, que foi ensaiado sobre todo no noso continente euroasiático, deixou tras de sí moitos dramas e rematou nun fracaso. Con todo, é imposíbel que esquezamos o que Marx nos aprendeu, a ver as relacións de dominación ocultas dentro da sociedade, e que en cada momento se dan de forma distinta mais que sempre se dan. Marx acertou moito nas análises, nos diagnósticos, errou completamente nas receitas.

Hai outro aspecto que ten interese humano, as xeracións novas precisan sempre dun rito de paso para facerense adultos, para emancipárense. O antifranquismo tivo un dobre aspecto nese sentido ritual: tivo un aspecto de rebelión xeracional contra a xeración dos pais que ou ben foran dos gañadores da guerra ou ben, para sobrevivir, acomodáranse á nova situación de franquismo aparentemente irremediábel. E tamén foi unha proba para medir o valor propio. Iso tamén é unha parte da historia.

Crise de fe e galeguismo

Aos catorce anos empecei a ter unha crise de fe. Primeiro empezou un proceso de crítica ás formas da relixión. Recordo unha panda de amigos que marchaban á misa de doce á catedral e dicirlles «eu vou esperarvos fora, non vou á misa», porque para min a misa non tiña sentido xa. A misa érame un rito vacuo, estaba baleiro de todo sentido. Aínda tiña fe, o capelán do grupo scout intentaba facer con nós unha forma de misa adecuada á nosa cultura de xeración, unha cultura pouco ritual e que en todo caso buscaba a autenticidade. Eran comunións en grupo, cousas coas que estaba experimentando a Igrexa Católica naqueles anos, intentando buscar unha nova, relixiosidade máis «auténtica», máis achegada á xente. Pero chegou un momento, aos dezaseis anos, en que tiña clarísimo que tampouco quería un deus todopoderoso, e todo iso. E, pódese dicir que aos dezaseis anos a miña cultura era a do marxista –o marxismo vulgar, militante, machacón, daqueles anos– que digamos que cuestionaba coas armas da racionalidade a relixión. Claro, a relixión é unha crenza e non resiste o embate da racionalidade, son linguaxes distintas. O mito non resiste a desmitificación.

A miña propia relixiosidade era hansenista ou protestante no sentido de que era unha relixiosidade interior. A miña relixiosidade de adolescente era a da busca da autenticidade da vida interior, e chocaba coa católica que é unha relixiosidade do rito social soamente. Eu aínda digo que son protestante nun país católico.

Na obra de Joyce encontrei algo parecido, o que pasa é que el non expresa claramente unha crise relixiosa. No que eu recordo, no *Retrato do artista adolescente*, o que fai é, coas armas de Tomás de Aquino, da propia racionalidade católica, someter a crítica o discurso relixioso. A min Joyce non me recorda unha crise relixiosa, íntima, senón filosófica. En todo caso, se a tivo, non aparece expresada na súa obra, coido eu. Eu teño a impresión do *Retrato do artista...* como que é todo unha grande argumentación tomista, unha grande argumentación teolóxica, pero non recordo tanto a vivencia, o esgazamento íntimo. A perda do contacto co divino, sentirse só, non lembro que estea nese libro. É unha cousa que me chocou e que responde moito a todo o camiño estético de Joyce, que ten relación tamén cos seus límites. Para min o problema de Joyce é que desde *Dublineses* en adiante o que hai é unha literatura moi cerebral, moi razoada, moi lingüística, na que está excluída porén o sentimento, o drama. Unicamente intenta achegarse ao drama humano nunha obra que é *Exiliados*, mais coido que lle saíu artificiosa. A min o que me separa de Joyce é precisamente a falta de paixón, a falta de sentimento, e emoción. A emoción está moi oculta, hai unha melancolía suave, pero moi oculta.

Eu recordo en cambio, por aqueles anos, uns libros que reflectían moi ben as crises, as turbulencias da adolescencia, que eran de Herman Hesse, *El lobo estepario*, e *Damian*. Estes dous libros de Alianza Editorial foron os libros nos que viamos máis reflectidos o grupo de amigos nas nosas crises de identidade, nas nosas turbulencias de adolescente. Foron libros que nos pasabamos e comentabamos entre nós.

En min había esas dúas liñas constantes mais distintas: a preocupación social e a a vocación artística. Nestes anos de adolescentes, estando no instituto, recordo que nos reuniramos para facer un grupo de teatro. Tamén lembro a cámara de fotos dun amigo. É un obxecto incrible, e naqueles anos era un luxo –hoxe en día xeneralizouse, as tecnoloxías cambiaron e hai máquinas de fotos ao alcance todo o mundo–. Entón as máquinas de fotos eran máis caras e os adolescentes de antes non tiñamos o diñeiro, a capacidade de consumo, que teñen hoxe. Eu tiña un amigo hindú que viña de Londres, con familia galega, chamado Susil, e andaba por aqueles días cunha cámara de filmar, e fixeramos o amago de facer unha película de Super-8, nada imposíbel porque realmente na Galiza había tres grupos de cine, que eu saiba, un na Coruña, outro en Vigo, e outro en Santiago, que se chamaban A Lupa, e facían curtametraxes.

En Santiago daquela tamén había un grupo teatral, que era o grupo Ditea. Había na cidade un ambiente artístico, e o de facer cine non era unha cousa fóra de xeito. E foi tamén por aqueles anos nos que, coa colaboración destes amigos, quixeramos facer unha exposición de fotos. Non chegamos a facela pero si realizamos as fotos. Entraba o mundo do surreal, do conceptual, nestas cousas. Era na época inmediatamente previa a meterme na política, cando estudaba COU. Cando entrabas na política estaba claro que entrabas e deixabas todo atrás. Era tan radical o compromiso, tan serio, que ti sabías que desde ese momento as demais cousas parecían xogos e os xogos quedaban atrás. O que ocorre é que co tempo comprendes que non se pode vivir unha vida sen xogos, xogar dalgunha maneira é preciso sempre, unha vida sen xogo, sen brincadeira non é vida. No meu caso a vea do compromiso social anuloume a vea artística, superpúxose. Foi como un sacerdocio, había que acabar co franquismo e había que cambiar a sociedade.

Cambiar de lingua

Por ese tempo, debía ter eu os dezasete anos, é cando tomo a decisión de pasar non a falar en galego, pois xa o falaba en ocasións, senón a vivir en galego. Neses anos de adolescencia moitas decisións tómanse na compañía dos amigos, a amizade é tan intensa, e eu lembro que a tomei en compañía dun amigo moi querido, Beto, con quen discutía a diario do divino e do humano. Como dixen antes, a discusión, o debate, era unha forma de coñecer e tamén de madurar decisións. E, logo de ter moi claro que a lingua era a demostración e tamén a pedra angular dunhas relacións de dominación inxustas sobre a Galiza, e tamén de dominación social sobre as clases desfavorecidas, a conclusión era evidente: había que cambiar de campo tamén na lingua. E fixemos con moita determinación ese acto forzado, violento, que é cambiar de lingua. Até hoxe. Non é o mesmo empezar a manexar unha lingua que non usabas que abandonar unha lingua por outra, sobre todo vivindo no mesmo país e no mesmo medio social, entre as mesmas persoas, mesmo dentro da mesma familia. Iso afecta ao teu mundo íntimo, á visión que tes de ti, á túa identidade. E, claro que é unha modificación da túa identidade. Os meus fillos xa recuperaron a lingua dos meus avós que a min non me foi transmitida directamente, para eles o galego xa é a lingua «natural», familiar. Mais eu son o elo da cadea débil, inestábel, eu son o que se move sobre un terreo inestábel no asunto de cal é a miña lingua. O galego é a miña lingua, na que vivo, por decisión consciente e libre, mais aquel castelán acastrapado é a miña lingua máis certa aló no fondo de min. O galego é a lingua do cidadán, e o castelán daquela maneira é a lingua do neno. Iso xa non ten amaño. Esa escisión, esa inestabilidade, é outra das miñas contradicións internas da identidade.

Formándose como organizador

En conxunto, coa miña militancia en sucesivas e ás veces simultáneas organizacións culturais e sociais, facendo revistas, un programa de radio... pódese dicir que estaba tendo neses anos unha formación como activista, militante, axitador, comunicador, vertixinosa. Se fixen esas cousas foi porque xa había en min un ánimo militante, un ánimo que me conducía alí. E aos dezasete anos sabía organizar, dirixir, captar persoas, facer propaganda... incluso tecnicamente imprimir unha revista. Cando cheguei á universidade tiña capacidade para iso. E logo a isto hai que sumarlle os anos que eu estiven na universidade, moi intensamente, e incluso anos despois. Cando eu empecei a escribir a principios dos anos oitenta, cando entrei na literatura galega, pódese dicir que alí desembarcou non un autor senón un militante, un partido político: unha máquina.

Un elemento que é moi importante na miña formación é a lectura da prensa; eu leo os xornais desde neno, pois nun bar a distracción é ler o xornal. De maneira que adquirín ese hábito para toda a vida, recoñezo que son adicto á lectura do xornal, e decátome de que ese é un hábito que vai desaparecendo nas novas xeracións. A través da prensa seguía a vida social e pouco e pouco, tamén fun aprendendo a ler entre liñas, a buscar as informacións ocultas e así fun seguindo o discorrer dos acontecementos politícos. E hoxe mesmo sigo a ler os xornais interpretándoos desde a perspectiva dos intereses que defende cada cabeceira: aprendín daquela que a información ás veces é ocultada e, cando se nos dá, chega interpretada por intereses particulares ou pola visión ideolóxica dos propietarios dos medios de comunicación. E iso é sempre así, convén sabelo e lembralo. O traballo do xornalista é valiosísimo e tamén moi difícil, pois debe procurar a verdade e intentar contala dentro duns límites moi duros que lle veñen dados pola propiedade do medio de comunicación en que traballa.

Logo dese camiño de influencias, de organizacións de todo tipo, entro no MCE que entón reivindicaba o Partido Comunista Español (PCE) da República. Facíanlle unha crítica ao PCE de Carrillo, porque perdera a pureza, igual que outros partidos da época como a ORT –Organización Revolucionaria de Traballadores–, que por certo foi fundada por xesuítas, un deles amigo meu, o PCE-Internacional, o FRAP –Frente Revolucionario Antifascista y Patriótico– e o PTE –Partido dos Traballadores de España–. Querían un partido comunista menos político e táctico que o de Carrillo, máis arcaico, máis brutal, como o dos anos 30, máis ideolóxico e menos político, e reivindicaban a figura de Xosé Díaz, o secretario do PCE morto nos anos da República.

Todo era moi comprometido, e naturalmente, tiven algúns contratempos. Non me queixo. Saín sempre moi ben librado. Pero en todo caso eu estaba disposto a todo, como estabamos naquel momento as persoas todas, sabiamos que as consecuencias podían ser graves para as nosas vidas, e mesmo afectaría ás vidas das nosas familias. Dunha vez tiña na casa quilos de propaganda e unha vietnamita, unha máquina moi rústica de impresión, e viñeron determe, zafeime saíndo por outro lado e afortunadamente tampouco cachearon na casa. Parte da actividade clandestina era facer propaganda. Naqueles últimos anos de Franco eran frecuentes os chamados estados de excepción, se te collían con calquera cousa, mesmo simplemente repartindo propaganda clandestina, podíanche aplicar a lei antiterrorista. Todo era terrorismo, para aqueles terroristas de Estado que nos gobernaban.

O franquismo levou a loita, neses últimos anos, a unha agudización tan grande que se non morre o ditador había un enfrontamento civil. Se Franco non morre no novembro do 75 había un enfrontamento. Non digo unha guerra civil, porque a sociedade estaba desarmada, pero habería un enfrontamento grave e moito máis conflitivo do que foi, porque se estaba agudizando. E de feito, o que fixo aquel miserable, e todos os seus ministros, toda aquela cuadrilla de miserables, foi fusilar outras cinco persoas. Non sabían xa que facer: só lles quedaba fusilar, fusilar, fusilar... e cada vez iría en aumento. Nós estabamos dispostos a todo. De feito, no momento en que morreu Franco, na organización na que eu estaba, que tiña bastante presenza en Euskadi, onde os conflitos tiñan especial violencia e a policía disparaba abertamente contra os manifestantes desarmados, estábase debatendo politicamente as formas de loita armada.

A resposta do réxime de Arias Navarro e os seus ministros –Fraga Iribarne entre eles– era tan violenta para non cambiar a sociedade que a nosa resposta tamén se estaba radicalizando. Se non morre Franco habería moita máis violencia, aínda que quizais non teriamos unha transición que conservou tanto do franquismo e entraba no posíbel que puidésemos varrer aos franquistas e houbese unha transición a unha democracia máis real, menos pactada.

O nacionalismo na clandestinidade

Antes eu falei de que para min o PCE era o único partido que tiña un sentido cabal da realidade histórica e social, porque tiñan información do estranxeiro, contactos cos servizos secretos doutras potencias, e realmente tiñan unha implantación na sociedade relativamente forte, mentres que os outros grupos eran minoritarios, eran moi novos, e non tiñan madurez. Hai que ter en conta que o PCE non só vivira a experiencia da guerra e o goberno da República, senón tamén a experiencia dunha posguerra, a experiencia da loita armada, dos maquis. Coa experiencia de ter que disolver a guerrilla, porque fracasou, comprobaron que non era posíbel ese camiño... Aínda que na Galiza houbo guerrilla até o principio dos sesenta. Paréceme que a Piloto, o último guerrilleiro, matárono no 65. En suma, o PCE era un partido que tiña moita experiencia sobre si. Almacenaba experiencia republicana e antifranquista. Era o único partido cunha certa madurez. E hai que ter en conta que aínda que a UPG cando fala de si mesma, sempre di que empezou a principios dos anos sesenta, realmente iso era un grupúsculo de persoas moi limitado. Cando empeza de verdade a UPG como unha organización, a actuar, é a principios dos anos 70. Era unha organización novísima, con persoas novas: non había vellos que transmitisen a experiencia política. Así pois, a UPG considerou a loita armada a principios dos anos 70, e isto hai que entendelo desde o coñecemento de que o nacionalismo galego empezaba desde cero, era moi novo. O nacionalismo galego non tivo continuidade co anterior, co galeguismo republicano.

Para o nacionalismo galego, obxectivamente, foi dramática a perda de experiencia debida ao exilio: a morte dos cadros do partido galeguista, o exilio de Castelao..., e quen quedou aquí, con todos os meus respectos, foi a ala dereita do galeguismo. Prevaleceron unhas teses de abandono da loita política, aínda mesmo de non dar apoio á loita política, de tal maneira que os nacionalistas galegos que empezaron a organizarse non tiñan a transmisión de experiencia dos seus maiores. Houbo unha ruptura grande que no País Vasco non foi tan acusada, como en Cataluña. Aínda que houbese unha radicalización ideolóxica dos máis novos, o certo é que había unha transmisión. Todos eles formaban parte do antifranquismo e houbo unha continuidade. O nacionalismo galego que nace a finais dos 60 principios dos 70 nace da ruptura total co seu pasado. Iso fixo que fose un nacionalismo máis inmaduro, con menos sentido da realidade, e de feito foille moi mal cando morreu Franco e chegou a democracia. Foi incapaz de reaccionar porque non tiña madurez política. Foi incapaz de comprender que a realidade non era como eles pensaban e non foron quen a reaccionar, non puideron adaptarse á nova situación. A orixe de todas as insuficiencias aínda hoxe do actual BNG vén de aí: un nacionalismo que naceu sen a memoria da experiencia democrática, republicana, previa. E nun tempo de total irrealidade, como era o franquismo, un mundo hermético onde non había horizonte nin política democrática posíbel, alí só podían sobrevivir en guetos ideoloxías moi irreais. De feito, o nacionalismo galego tardou moitos anos en ser unha forza efectiva na sociedade. Agora está empezando, veremos se evoluciona e a sociedade galega os considera como unha opción posíbel para gobernar, para dirixir o país.

Ás veces as xentes non entenden a miña posición respecto do nacionalismo galego e do galeguismo en xeral. Como en tantas cousas intento ter unha posición matizada, complexa. Eu actúo de forma clara, mais intento non ser seitario, non podo resumir a miña visión na postura dunha facción ou doutra. En xeral, eu diría que, igual que Marx nos aprendeu a todos a ver as relacións de explotación e de poder dentro da sociedade, e iso é patrimonio de todos e tamén unha evidencia que hai que aceptar, o galeguismo aprendeunos a ver a Galiza na historia, con perspectiva, con orgullo e dignidade, e tamén a ver os nosos problemas e as nosas potencialidades. Ninguén que viva na Galiza e sexa culto e bo cidadán pode non ser galeguista. Aínda que, claro, lexitimamente, cada un interpreta esa visión autocentrada, galeguista, á súa maneira. O galeguismo é unha visión descolonizada, autocentrada. Eu diría aínda que pode ser interpretado de dúas maneiras: ver o mundo desde aquí ou ver o noso tempo desde aquí; eu prefiro esta última. Vivir a contemporaneidade desde aquí.

Logo teño moitos matices sobre as diversas interpretacións políticas do galeguismo. Eu véxome moito na síntese que foi o Partido Galeguista, o galeguismo republicano. Por exemplo, eu respecto moito a Ramón Piñeiro que foi quen dirixiu esa liña do galeguismo que, na posguerra, propugnou o abandono da loita política, esa aposta polo galeguismo que eu chamo metafísico cultural e que rompeu co galeguismo do exilio, e, o que é máis determinante historicamente, co Consello da Galiza, que era a nosa institución de autogoberno, como a Generalitat para os cataláns, quedando así condenada á extinguirse e a ser esquecida. Iso deixounos sen lexitimidade histórica na transición democrática, foi un erro político moi grave. El foi unha persoa que pagou un prezo persoal e que dedicou a súa vida ao ideal da cultura galega, mesmo estivo preso polas súas ideas. Correu un risco persoal enorme e pagou un prezo moi grande. Unha persoa sen dúbida idealista, honrada. E hai unha cousa á parte do seu traballo da que somos fillos tanta xente: é a idea e o traballo de crear a editorial Galaxia, e difundir ideas culturalistas do galeguismo. De alí vimos todos. Eu veño tamén desas sociedades culturais e deses libros editados con tantos esforzos e tanta censura –Fraga, por exemplo, cando era ministro secuestrou a revista *Grial*, unha revista de pensamento en galego–. Eu respecto enormemente o labor tanto de Ramón Piñeiro como do resto das persoas do seu círculo, como Illa Couto, Fernández del Riego... Entendo que esta xente tamén é a miña xente. Eu reivindico tamén o legado de todas as persoas que se esforzaron polos ideais democráticos tanto da esquerda como galeguistas. E por iso mesmo abrín *O país da brétema* cunha escena onde aparece Ramón Piñeiro cando está preso, traducindo –do alemán ao galego– a antoloxía celta. Non é que eu sexa piñeirista, nunca o fun, o que ocorre é que para min é un momento da nosa historia.

Ao mesmo tempo recoñezo incluso o valor de xente como García-Sabell, aínda que logo o seu papel como presidente da Real Academia Galega, e incluso o seu papel na transición política foi moi discutido, e ademais é moi discutíbel. Non estou de acordo cos seus posicionamentos, mais recoñezo e reivindico o seu papel como ensaísta e o seu compromiso valente en momentos difíciles, na posguerra. Nunha literatura que ten pouca tradición de ensaio, moi débil, ¿como non vimos reivindicar a todos os nosos autores e non vimos respectar e ler con atención o que haxa de utilidade? O sectarismo para min non ten sentido. E os intelectuais con esixencia que tivemos e temos son moi poucos.

Loitas do 72 e radicalización ideolóxica

Eu pertenzo xa a unha xeración máis radicalizada, non nos bastaba coa resistencia cultural dos galeguistas de Galaxia. Unha xeración marcada por feitos ocorridos no ano 72. Nese ano ocorren en Galiza uns feitos que marcaron as nosas vida totalmente. Primeiro desencadeouse en Vigo unha folga xeral absoluta, paralizáronse todas as empresas de Vigo, que eran moitas, foron despedidos dez mil traballadores. Houbo centos de detencións e os detidos son torturados. Nese momento, no 72, naceu o GRAPO. Foi tal a violencia, a brutalidade da represión, que nese momento das torturas naceu o GRAPO –isto cóntao moi ben Camilo Nogueira na entrevista que lle fixera: *Camilo Nogueira e outras voces*–. O grupo nace da desesperación dos detidos e da crueldade da policía franquista, dunha escisión de traballadores que se separan de CCOO e do PCE de Vigo. Foron xente que se radicalizou, que fora torturada toda. Era moi difícil convencer a unha persoa que fora torturada, da política que tiña entón o PCE de Carrillo, que era a política da reconciliación nacional, un acordo da esquerda e da dereita para saír pacificamente do franquismo a unha democracia.

A tortura é unha experiencia radical, e a quen a viviu non lle podes dicir a continuación que ten que levarse ben co torturador. Primeiro naceu o que se chamou a OO –Organización Obreira–. Logo pasou a chamarse OM-LE –Organización Marxista Leninista de España–, e logo PCE (R) –Partido Comunista de España, Reconstituído–.

A folga de Vigo foi unha radicalización absoluta. Foi daquela cando eu oín falar por primeira vez de Camilo Nogueira, asociado aos traballadores de Vigo. El fora torturado, expulsado do traballo, e un ano despois veu para Santiago. Á parte da folga de Vigo deuse tamén a folga de Ferrol, na que a policía, a Armada Española, fondeou os barcos de guerra fronte ao barrio dos traballadores, o barrio de Carranza, e apuntou os seus canóns cara ás casas en que vivían as familias dos traballadores. Esta é a Gloriosa Armada Española do «Caudillo por la Gracia de Dios».

Ao mesmo tempo a policía disparaba contra unha manifestación de traballadores desarmados, matando dous e ferindo non sei cantos. De alí saíron moitos detidos, foi o que se chamou o Proceso 2001 Naturalmente isto tivo reflexo inmediato na Universidade de Santiago, e houbo unha grande contestación. Aos universitarios de hoxe resultaralles estraño, mais aos daquela, a través das organizacións clandestinas que unían as loitas de estudantes con calquera conflito que desafiase ao Réxime, era moi común que chegase información dos conflitos obreiros. Por entón *La Voz de Galicia* era o único periódico que daba información das mortes. Por exemplo, o periódico da miña cidade, *El Correo Gallego,* non deu información de que morreron, deu información de cándo foron enterrados, e unicamente subministraba a información que lle daba a policía. Era un periódico local, o periódico da policía franquista, e debido a iso era queimado constantemente. Os estudantes rompíanlle as cristaleiras dos escaparates, e facían queimas simbólicas dos seus xornais. Naqueles anos *La Voz de Galicia* era o periódico que mellor se portaba, aínda que a información era mínima, pero así e todo a tensión estaba no aire, e a policía estaba constantemente nas rúas. O franquismo estaba en crise. No resto vivíase apracibelmente, había círculos de disidencia, contestación, pero fóra destas tres cidades non había esta violencia ambiental.

Pese a que antes houbera unha explosión contestataria que era o 68, unha explosión realmente xuvenil, de ideas novas aínda que tamén radicais, e houbera expedientes nas universidades e persoas que tiveran que exiliarse, pódese dicir que o 68 no conxunto era alegre. Recordo que cando os propios universitarios se encerraron para protestar contra o autoritarismo dun reitor, Ocón —eran todos falanxistas de libro—, tiveron a simpatía mesmo dunha parte do profesorado e da poboación, das familias, porque até ese momento non se sabía o que podía pasar, e realmente a policía que andaba polas rúas practicamente eran os nosos veciños, eles non querían pegar aos rapaces. Cando se radicalizaron as cousas, empezaron a chegar policías de fóra, de Valladolid, máis alleos e xa adestrados na represión.

Entrada na militancia clandestina

Desde o 68 en adiante as cousas estaban moito máis radicalizadas. Cando entrabas nunha reunión clandestina sabías que podía ocorrerte de todo, o cal é unha situación moi distinta á de moitos universitarios que se achegaron no 68 as ideas revolucionarias. En adiante foron xa xeracións que chegaron á subversión coñecedores das posíbeis consecuencias das nosas decisións, e sabiamos que había cárcere e mesmo fusilamentos. Os primeiros panfletos que tirei, a primeira propaganda clandestina, era precisamente contra o fusilamento dun anarquista barcelonés chamado Puig Antich, creo que no ano 74.

Estamos falando dun Réxime que facía estados de excepción, militar e fortemente armado. Estamos falando xa de loita armada, de enfrontamento total co Réxime. Eu tiña que ser da UPG en boa lóxica, o que ocorreu foi que naqueles anos non é como agora no que cadaquén se achega onde quere. Daquela era moi difícil ter contactos, acercarse. Todos acabábamos entrando a través dun círculo de amigos, e cadrou que no meu círculo había uns poucos que asistiron a unhas charlas sobre marxismo que realmente eran charlas para captar militantes que daba un grupo do MC. Por certo, en Galiza naceu o MC como unha escisión da UPG. Daquela a UPG era galeguista e MC tiña unha liña política absolutamente españolista. Pero ben, naqueles anos todo era unha cousa un pouco tola: o mundo das ideoloxías era moi tolo. Eu non puidera asistir a esas charlas que servían de modo de captación de novos militantes porque tiña que traballar no bar, e así eles fixeron un contacto clandestino e preguntáronme logo si entraba nos Comités de Curso do MC. Eu díxenlles: «home, a min os que máis me simpatizaban son os do ERGA», e un deles mesmo me dixo: «Ben, se non queres entrar nos nosos, podo mirar se che consigo un contacto co ERGA.»

Naqueles anos a militancia era como un sacerdocio, todo sectas enfrontadas, e se marchabas con un tiñas que romper cos outros. Para min era a perspectiva de romper con toda a miña panda de amigos e amigas, e de feito entramos nun mesmo verán as dez ou doce persoas da panda no MC. O que cadrou foi que en Santiago, no círculo que nos tocou a nós, o MC foi máis activo e captou un grupo maior de adolescentes.

Podería estar noutro partido, na UPG, no PCE, aínda que todos eran absolutamente estalinistas e finalmente acabaría mal en calquera deles. Tería conflitos como os tiven posteriormente no MC. De todos modos, tamén debo dicir que aínda que formulase diferenzas, reparos políticos a certos aspectos das directrices, cada vez máis serias, mentres fun militante sempre fun moi disciplinado, diría que disciplinadísimo. E isto era unha militancia cega. E, de feito, aínda que sigo entendendo que meténdome naquela militancia fixen o que debía facer, tamén é certo que algunhas actuacións de entón prodúcenme aínda hoxe vergoña e culpa. Hai algo de perverso e retorcidamente porco cando actúas de forma encuberta, cando tratas cos demais agachando unha intención de utilizalos, sopesando as posibilidades das persoas, a súa utilidade para a túa causa ou o teus intereses. No noso descargo está que non había outro remedio, realmente non era posíbel unha forma de actuar clara, pública. Unha das cousas que volvín a aprender cando saín da época da clandestinidade, e que esquecera, foi a relacionarme coas persoas sen segundas intencións, podendo falar con franqueza, unha relación limpa. Seguín na militancia, mais en adiante sempre puiden exporlles aos demais os meus argumentos con franqueza, e foi un alivio moi grande.

A fe estalinista pedía unha militancia onde as persoas eramos pezas cegas, e iso ademais de xustificarse por necesidades da clandestinidade, que iso si que o comprendo ben, tamén se soficaba nunha concepción do individuo, da persoa, que non comparto en absoluto. O marxismo é unha resposta á inhumanidade da explotación das persoas, paradoxalmente ten tamén dentro o xerme dunhas novas relacións persoais e sociais deshumanizadoras. En todo caso, a crítica que eu lle fago ao marxismo será sempre desde unha posición superadora, melloradora, non é a crítica dos defensores das actuais relacións de dominación.

Tamén esa experiencia de militancia disciplinada é a que me permitiu logo ser autocrítico, ver os erros, e facerlle unha crítica ao leninismo e logo ao mesmo marxismo como ideoloxía política. Realmente a miña crítica ao leninismo, aínda que tiña fundamento teórico tamén me nacía da revisión da miña propia experiencia. Realmente a experiencia é o coñecemento imprescindíbel. A teoría é necesaria para comprender cabalmente as cousas, axúdanos a ver as cousas con máis contexto, agora que hai persoas intelixentes que unicamente analizando a súa experiencia conseguen unha gran sabedoría, e pola contra alguén que só estude teoría nunca comprenderá a vida e os seus procesos. Un analfabeto pode ser sabio, e alguén que só sexa un grande estudoso e non coñeza a vida nunca poderá selo.

Irrealidade do franquismo

Para a xente de hoxe é difícil imaxinar como era o franquismo. O franquismo era máis alá dun réxime político, era un mundo. España tiña fronteiras herméticas. Aí ao lado noso estaba outra ditadura, en Portugal. Eran sociedades absolutamente cerradas, e pechadas as fronteiras. Non podías saír de España. O franquismo impedía a chegada de noticias do mundo, e unicamente subministraban as noticias que eles querían. Os cidadáns non sabiamos o que ocorría no mundo, e viviamos dentro dun mundo hermético. Franco tíñanos encerrados dentro dunha burbulla de cristal, dentro dun cárcere. Toda España era un cárcere, no que ademais, a través da vixilancia que facía a policía e a Igrexa Católica, que era máis franquista que Franco, e tan responsábel daquel réxime coma el, controlábase a vida das persoas, controlaban as ideas das persoas a través da educación, da censura eclesiástica e política, e a través do control sobre as parroquias —non esquezamos que nas aldeas quen daba os certificados de boa conduta, quen daba garantías de que unha persoa podía viaxar ao estranxeiro, eran os curas—. Mesmo a través do sacramento da confesión que lles permitía recibir informacións e delacións. Os curas eran como a policía moral de Franco, agás esa parte da Igrexa que se fixo disidente a partir do Concilio Vaticano II, desde principio dos anos 60.

O franquismo non só te prohibía difundir ideas, ter coñecemento delas, senón que ademais modelaba a vida das persoas e a das familias. É moi difícil explicarlles ás persoas de hoxe que non o viviron o que era aquilo. Nós viviamos dentro dun pesadelo. Descoñeciamos o que era a vida fóra daquel mundo onírico. Viviamos nunha vida irreal. Así se comprenden en parte os disparates ideolóxicos do antifranquismo, pois o franquismo era un disparate tamén, un absurdo, un mundo de irrealidade, e nos viviamos dentro del. O que non entendo ben é como mozos franceses ou americanos podían facerse maoístas, cústame entendelo, pero estou seguro de que o podo entender, porque tamén eran sociedades moi represivas e menos democráticas do que se din, especialmente a sociedade alemá. É moi discutíbel que a sociedade alemá fora democrática probabelmente ata os anos 90, e de feito aí está o que lles fixeron aos militante da RAF, Facción do Exército Vermello, chamada pola policía Banda de Baader-Meinhof, simplemente os asasinou o estado nas súas celas.

Estou seguro de que isto é máis entendible na sociedade española. Nós tiñamos que imaxinar como sería a vida: non só era acabar cun réxime político, senón que tiñamos que imaxinar como sería a vida, e non sabiamos. Quen non viaxara a Francia, aos Estados Unidos ou a outro sitio semellante non podía imaxinar como era a vida das persoas. Só podiamos concibir como era a nosa vida, e a outra había que inventala. Esto explica moito a irracionalidade das cousas que podiamos chegar a defender. Por exemplo os plans de cada grupúsculo marxista-leninista, como para a UPG conquistar Santiago militarmente, ónde había que emprazar as baterías, por exemplo. O MC, o mesmo que a ORT o que o PCE-Internacional, a UPG, as organizacións maoístas todas... tiñamos un esquema de revolución que era a guerra antiimperialista: o inimigo principal eran os EE.UU. E a nosa referencia era o esquema maoísta da guerra desde o campo á cidade, o que fixo Mao na China: gañar o territorio do campo apoiándose nos campesiños e logo pasar ás cidades. Era todo un disparate. ¡E unha idealización delirante das loitas obreiras e mesmo dos traballadores e labregos no noso país que non tiña nada a ver coa realidade! [risos].

Eran todo delirios de universitarios. No meu caso eu sempre tiven un modo de estar un pouco estraño, porque por un lado aceptaba e argumentaba estas ideas na teoría, con todo, ao mesmo tempo, traballando no bar, trataba con traballadores e labregos, que eran a miña clientela, e dicir, cos traballadores do mundo real, e non tiñan nada a ver cos traballadores dos «contos chinos». A min sinceramente costabame moito imaxinar os meus clientes facendo a revolución, porque cando eu ía á reunión e me contaban esas historias, eu xa viña de traballar, de estar con eles, de despacharlles cafés e copas aos supostos suxeitos da revolución. Eu abría o bar dos meus pais ás sete e media da mañá, despachaba aos traballadores e despois ia estudar á universidade. Custábame un pouco conciliar aquel mundo de contos chineses co arredor. Pero ben, en todo caso a miña decisión de facer a revolución era firme.

A conciencia que eu tiña do resto dos compañeiros é que eles eran estudantes universitarios, é dicir, persoas que non tiñan outra cousa máis na vida que estudar, vivían dos seus pais, que lles pagaban os seus estudos, e o seu traballo era estudar. Algúns eran da cidade e outros viñan de fóra. Pero no meu caso era distinto, porque eu traballaba e estudaba, e dalgún modo a conciencia que eu tiña, aínda que non o podía dicir pero que sentía, era que non podía tomar moi en serio o mundo dos universitarios porque eu viña, por así dicilo, do mundo real. Era consciente de que aínda compartindo as barbaridades ideolóxicas, os contos chineses da militancia, sentíame máis maduro socialmente. Que non emocionalmente.

A min o traballo nun bar, ter que traballar duro, pero tamén ter que mandar en empregados, ensinoume a ser traballador, a ter disposición. Ás veces a xente non se dá conta ata qué punto é difícil o traballo dun *barman*, dun camareiro. Non vale calquera persoa, pide moitos dotes de coordinación mental e mesmo unha certa elegancia física, coordinación. Son mil labores de coordinación. E dáche un coñecemento da diversidade social e da diversidade psicolóxica humana. Aprende un moito sobre a condición humana sendo camareiro. Un camareiro é un observador da condición humana, aínda que non queira. Pero ademais tamén me obrigou desde rapaz a mandar en persoas maiores ca min, porque eu era o fillo do xefe e quedaba de encargado moitas veces sobre persoas que sabían máis da profesión e eran máis adultas ca min. Era unha situación difícil que me obrigou a madurar en certos aspectos da vida: a ter responsabilidades reais.

Só se coñece o valor das cousas e o valor dun mesmo a través do traballo. Só o traballo che dá a información de qué cousas es ti capaz, e o que custa conseguilas. Eu considero que o traballo, agás cando é alienante, é educador. Creo que é un drama da nosa civilización educar á xente nova separada do traballo. Estase educando para consumidores, para persoas inútiles, que non se valen, que non teñen iniciativa para gañar a vida, e que unicamente poden gastar.

Realmente naqueles tempos a única organización que tiña un sentido cabal do que era a sociedade española no seu conxunto, do que significaba o Réxime, o único que tiña un certo sentido da realidade era o PCE, que por outro lado era a grande organización antifranquista. Hai que dicir que socialistas aínda non había. Non se inventaran aínda. Creo que unicamente estaba Nicolás Redondo e dous ou tres máis, que estaban presos. Eles debían ser os únicos socialistas de España. Eu creo que o socialismo foi un invento posterior a Franco. Habendo Franco, socialistas non os houbo. Había uns poucos do PSG, unha minoría moi pouco activa, que eran de círculos profesionais. A oposición real ao réxime foron os comunistas, os de Carrillo ou os maoístas. Sen dúbida o que tiña máis forza era o PCE.

O PSOE chegou a Galiza o ano 75, inmediatamente antes ou despois de morrer Franco, pero en todo caso non foi ata o 75. Veu desde Madrid da man dun catedrático de economía, Bustelo, que logo marchou do PSOE porque perdeu fronte ao grupo sevillano de González, Chaves e Guerra. Bustelo chegou aquí para montar o PSOE porque aínda non existía. Recordo os primeiros panfletos do PSOE, que deberon ser xa no ano 76: escribían nun galego moi malo e pedían escusas pola pouca calidade do seu idioma, porque eles mesmos dicían que estaban empezando. Ata entón os únicos socialistas que había eran os do PSG, lexitimamente os socialistas galegos, pero tiveron un problema grande –¡unha organización que debería ser o Partido Socialista Galego! –, e marchou unha excisión grande cara ao PSOE a partir do ano 77-8, e foron absorbidos por eles. O resto ficou no nacionalismo galego, hoxe están no BNG.

O socialismo antifranquista no Estado era o dos partidos socialistas: o socialismo de Cataluña –o PSC–, en Madrid o

Movemento Socialista creo que se chamaba, os socialistas vascos, galegos e mallorquíns... o que se chamaba *Federación de Partidos Socialistas*, que eran federacións autónomas que querían que o socialismo fose federal, e polo tanto prefiguraban xa unha España federal. Porén, o PSOE chegou á Internacional Socialista, e a Socialdemocracia Alemá, da man de Willy Brandt, apostou por resucitar un PSOE. Quen conseguiu o contacto foi o grupo de socialistas do PSOE de Sevilla. Eles conseguiron o diñeiro –houbo un escándalo naqueles anos que se chamou o Escándalo Flick–, e fixéronse cunha gran cantidade de marcos para montar un gran partido. E efectivamente co apoio de Olof Palme, presidente do goberno sueco, e mais do presidente da Internacional Socialista, o alemán Willy Brandt e o diñeiro que lles chegou montaron un partido moi forte, e a Federación de Partidos Socialistas rompeu e foi absorbida polo PSOE. O PSG mantívose aquí, tentando un camiño propio, mais non o deron conseguido.

Perdeuse o herdo republicano, o verdadeiro herdo democrático, e os comunistas e nacionalistas, os que transmitían a herdanza democrática. Os comunistas practicamente desapareceron tragados pola historia e os nacionalistas vascos e cataláns ocuparon os gobernos das institucións dos seus países, mais ficaron encerrados no seu territorio, e nos últimos anos, cada vez máis deslexitimados, máis descolgados da vida democrática española. En parte por erros políticos propios e en parte pola crecente dereitización do núcleo político madrileño, que pensa que son os donos do estado español, ou que España son eles. Así que os debates da vida política e a conciencia española está sendo modelada pola dereita herdeira do franquismo e por uns socialistas reinventados, que non eran os socialistas republicanos.

Do abandono do MC ás oposicións de profesor

Despois da morte de Franco marchei do MC. Tiven varios conflitos no MC que se resumen en dous aspectos: un deles era que eu consideraba que o MC, por moito que a súa liña política defendese unha concepción da revolución española centralizada nun estado centralizado, debía recoñecer como mínimo a lingua de Galiza, utilizala na propaganda e dirixirse á sociedade no idioma galego. E aínda que o partido posteriormente foi evolucionando con convicción nese sentido, o certo é que para min non era bastante. E o outro punto de conflito era a democracia. A min custoume sempre moito aceptar imposicións pola forza, e a vida en todos os partidos, non só naquel, era moi antidemocrática. Baixo a coartada da clandestinidade ás veces nin se consultaban cousas que se podían consultar perfectamente ás bases so pretexto de que a clandestinidade non permitía a vida democrática. Non era certo. Era simplemente que baixo as ideas de seren todos uns redentores do pobo estaban tamén a vaidade e miserias persoais, as loitas polo poder nas organizacións. Os que controlaban querían controlar e non querían deixar aos outros.

Como sempre tiven ese sentido de reivindicarme a min mesmo, esixir que se recoñecese o valor de min mesmo, pois tiña conflitos. Criticáballes a falta de democracia e a falta de galeguismo e cada vez dun xeito máis argumentado, a conclusión era que a organización galega, o MCG debía independizarse nun partido nacional galego, aínda que se mantivese nunha federación estatal. Estes puntos de vista a partir dun momento foron compartidos de forma progresiva por un número maior de camaradas e abriu unha crise que se resolveu cando a dirección anulou un congreso previsto da organización galega onde os relatorios nesa dirección habían ser apoiados previsibelmente pola maioría dos delegados. A maioría dos militantes aceptou iso. Outros non, e marchamos no 77; un grupiño marchamos primeiro e logo xa foi unha desbandada. Naquel momento posterior á morte de Franco e o comezo da legalización dos partidos as organizacións universitarias dos partidos eran moi amplas, realmente numerosas.

Pepa Loba: teatro de rúa

Polo medio fixera o de Pepa Loba, que naceu dun modo un pouco fortuíto desde dentro da política. Na organización universitaria do MC acordaramos facer un espectáculo utilizando a forma da mascarada, do entroido: un espectáculo no que lanzar consignas políticas. Debemos estar falando do ano despois de morrer Franco, de febreiro do 76 e 77, cando aínda que o noso partido non fora legalizado, a represión practicamente desaparecera, eramos tolerados. Lembro que había camaradas que facían de garda civís, e outros non sei, supoño que fariamos dos de sempre: de banqueiros, de burgueses e esas cousas tan parviolas, demagóxicas da mascarada... Propúxenlle facelo estábel ao meu xefe de célula, o actual alcalde de Santiago, Xosé Bugallo. El comentouno na organización a pereceulles ben. Entón xuntouse un grupo de militantes e simpatizantes de varias facultades e empezamos a funcionar dunha forma asemblearia, por acordos, decidindo o que queriamos facer e o que non. Ata tal punto era parte da organización do partido que houbo un momento en que desde a dirección quixeron pór un responsable, querían decidir quén de nós sería a persoa responsable politicamente diso, un comisario político que controlase. Enfadámonos todos e dixemos que «nanai», que en todo caso escolliamos entre nós a persoa que queriamos de responsábel político.

Pepa Loba para min era a oportunidade de, sendo militante, dedicándome á política, ter un respiro, facer as cousas que me gustaban. Entonces foi cando empecei a tirar para adiante e teoricei no grupo a idea de teatro de rúa, que non fose algo conxuntural senón a natureza do noso traballo e a buscar o que había de específico dentro deses límites: cómo debe ser, as formas a utilizar, por ónde debiamos buscar, modos de actuación... Eu era o que cavilaba e teorizaba estas cousas, aínda que, en teoría, todo se facía dun modo asembleario. Era o meu mundo, o meu campo, e entón era eu quen tiña as ideas. Escribín os tres espectáculos que chegamos a ter –todos moi malos, sinceramente–. Porén, se chegamos a continuar, podiamos ser unha compañía de teatro como as que hai hoxe, pero deixámolo pronto.

Escribín tres pezas distintas. Ía evolucionando rapidamente a miña estética teatral: a primeira e empeceina coa referencia de Bertolt Brecht, co teatro histórico do distanciamento. Fixeramos unha farsa, xa digo que era moi mala, con coplas moi sinxelas, e resolviamos en forma de danza popular, de pandeirada, un enfrontamento entre os nobres e os vasalos, os plebeos. Estaba ambientada na época medieval pero falando de temas actuais. A segunda peza xa foi unha idea nova, a do teatro espectáculo de Meyerhold e outros autores rusos, pero todo feito de forma trapalleira, e interpretado ao noso xeito. E xa a terceira peza non a chegamos a facer. Era unha peza inspirada no cruzamento de dúas estéticas: o teatro da crueldade de Antonin Artaud e o teatro pobre de Grotowsky, un autor polaco que nos anos 70 tivo moito predicamento no teatro europeo. Eu ía ensaiando cousas, e probabelmente se quedase nese campo chegaría a facer unha obra interesante. Aínda que a evolución estética que seguía non era lóxica, por máis voltas que lle dea no teatro de rúa coido que non cabe Stanislavsky, nin Grotowsky.

Eu non tiña interese en ser actor. Repartiamos os papeis en plan asembleario e sempre quedaba coa lanza, porque non me sentía confiado como actor, non me interesaban os papeis bos porque como actor era malísimo. Había en cambio camaradas moi bos, con moita graza natural, con capacidade. Tatán, por exemplo, está hoxe nunha compañía de teatro de monicreques, que creo que se chama Tanxarina de Redondela. El empezou coa vocación alí. Descoñezo se houbo algún outro que continuase logo.

Pepa Loba disolveuse cando nos marchamos, coa escisión do MC. Suxeriuse o tema de facer un grupo semiprofesional, independente, pero realmente naceramos dentro do MC e cando rompeu este rompemos tamén nós. Daquela divertímonos todos moito. O que faciamos era vir pola rúa, saïamos nas feiras, nas festas, cunha caixa de tocar, un tambor, e máis cunha gaita, e iamos facendo un pasarrúas, chamando a xente, e cando se xuntaba empezabamos a actuar, a facer escenas.

Recordo que daquela non tiñamos teléfono da compañía, porque eran case todos universitarios que vivían fóra das súas casas, e eu era unha das poucas persoas que vivía na súa casa e tiña teléfono, o teléfono do bar dos meus pais. Entón lembro que a xente que nos chamaba facíao a través da estrutura do partido doutras localidades, e querían que representásemos algo alusivo aos problemas que tiñan eles na súa vila ou cidade. Recordo que eu estaba traballando no bar, entraba para o teléfono e dicíalles: «A ver, rapidamente, dime, ¿cales son os problemas que hai alí?», porque tiña que atender aos clientes. E entón eles dicíanme: «O problema da auga», ou «que temos cortes de luz, o problema da vivenda».... E ao mellor cun día ou dous días polo medio apareciamos nese lugar cun sketchs que improvisaba. Cando chegaba á reunión do grupo xa levaba os temas e levaba os sketchs. Era realmente un teatro moi político, moi ligado á situación política, pero sobre todo un teatro moi divertido. Lembro unha vez que fomos a Betanzos e tiveron que meternos en taxis a todos de volta, chegamos de madrugada borrachos todos como preas. Ao día seguinte eu tiña que madrugar para traballar, claro. É moi divertida a vida do actor cando non vai unida á necesidade, cando se fai por deporte. Ás veces pásase ben.

Esa experiencia levoume a coñecer persoas que daquela encarnaban as expectativas do teatro galego, de pasar de ser afeccionado a profesional. A Roberto Vidal Bolaño, que xa morreu, novo. A Manuel Lourenzo, que segue nas táboas...

Visto hoxe pódese dicir que foi unha certa ousadía a idea de empezar a facer un teatro fóra dos escenarios. Eu coñecía esas ideas a través de publicacións que falaban do que facían grupos de axitación nos EE.UU. e en Europa, así que foi aplicar as mesmas ideas, non foi inventar nada novo. Pero no seu tempo tivo unha certa ousadía, aínda que non houbo continuidade nin tampouco unha obra escrita. Ademais tería vergoña porque eran cousas moi malas, panfletarias.

No tránsito entre que deixo o MC e que á fin empezamos o proceso de fundar o POG, tiven moito máis tempo libre e tratei con algunha xente que andaba no mundo da cultura, e animeime a escribir un conto, (que ten Camilo Valdeorras) e que tamén perdín. Eu recordo ese conto moi influído especialmente por un libro do que gozara moito, que era os *Fragmentos de Apocalipsis*, de Torrente Ballester, e sobre todo *La saga/Fuga de J.B.* Torrente é un autor co que teño unha relación ambivalente: admíroo como escritor, mais son moi crítico coa súa figura. Para min retratouse finalmente cando arengou en Salamanca non hai moito aos veciños para que impedisen que os cataláns puidesen recuperar os papeis que roubaron os franquistas cando conquistaron Barcelona. Dixo que eses papeis roubados eran de Salamanca «por derecho de conquista». Aí saíulle a alma do falanxista convencido e conspicuo que foi durante moitos anos. A estampa que ofreceu nos últimos anos dun velliño, un avoíño tenro, é unha impostura total. E deshonesta. Prefiro un falanxista sincero que outro hipócrita.

Pero Torrente deleitoume moito. *La saga* foi un deses libros cos que gocei moitísimo. Eu recordo que tiña que traballar, e aquel día faltei ao traballo e á comida porque fiquei trasposto, absorbido, léndoo, e fora unha gran diversión. O problema que ten esa liña de libros de Torrente é que pode influír moito nun autor novo. Hai autores que che poden influír demasiado. Eu descubrín a Torrente coa *Saga/Fuga*, e xa sabía del antes de saír o libro a través de don Benito.

Este conto escribino uns anos despois, cando xa deixara practicamente de ler literatura, porque claro, na miña biblioteca hai un antes e un despois da miña militancia. Desde que entrara na militancia todos os libros que conseguía estaban relacionados coa política. Parou aí a miña evolución nas lecturas, e pode que este conto teña aínda moita influencia das lecturas duns aniños antes.

Clandestinidade e seitas

As organizacións clandestinas forzosamente tiñan moito de seita, de comunidade fraterna cerrada ao exterior. Realmente aqueles partidos grupusculares tiñan carácter de seita.

A seita crea un mundo cerrado, unha burbulla confortábel psicolóxicamente, e quen entra nela progresivamente rompe os lazos de empatía coas persoas que están fóra. Os que están fóra son vistos coma un obxecto, algo sobre o que actuar, un material humano que se pode utilizar, manipular, ou en todo caso, do que hai que desconfiar. A dinámica seitaria é: o mundo exterior é o noso inimigo e o refuxio é a seita. E, de feito, estimúlanse as relacións entre membros do grupo. E así é que os membros dunha organización deste tipo teñen moi difícil abandonala, pois abandónanse á seita perden todos os amigos, perden a vida toda que teñen e síntense espidos, sós nun mundo hostil. E iso foi o que tivemos que afrontar os militantes cando abandonabamos aquelas organizacións. Entón non nos decatabamos desas implicacións psicolóxicas, afectivas, da nosa decisión de ruptura, de abandono da organización. Mais só iso explica o desconcerto vital en que nos sentimos todos máis ou menos. A confusión que sentiron moitos compañeiros daquela, para quen a organización e a militancia que dera sentido ás súas vidas dunha forma absoluta durante uns anos, uns anos decisivos na vida da persoa, aparecían subitamente como unha mentira, ou como algo que perdera sentido. O franquismo dera sentido ás nosas vidas tan radicais, o franquismo era algo tan claro, tan absoluto, e cando desapareceu en cousa dun par de anos tras a morte do ditador fixo desaparer o que daba sentido a aquelas vidas tan fóra. Para nós, aínda que faciamos vida dentro da sociedade, uns estudando e outros traballando, o certo é que sentiamos que a vida verdadeira era a que se daba na clandestinidade. A vida verdadeira era a intensidade daquelas citas clandestinas, dos perigos, e os lazos cos camaradas eran dunha grande intensidade, eran un absoluto. Un camarada do partido era un irmán, custábanos moito aceptar a evidencia de que entre nós, como en todas partes, había xente de todo tipo. A clandestinidade ten algo de droga que o mantén a un nun mundo onírico e que tamén crea adicción.

Nós eramos adictos. E eramos adeptos. E moitos non puideron soportar aquilo e pasaron da adicción da clandestinidade ao «cabalo», á heroína, que naqueles anos entrou ligada ao prestixio do prohibido; como era clandestina tamén parecía do noso mundo, e tamén coa aura da contracultura xuvenil. Non sabiamos nada daquelas cousas e houbo bastante xente que se enganchou aquilo. Logo veu a coca e aínda levou a xente que atravesara máis ou menos indemne a chegada do «cabalo». Pero naqueles anos o cabalo foi unha maldición. Houbo tamén quen se entregou a drogas legais como o alcol. Houbo tamén quen, sendo incapaz de integrarse na vida social, na sociedade, no mundo real, optou por buscar unha vida paralela en comunas hippies. Viñamos de estar metidos nun túnel, nunha caverna, e custábanos adaptarnos á vida común, parecíanos unha derrota, un fracaso. Algo así vivímolo case todos. Houbo quen o superou, mais houbo moitas persoas que non o superaron. E quedaron no camiño. Aquelas xeracións novas que fixemos a guerra contra o franquismo final fomos unha quinta que foi a unha guerra na que tivemos moitas baixas.

Un partido nacional galego

O meu instinto de conservación, ou o que fose, se cadra foi a miña covardía ou o meu modo de ser, ou quizais o meu puritanismo, ou algo que está no fondo da miña natureza e que xa viña de antes de entrar na clandestinidade, fixo que fose moi crítico con aquelas vías tomadas por moitos camaradas. Recoñezo e sinto que naquel momento non os comprendín, fun despectivo e inxusto, non comprendín que cada persoa ten as súas razóns íntimas. Non fun nada comprensivo, seguín adiante como unha máquina buscando concretar as miñas conclusións políticas. Así que con moita outra xente, entrei a formar parte cun grupo da UPG e a NPG dun partido novo que empezou a chamarse Partido Obreiro Galego. Aínda que era xa un militante moi corrido, eu era moi noviño para moitos dos meus camaradas, había traballadores que daquela xa criaban fillos máis vellos ca min, para eles eu era un rapaz. Entre os que empezamos con aquilo Camilo Nogueira era a figura máis conspicua —o noso país non merece a Camilo, é incríbel o destrago que fai con el—. Aínda que había cabezas e persoas de moito mérito intelectual e político entre nós, realmente foi el quen articulou a política toda desta liña do galeguismo, que era un intento de facer un partido non nacionalista ideoloxicamente, senón politicamente, que é exactamente onde me quero situar eu e onde me sigo a situar. A defensa da idea do cambio social e da transformación da sociedade desde aquí, pensada desde aquí, asumindo a Galiza como unha nación, mais non tomar a Galiza como unha fonte de valores ideolóxicos: non facer unha política patrioteira, nin sequera patriótica, senón un nacionalismo político e cívico.

Queriamos ter non un partido nacionalista, senón un partido de esquerdas nacional galego. O POG foi un experimento político interesantísimo, e de feito aquí viñeron aprender de nós os que acaban de deixar ETA político-militar. Lembro a Mario Onaindía e a Kepa Aulestia cando viñeran. Dentro do partido había puntos de vista diversos, mais resolvíanse cunha gran democracia interna, exhaustivas, esgotadoras reunións con moita xente discutindo por unha palabra, pero chegamos a formular unha vía política moi interesante e anovadora. De aí saíu logo Unidade Galega e Esquerda Galega. Eu síntome moi orgulloso do traballo que fixemos daquela, aínda que hoxe, como desapareceron aquelas organizacións, ninguén as reivindique nin case ninguén as lembra. E síntome orgulloso da valentía que tivemos de disentir da liña maioritaria no nacionalismo, que estaba arredor da UPG, no BN-PG, e que cando non se deu a chamada ruptura democrática que arelabamos todos os antifranquistas, senón que houbo un tránsito pactado cara á democracia, ficou desconcertada varios anos. O POG, desde o galeguismo, cando un pacto de UCD e PSOE quixo deixar a Galiza sen autonomía foi un dos impulsores dunhas manifestacións impresionantes no ano 78, as máis grandes da historia do noso país até o momento. E apostamos pola autonomía como un paso histórico, un paso nun camiño de autogoberno, intentando que o estatuto fose o mellor posíbel. Tivemos unhas críticas enormes desde o nacionalismo da UPG, que era maioritario.

O certo é que no meu tempo na política sempre estiven en organizacións minoritarias e mal posicionadas desde o punto de vista do poder. E iso foime moi contraproducente para os meus intereses como escritor, a literatura galega, tan contaminada de ideoloxía, sempre estivo moi controlada desde o nacionalismo maioritario, e aí eu era visto coma un inimigo.

Ademais de seguir camiños estéticos incomprensíbeis e equivocados, eu era un «traidor», etc. Aínda que supoño que, sendo como eu son, se non seguise o camiño máis difícil non sería eu. Á que vexo que hai un preito perdido alí vou eu.

Nos anos seguintes pasei varios facendo traballos tanto en organizacións labregas como obreiras, mais eran traballos ingratos porque eran en organizacións que ou ben estaban empezando e eran moi débiles, ou ben estaban morrendo e polo tanto eran tamén moi débiles. A verdade é que a miña experiencia deume máis situacións ingratas e traballos que outras cousas, pero seguín na militancia político-sindical ata que empecei de novo a escribir no 81. Anímome de novo a escribir e publicar.

Non abandonei a política nunca de todo, pero hai un momento en que me sinto moralmente libre. Chegou un momento en que sentín que a liña política dese nacionalismo co que eu me identifico estaba xa en marcha, mesmo vía que o meu partido entón, o PSG-Esquerda Galega, tiña deputados, que había un certa perspectiva de abrirse camiño historicamente, e entón síntome libre. Vin que se achegaban persoas ao partido que non militaran antes. Anteriormente pasaramos unha etapa moi dura, unha travesía do deserto pola que me sentía obrigado a seguir militando e facendo cousas, tapando buratos. En cambio, a partir dese momento sentinme libre moralmente, vin que había xente que quería facer cousas cando antes o facía obrigada, e entón dixen: «Voume dedicar ao que me gusta»... e volvín a escribir.

Por aqueles anos traballara primeiro nunha vila cerca de Santiago, Negreira. Vivín alí durante tres anos da miña vida. Eu creo que foron os únicos tres anos da miña vida que vivín fóra da miña cidade, e fun vivir a vinte quilómetros [*risos*]. Como ves estou moi referenciado por Santiago, a miña cidade.

Alí era profesor nun colexio-cooperativa de fillos de familias labregas. Logo ese colexio cerrou, estiven no paro... e traballei nalgunhas outras cousas. Traballei unha tempada nun almacén de libros, polo cal a miña relación cos libros máis intensa foi nesa época, porque cargaba caixas de libros, chegaba a cargar ás veces nunha mañá unha tonelada de libros. Digamos que tiña unha relación co libro moi materialista, moi física. Os que non cargaron caixas de libros non saben o que pesa a literatura, o que pesan as palabras [*risos*].

Logo diso saíume un choio na radio. Mais eu estaba xa moi queimado de estar en paro, da precariedade do traballo, das dificultades de encontrar un traballo en condicións, e, paralelamente ao da radio, tiven a posibilidade de entrar como profesor interino, e entrei, no ano 83 ou 84, e xa me quedei dentro. Saquei unhas oposicións libres de profesor de lingua e literatura galega, non eran os meus estudos, pero prepareime como puiden pola miña conta, e aínda que sempre odiei o estudo, as gramáticas –esquezo as normas das gramáticas completamente, porque teño moi mala memoria e ademais aborrezo todo iso–, saquei a praza e gañei así a vida bastantes anos.

Nos institutos de ensino público aprendín moito. Dos rapaces sempre se aprenden cousas, e ademais cada rapaz é unha historia: tratas con moitas persoas, polo tanto tratas con moitas historias. Dei clase en varias vilas, en vilas mariñeiras, en vilas do interior... Son vidas distintas que me axudaron a ter máis coñecemento da sociedade.

Os rapaces a esas idades aínda son abondo libres: logo que saen da adolescencia xa aprenden modelos de ser adulto e deixan de ser libres no modo de pensar. Interesa ter en consideración o que din porque ás veces ten moito sentido o que din. Tamén me ensinaron literatura, tamén aprendín literatura dando clase. Aprendín literatura en primeiro lugar porque tiven que aprender os temarios —tiña que preparalos—, e ademais diso o propio ensino da literatura levábame a contrastar o texto coas persoas, coa xente. Á fin e ao cabo a literatura é comunicación, e levoume a ver o valor dos textos: cales funcionan literariamente e cales non. Tamén aprendín a ser didactico, probablemente. Aínda que este modo de comunicarme xa vén de antes, porque hai que decatarse de que eu tiña toda unha carreira de organización, de organizar xente, explicar cousas, facer asembleas... Estaba afeito xa a ser didáctico, a analizar e extraer o centro dos problemas, a buscar unha saída de cada situación. Tiña unha formación de dirixente e polo tanto valeume para dar clase, ser claro: comunicar. Sendo profesor reforcei a aprendizaxe de ser comunicador.

Logo chegou un momento en que esgotara o ciclo. Xa debín de deixar antes o ensino. Eu tiña unha dobre actividade: era profesor pero polo outro lado no meu tempo libre quería escribir. Entón chegou un momento en que deixei de ser bo profesor porque cada vez me interesaba máis escribir, tíñao máis claro. Nas aulas cada vez vivía máis de rendas, e un profesor debe ter unha ética, unha conciencia. Eu tiña conciencia ao final de ser mal profesor, así que cando me pareceu que podía vivir da literatura deixeino. E con esforzo e cunha pouca sorte puiden ir saíndo adiante. Naturalmente, iso depende moito do programa literario dun escritor, da natureza do seu traballo. Pode haber grandes escritores que non poidan vivir da súa obra, por exemplo, se se expresan a través da poesía. No meu caso, o afán de expresión é a través de estratexias variadas, e unha parte delas pasan pola narrativa, mesmo pola literatura de xénero en ocasións, e iso permíteme chegar a un certo número de lectores. Con todo, foi duro en conxunto. Nalgunhas alturas moi duro.

Os 80: o pop e a posmodernidade

Na literatura galega dos 80 eu vía, por un lado, que tiña detrás unha liña moi interesante que chegaba ata o ano 73-4, unha serie de obras moi intensas, moi ambiciosas: as da nova narrativa de Illa nova. Pero a partir do 75-6 houbo un cambio de gustos que tamén se deu na sociedade española, o gusto pola narratividade. Quen lía cansou da experimentación. Probabelmente cambiou o lector, empezou a haber máis lectores, e eses lectores novos pedían narratividade, pedían historias, novelas máis convencionais: a satisfacción de ler historias.

Hai unha xeración de tránsito logo dos autores da chamada «Nova narrativa», autores como Xavier Alcalá, Xosé Manuel Martínez Oca, Nacho Taibo, que escriben na segunda metade dos 70 e que se consolidan como autores. Gocei e aprendín deles ademais. Hoxe están nun segundo plano. É un pouco cruel porque son autores que hoxe en día descoñece o público lector. É coma se lles collera aí un momento intermedio no que non acertaron a conectar cos lectores e ben que o sinto, porque non é xusto.

Con todo, a literatura de finais dos 70 e principios dos 80 interesábame pouco, seguíame a interesar algún autor como Méndez Ferrín, algún dos seus libros, porque tennos desiguais. Gosto moito dos seus primeiros libros, dun par de libros de poemas, como *Con pólvora e magnolias*. Había algúns autores, algunha obra que me interesaba, como *Dos anxos e dos mortos*, de Anxo Rei Ballesteros, que era unha novela na que buscaba crear unha linguaxe para expresar a cultura dunha xeración universitaria, e tamén unha subxectividade nova, unha sensibilidade nova. Por certo que tamén Rei Ballesteros é alumno de Varela Jácome, e polo tanto outro cultivador do diálogo con Joyce e coa literatura do modernismo anglosaxón. Tamén me interesaba moito o que estaba facendo o grupo poético Rompente, no que estaban Reixa, Romón e Avendaño. Pero en xeral a literatura deses anos estaba dominada polo espírito da época, que era a saída do franquismo e a transición política e iso pesaba sobre todo, notábase na literatura unha inflexión doutrinal dunha grande vulgaridade. Eran os anos en que a literatura era francamente aburrida en xeral, e ademais estaba marcada polo doutrinarismo, as ideoloxías, xunto coa falta de impulso, e inmediatamente despois unha exaltación de Cunqueiro. E de Cunqueiro hai que dicir que en vida estivo mal visto para todos nós.

Lin a Cunqueiro de neno cando escribía columnas no *Faro de Vigo*, era unha figura moi coñecida por todos, pero realmente estaba mal visto polos mozos pola súa cercanía ao Réxime, pola súa historia persoal. E mesmo a súa literatura, que non era militante como a de Celso Emilio Ferreiro, era mal vista. Estaba mal visto polas novas xeracións galeguistas da cultura e das artes. Ocorreulle un episodio triste cando xa nos últimos tempos da súa vida, a Universidade Santiago o fixo *Honoris Causa*, e un grupo –algún profesor e alumnos– soltaron un porquiño e unhas galiñas no medio da investidura e rebentáronlle o acto, a el e a un romanista alemán, o lexicógrafo Piel. Teñen ocorrido cousas así nos anos 60 nos EE.UU. e en Europa pero aquilo non tiña explicación ningunha. Non era progresista amargarlle un día a unha persoa para a cal probabelmente sería un día moi importante na súa vida. Isto haino que entender dentro da perda á que aludía antes de credibilidade e autoridade moral da universidade, dos seus ritos e do saber universitario. É indicativo disto que participasen mesmo profesores universitarios no boicot. É significativo da enorme crise de valores instituídos.

Cunqueiro en vida foi deostado absolutamente. O gracioso é que despois de que morrera foi tan reivindicado por sectores da cultura que se propagou unha vaga de formalismo cunqueiriano. A finais dos 70 e principios dos 80, baixo o peso da ideoloxía, na literatura galega vaise configurando un plano do que debía ser a literatura galega, tiña que ser un campo illado e totalmente autorreferenciado no que habería unha tendencia formalista, culterana e artúrica, que tería como referencia estética a Cunqueiro dunha banda e logo estaría, doutra banda, a vea social marcada pola obra de Celso Emilio Ferreiro. E por iso lancei ao debate o termo *cunqueirismo*. Realmente Cunqueiro é un autor moi orixinal, moi persoal, e así non pode dar lugar a unha tendencia colectiva, mais a utilización de figuras é un recurso para teorizar tendencias.

Outro escritor totémico naqueles anos foi Ramón Otero Pedrayo. Otero é un verdadeiro coloso intelectual, é unha obra impresionante no seu conxunto. El foi un intelectual interesantísimo, e lúcido, mais tiña unha visión histórica conscientemente reaccionaria e cunha proposta social obsoleta. Era un intelectual conservador que soñaba unha Galiza semifeudal, soñaba a Europa do Antigo Réxime. Teño unha admiración sen límite por Otero que non ten límites; tanto pola súa intelixencia intuitiva como pola súa formación intelectual, era un destilado do coñecemento da tradición cultural europea. Foi, para min, a expresión máis alta dunha xeración europea que imaxinou con ambición unha Galiza na Europa. E tamén o admiro polo seu compromiso ético con Galiza; pagou conscientemente o prezo non só de ser expulsado da súa cátedra e de pasar medo agochado na súa casa, senón, sobre todo, o prezo altísimo de saber que tiña talento literario e intelectual, de saber que tiña forza para facer unha obra e, sabendo isto, aceptar escribir en galego sabendo que iso o condenaba a non ser lido practicamente. Eu respectaríao se optase pola decisión de escribir en castelán, mesmo de emigrar a Madrid a facer unha carreira literaria. Iso foi o que fixeron naqueles anos Cunqueiro, Risco, mesmo Blanco Amor. Mais tendo decidido Otero ser leal até ese punto a aquela causa aparentemente perdida que era o galego nos anos corenta, cincuenta, sesenta, a miña admiración pola súa figura é moita. E aí demostrou un gran valor persoal, exemplar. Non se lle pode pedir a todos un valor así, mais cando un ve algo así haino que admirar. A forza tirouna da súa irmandade íntima cos galeguistas exiliados. Otero nunca rompeu o vencello con Castelao e os demais «irmaos» exilados. O soño de Galiza foi o seu destino.

Mais o problema non era Otero, o problema era elevar a Otero, ou a quen fose, a paradigma da literatura e do pensamento galego, e claro eu estaba contra todo iso. En contra de que tivésemos que escribir dentro dun programa estético, fose un ou fose outro. Eu o que reivindicaba era a liberdade de expresión persoal. Pretendía que a literatura galega fora normal, non só na relación coa sociedade, senón no seu modo de verse a si mesma, que asumise que o idioma galego era un vehículo de expresión para individualidades moi dispares, e tamén para a miña. Sentía que a miña sensibilidade tiña moi pouca cabida na literatura galega. Eu era lector de Castelao desde mociño. Lera unha antoloxía de Castelao en castelán do seu pensamento editada en París por Ruedo Ibérico, e posteriormente o *Sempre en Galiza*, que por certo mo prestou o que hoxe é catedrático de historia Ramón Villares. Eu fun sempre galeguista dos de Castelao, non dos de Piñeiro ou dos de Galaxia: sempre fun galeguista republicano. A miña relación foi de afecto á súa figura, e tamén de admiración coa súa literatura. A min *Cousas* pareceme un libro elegantísimo, o máis elegante da literatura galega. Eu respéctoo moito como escritor, como debuxante, e desde logo como político. E a Rosalía de Castro o mesmo. O que pasa é que naqueles anos nos que se cimentou a autonomía, na que claramente pola relación de forzas gobernaría a dereita, absolutamente antigaleguista e antiautonomista, a dereita tiña que dar un pinchacarneiro intelectual e ideolóxico para ter lexitimidade nun goberno galego. Hai que recordar que Fraga Iribarne non quería que a Galiza se lle recoñecese a categoría de nacionalidade histórica, nin quería que se lles recoñecese a vascos e cataláns.

O que fixeron entón foi un proceso de mistificación e de manipulación de figuras, para facelas aceptables, e tiveron que vestirse eles de galeguistas. Para podérense vestir de galeguistas o que había era que desvirtuar o galeguismo, e o galeguismo era o republicano, un galeguismo progresista de centroesquerda. O que fixeron foi ¡veña Rosalía para arriba!, ¡veña Rosalía para abaixo!, e chegouse ao extremo de que Fraga Iribarne, que perseguía aos galeguistas, que firmaba penas de morte, que tería firmado gustoso si puidese a pena de morte de Castelao no seu día, ou de Bóveda, chegase ao extremo de citar constantemente a Castelao para arriba a para abaixo. E chegouse ao extremo terríbel de que as dúas medallas do goberno galego, as medallas chamadas co nome de Castelao, se lle entregasen a falanxistas cun escuro pasado sanguinario, como Moure Mariño. Unha aberración.

Os primeiros anos

Eu o que facía neses anos era combater as mistificacións. Pero hai que dicir que todo o mundo mistificaba. No mundo do galeguismo creábase unha liturxia tamén rancia, manipulábanse os discursos dos intelectuais galeguistas, que eran naturalmente contraditorios e complexos, reducíndoos a caricaturas. Pódese dicir que eu buscaba a «verdade», cousa que só pode existir no aceptamento da diversidade. Eu digo que son un puritano: sempre busco a verdade. Para min resultábanme moi incómodas ambas mistificacións e ambos mundos cheos de manipulación. Buscaba un ambiente cultural e artístico baseado na autenticidade, na verdade, e forzosamente tiña que combater iso. Había unha cultura da hipocrisía, o ambiente era hipócrita en ambos os lados. Esa beatería de intentar transformar a Rosalía nunha santa ou nunha muller que soamente ten unha cara parviola, e que lle convén a un ou a outro, e o mesmo cos demais, para min é unha falsidade moi grande. Precisamente o que gosto de Rosalía é que é contraditoria, diversa, rabuda, rebelde... é ela. Rosalía rebelouse contra o mundo dos galeguistas da época, pola manipulación que facían do seu traballo, e porque non lle respectaban a súa individualidade, porque xa daquela pretendían reducila a unha caricatura, a un programa, e ela non era unha idea xenérica, era una muller contraditoria e libre.

Contáronme un día que o presidente do padroado Rosalía comentou: «A este Suso de Toro, vouno ter que denunciar.» Probablemente debeu ser cando publiquei en *Parado na tormenta* ese texto que é «Rosalía, amor puto», que é unha declaración de amor. Eu non entendo que sexa doutro modo. O que pasa é que critico a todos eses maridos que lle saíron a Rosalía, sen ela buscalos, eses maridos que se dedican «a protexer o seu honor, a súa honra».

Eu son fillo esteticamente de toda a cultura pop e mesmo da música pop, que ten influencia no meu traballo. O mesmo facía teatro, que escribía outras cousas. Hai un momento en que me apeteceu escribir cancións e mesmo facer espectáculos musicais. Xunteime cun amigo que era profesor, e montamos un recital de poemas manipulados, mesturando con anuncios do periódico, el cun saxo e eu cunhas maracas feitas con botellas de cervexa Estrella de Galicia. A continuación, con outros amigos máis, montamos un grupo, e un deles, Pepe Sendón, un bo músico que hoxe segue traballando, propuxo que se chamase Suso e os multiusos, e como o nome era pavero e a todos nos fixo graza pois deixámolo así. Eu escribía as letras. Foi unha cousa terríbel: actuabamos con guitarras prestadas —unha guitarra de seis cordas nada máis tiña cinco—, o saxofón era un gran amigo, moi boa persoa, pero malísimo... O único bo era Pepe Sendón, o teclado. Eu era fatal, incapaz de levar o ritmo, o compás. Faciamos unha especie de espectáculo encadeado con raps, rapeando con cancións moi simples, cunha estética punk. Estou falando do ano 87, recórdoo perfectamente porque foi o ano en que me caeu o Premio da Crítica de Galicia de narración por *Polaroid*, que foi unha cousa inesperada, nin sequera sabía que existise o tal premio, e que me deu ánimos. Hoxe é un premio como desaparecido, mais daquela aínda fixo algo de ruído. Aquel ano levamos os diferentes premios Manuel Rivas, de xornalismo, Miguel Anxo Prado, de artes audiovisuais, o músico vigués Enrique X. Macías... Aquel ano naqueles premios parecía que se visualizaba unha nova xeración de creadores. O que ocorreu foi que noutro país habería aire e espazo para existiren, e aquí en cambio todo está organizado para que nada medre, que non saia adiante. Para negarlle ao país futuro.

Un trazo que eu intento introducir é sempre a miña propia sensibilidade, é dicir, expresarme a min mesmo. Realmente o que eu traballo é unha sensibilidade pop, nun sentido complexo, non só dos *40 Principales*, que tamén –eu tamén son fillo deles–. Intento reflectir a sensibilidade do vangardismo, un vangardismo que expresaba a arte pop de Liechtenstein ou Andy Warhol. Comprendín que a esa parte de min mesmo, da cultura de masas, tiña que darlle unha cabida. E iso é o que intentei desde o primeiro relato que saquei. Non é gratuíto que apareza Bruce Springsteen por exemplo no primeiro relato que me publican. É un modo de dar entrada ás referencias persoais e as referencias da época. E utilicei unha linguaxe narrativa sincopada conscientemente, non me interesaba o período longo de frases compostas e xustaposicións, senón un período moi breve, a frase inconexa, a exclamación... Interesábame a efectividade da lingua oral. Intentei expresar a miña sensibilidade persoal e o meu mundo, que non tiña moito reflexo na literatura galega. Intentei expresar a vida contemporánea e urbana.

A movida

Xa desde que me fan a primeira entrevista, que debeu ser no 82 ou 83, cando me premian *Caixón desastre,* mantiven unha pose conscientemente, dicía: «Eu son santiagués, anticoruñesista e seguidor de Siniestro Total.» Era un momento en que xa empezara o patriotismo localista de Vázquez e no que Siniestro irrompeu no pop español cantando o de «Ayatolah, no me toques la pirola». A min pareceume unha descarga de humor, de alegría, de graza e enerxía envexábel. Para min foi un momento saudábel, vivín unha segunda primavera porque a miña mocidade collérame moi entregado a militancia política. Con vinte e bastantes anos volvín a intentar avivecer os meus gustos: a rexuvenecer. E ademais é certo que alí experimentei tamén até qué punto a literatura se nutre de ti mesmo, e que eu precisaba achegarme ás novas artes, ás novas expresións musicais e artísticas. Eu precisaba ese influxo e empecei a experimentar de novo.

Daquela recordo que foran os anos da *movida madrileña*, que foi algo difícil de definir e que hai que entender no contexto histórico dunha sociedade que vivira afogada corenta anos, se non é así non se entende. Basicamente era unha reclamación de liberdade persoal, asociada a unha posición hedonista. A movida foi mitificada a posteriori, utilizada polo PSOE daqueles anos para crear a imaxe dunha España *ye-yé*: os que lles votaban a eles. Unha España distinta da anterior, amparada por aquel alcalde tan cínico que foi Tierno Galván, que utilizou todo isto conscientemente. A movida ten moitas cousas: un elemento de alegría, de expresión, de liberdade persoal... un relanzamento da liberdade. Agora que iso foi dentro dunha sociedade totalmente acrítica e sen cultura cívica e algunhas consecuencias da movida foron un reforzamento da irresponsabilidade individual, esa idea de que un pode facer o que queira e os demais que se amolen. Iso non é individualismo, iso é o contrario, cultura de rabaño. Esa tendencia tan española de querer liberdade persoal sen responsabilidades.

Abrinme a eses influxos do novo pop inglés e o punk, e as influencias deste mundo que tamén chegaban desde Madrid. Ás veces critícase que a movida madrileña era moi superficial e moi frívola, e indubidabelmente o era, mais tamén había dentro un elemento dunha gran sinceridade. Nese sentido non era frívolo, e ademais acolleu unha gran cantidade de experimentacións. A min pareceume moi interesante, sinceramente. Hai que ver as cousas no seu momento, no seu contexto, na vida artística e social. Ademais prefiro a suposta frivolidade tan esgazada de moitas persoas que acabaron moi mal, e que seguiron un camiño de autodestrución, ese modo de vivir aloucado, que non a de quen fala como unha estatua, que se comporta como unha estatua sempre. Iso é algo que desprezo, desprezo as estatuas en vida. Iso si que é a morte.

Naqueles anos houbo unha crise na cultura pop coa irrupción do punk. O punk para min foi moi importante, foi disidencia e tamén contestación a través das formas dunha xeración. Daquela sentinme moi achegado ao punk. O punk é o poder expresivo do xesto, recupera o *pathos* das vangardas. E tamén a procura catártica de destrución e autodestrución. Non podía seguir enteiramente o camiño do punk por canto conservaba compromisos militantes, non era un rapaz inxenuo, pero sentinme moi interesado e atraído.

Posmodernidade e caída da URSS

Aqueles anos foron os do debate internacional sobre a Posmodernidade promovido por Hal Foster, Jameson, Baudrillard... Se foi un momento histórico, a posmodernidade xa pasou, estamos nunha fase nova que aínda non ten nome. Nin falta que fai. A posmodernidade, aquí na Galiza e en España en xeral, foi asociada coa movida madrileña. O reclamo que fixeron desta categoría de pensamento que circulaba no mundo anglosaxón, francés e alemán, países onde hai verdadeiro debate intelectual, onde tiña sentido, aquí foi trivializado ao ser ligado a ese ambiente da movida que tivo aspectos moi positivos, un rexuvenecemento da vida, alegría e creatividade, que eu reivindico, xunto con outros de banalidade e endebedamento, reaccionario e trivial. Pero nin na España ni na Galiza houbo un verdadeiro debate sobre a posmodernidade. Cando a mi me lanzaban a etiqueta de postmoderno era para desvirtuarme, sempre para quitarlle valor ao meu traballo. Querían dicir que o que eu facía era superficial, moda.

Lembro que escribín un artigo na revista *Luzes de Galiza* no ano 87, que dirixía o amigo Manolo Rivas, e que se chamaba «Todos somos fillos dun mesmo Joyce, incluído Beckett», na que dicía que non é que foramos posmodernos, senón que estabamos posmodernos, é dicir: inevitabelmente eramos habitantes dun tempo de esgotamento das vangardas artísticas. A idea do crecemento indefinido, do horizonte de conquista, estaba liquidada. Estaba todo experimentado, e sentíase a conciencia de que o mundo, o tempo, era de confusión, de naufraxio, que o mundo non estaba ben así mais non había un porto cara a onde vir. E dicía tamén que a Historia estaba bloqueada –falaba dos dous bloques en que estaba dividido o mundo–, e que o socialismo non era «real» nin un horizonte cara a onde vir e estaba bloqueada a transformación social. Esa conciencia estaba na sociedade, e un artista non sabía cara a onde vir. Estabamos nun *cul de sac*, un camiño sen saída. Dicía que era necesario o desbloqueo da historia, da división do mundo, da civilización, e así o artista volvería a ter unha tarefa. E isto ocorreu dous ou tres anos despois coa crise da URSS e a desaparición do socialismo «real».

A partir de alí escribín unha serie de textos onde dixen que se abría unha nova etapa de refundación, de volta ao esencial, e que paradoxalmente a derrota do socialismo era a nova esperanza tamén dunha transformación da sociedade, porque aquel reparto en dúas partes o que garantía era que a nosa sociedade tamén quedara inmobilizada. Era entón cando se podía volver aos problemas existenciais, estéticos e morais esenciais, é agora cando a arte volve a ter un horizonte real.

A caída da URSS foi o gran fracaso político da política da esquerda; fora a grande utopía e a gran realización histórica da esquerda marxista e fracasou. Hai que aceptar sen voltas esa realidade. Esa derrota política abriu paso a que o mundo tivese un único modelo de civilización que se fixo xa absolutamente planetario: estamos todos dentro dun mesmo modelo. Claro, que estando dentro dun único mundo, dun único modelo económico, estamos en distintos lugares, en distintas condicións, non é o mesmo un cidadán norteamericano que consome moito máis do que produce que un traballador explotado na India que produce mil veces máis do que consome. Mais esa derrota política evidenciou máis a inxustiza en que se basea o modelo triunfante.

A principios do 93-4 vin que o tempo estaba aberto de novo e escribín que a arte debía volver a ter unha función moral, debía volver a falar do esencial, e falaba da volta á traxedia, e da volta ao mito, da necesidade de recuperalos. Para min a posmodernidade era un manierismo do modernismo, que no campo das artes era a arte das vangardas. Estabamos vivindo un manierismo, darlle voltas ao que xa estaba feito. Entón eu dicía, aínda que non tiveramos conciencia diso, que estabamos nunha nova etapa na que o artista tiña que volver á raíz e volver a falar do esencial, dos valores, do *mito*. Creo que estamos nunha etapa nova, que para min é unha etapa arcaica novamente, de volta ás orixes. A nosa civilización está en crise, pero é desde principios dos anos 90 cando se manifesta, e por primeira vez vemos que a famosa «sociedade occidental», estas democracias, están cheas dun grande baleiro moral e que a democracia está pervertida na medida en que a democracia, que se xustifica por un afán de xustiza, non só de racionalidade social, se transformou unicamente nunha superestrutura xurídica. No campo da arte é volver a falar de instaurar valores, e obrígate a falar do extremo, da necesidade, que é a traxedia, o dilema moral.

O gracioso é que a xente que criticaba en min a posmodernidade non tiña nin idea do que era a posmodernidade. Referíanse aos aspectos máis chorras da movida madrileña. Era moi gracioso ver a xente pomposa falando da posmodernidade e ver que non tiña nin puta idea, pero como o noso é un país ignorante... O debate deuse unicamente en termos de xornalismo, de trivialidade e etiquetas superficiais, mais non houbo análise. Eu así e todo tamén teño que dicir que non lera moito sobre a posmodernidade. Eu lera algúns libros pero coma sempre, non son un lector metódico nin organizado. Hoxe en día é distinto, cando se me aplica o cualificativo postmoderno é desde o punto de vista da crítica universitaria.

Eu propoño a volta á traxedia, á lenda, ao mito, mais como un camiño ligado a unha nova etapa da civilización. Pero non creo que esta nova etapa na que estou eu desde *A sombra cazadora* se poida integrar na literatura da posmodernidade. Si que en cambio creo que se pode ler así o que escribín ata principios dos anos 90, até *Tic-Tac*, entendido dentro dos límites dese momento da cultura occidental. A partir de *Tic-Tac* tiven unha crise, porque sentín que estaba esgotado o meu programa estético, o que tiña que dicir xa estaba dito. E, logo de reflexionar sobre o sentido de escribir, e tamén e sobre todo, de comprender que até alí estivera a escribir sobre o que odiaba, e que en adiante debía escribir sobre o que amaba, ou sobre o que botaba en falta, entendín que tiña unha nova tarefa literaria. A partir de aí coido que hai un nesgo novo na miña obra. Ou así o vexo eu.

Nos comezos etiquetóuseme de *enfant terrible*. Pero salvo que se estenda moito o concepto de *enfant terrible* a min non me gusta que se me trate de tal. Eu creo que vou máis alá dos límites dun *enfant terrible*, eu son un autor cun proxecto, cunha obra en marcha, asentado nun proxecto estético e mesmo ideolóxico. Vou máis alá que aquel que simplemente busca cuestionar o establecido, que é o que fai o *enfant*. Eu cuestionei o establecido, e ademais fixen propostas tanto estéticas como culturais. É moi limitado o adxectivo, moi seitario. Por outro lado, se é polo meu espírito díscolo, pois este é un país moi submiso, de monagos moi ben mandados, se ser *enfant terrible* é ser disidente daquela, podo dicir que intento cada día manterme libre. Outra cousa é que o consiga.

A natureza do escritor

A propia escritura é unha autoanálise, unha psicanálise: unha análise da propia psique. Hai que ter en conta que o escritor colle do exterior, da sociedade, a materia prima da que extrae fábulas, historias, linguaxe. O traballo do escritor logo é transformar esa materia prima en linguaxe e filtralo logo a través da peneira da súa sensibilidade. O verdadeiro traballo literario é afondar en si mesmo. O coñecemento do escritor é autocoñecemento.

A natureza do escritor é a palabra, non é o acto. E o acto é a vida. A vida propágase con actos. A condición do escritor

é o máis humano que se pode, no senso de que o especifi-
camente humano é a linguaxe articulada, e a súa condición é
a de quen traballa coa linguaxe. Alguén que non actúa, senón
que observa os actos, a vida, e que os interpreta lingüistica-
mente, descodifícaos, transfórmaos en palabras. O seu propio
traballo é volver a escribir, reconstruír, dicir con palabras a
vida. O escritor búscalle senso á vida, intenta interpretar a qué
responden os actos que ve fóra e diante súa. O escritor é alguén
que na súa natureza ten esa propensión a non implicarse na
vida, senón a vivila interiormente transformada nunha fan-
tasmagoría.

Evidentemente isto nace dunha incapacidade. Eu son
escritor porque non son quen de ser un bo futbolista, ou un
bo aventureiro... calquera persoa que actúa. Digo ás veces que
eu escollía, cando xogaba ao fútbol cos compañeiros, a defen-
sa, porque alí traballan menos, mentres que o que traballa no
centro ou na dianteira ten que facer a xogada. Ese era o meu
modo de estar. Quería estar dentro do círculo de amigos, non
ficar completamente á marxe, xa que case todos gostaban do
fútbol, máis ao mesmo tempo a miña incapacidade para con-
centrarme nun xogo que non ten máis significado que o xogo
en si mesmo, pois conducíame a levarme a un lado marxinal
que me permitise estar distraído. A persoa distraída fantasía,
que é o que fai o escritor. É unha persoa que se distrae, fanta-
siosa, que vive nun mundo interior de pantasmas.

A partir desa propia natureza orixinal, desa propensión a
vivir a vida imaxinaria, virtual é cando o escritor, logo de ler,
de formarse, xa se interna na literatura como algo consciente,
camiña máis nesa certa desviación. O escritor é un inadaptado
á vida, o que fai é traballar e abondar na súa patoloxía. Cando
dedicas a vida á literatura, esta devórate, ocúpate totalmente
coma unha infección, coma un virus que se propaga por todo

o teu ser, ata tal punto que ao escritor lle custa moito coller vacacións. ¿Como serían as vacacións ideais para un escritor? Pois serían volver a vivir na inocencia, ser alguén a vivir os actos dun modo inconsciente, sen pensar no sentido, sen indagalos a través da lingüística, alguén que se esquecera de buscarlle sentido, argumento, ou efecto estético, alguén que se esquece de que está vivindo sen mais, que se abandona. O drama do escritor é esa conciencia obsesiva que lle fai ser consciente constantemente do que está a vivir. A vacación sería esquecerse de si mesmo. A vacación sería parar a cabeza, a vacación é a perda da conciencia, a inconsciencia.

De feito eu sempre levo unha libretiña porque sei que en calquera momento hai un aspecto da vida, un ángulo da vida, que che pode dar un argumento, unha observación, vivo transformando a vida en literatura, ou en linguaxe. Realmente é coma se fose un cazador que levara sempre a escopeta alerta. E ocórrelles o mesmo tamén aos fotógrafos: son persoas encadeadas a esa ollada depredadora, cinexética, e tamén cargan a cámara de fotos con eles, e cando non levan a cámara están ansiosos porque están a perder fotos. Son alienacións laborais, e ser escritor é unha alienación laboral bastante grande. Unha doenza grave.

A ambición literaria: ser escritor profesional

Cando empecei a escribir esperaba facer unha obra propia e cambiar a literatura, combater certas ideas reinantes na cultura galega e cambiar certas ideas estéticas na literatura. Eu desde adolescente cando pensaba en min como escritor vin que escribiría en galego, era unha conclusión que me viña da conciencia social que xa tiña, e con todo, a pesar de que a literatura en lingua galega me condenaba a uns límites tremendos de público, de alcance, pois eu sempre me imaxinei sen límites, imaxinábame nun contexto non territorial, como se a literatura fose por si mesma un campo sen límites onde as fronteiras das linguas e as relacións de poder entre elas non existisen. Nunca me imaxinei un autor vivindo encerrado dentro dos límites dunha lingua dun país ou dun estado Imaxineime desde os inicios dialogando coas obras e os autores que admiraba, case todos mortos ou doutros países. E, naturalmente, coido que tiña razón. E iso guiou e explica a miña conduta, o meu modo de estar, todos estes anos e que chocaba tanto entre os escritores galegos. Eu concibía unha imaxe do autor completamente distinta da imaxe que adoitaban os autores galegos, que gostaban das liturxias investidos coas sagradas roupas da liturxia da patria, e todo iso... Nalgúns casos había unha certa inocencia de escritores que realmente se vían a si mesmos así, mais noutros a min paréceme simplemente unha utilización de palabras moi graves e moi sonoras para a ambición particular dos escritores. Ao final case todo o mundo quere recoñecemento e admiración, a poder ser lectores, e a poder ser tamén diñeiro.

Literatura, industria e oficio

A min rebentábame iso, e conscientemente daba unha imaxe completamente distinta: dicía que eu era un plebeo, un tío vulgar, que facía unha retórica da vulgaridade, que falaba medio de broma, que falaba de cousas comúns. Ademais falaba dun xeito moi directo, moi chocante.

Eu quería transformar a literatura galega: quería que a literatura galega tivera lectores. Sempre o quixen. E do mesmo modo tamén pedía da industria editorial, que non tiña conciencia de ser unha industria, que fosen unha industria, e se dirixisen non ao círculo ideoloxizado senón á sociedade, a unha sociedade con moitos prexuízos, con naturalidade e que comprende o seu papel. Aos editores dicíalles naqueles anos que eles tiñan que gañar diñeiro, que as empresas tiñan que ser rendibles... Desconcertábaos oír iso dun autor. Ideas que son evidentes digamos que na Galiza non o eran. De feito aínda hoxe se acusa ás editoriais de que son moi comerciais, que gañan moitos cartos, cando a realidade é que seguir editando no idioma galego segue sendo unha actividade empresarial heroica, porque é moito máis rendíbel meter o diñeiro en calquera banco que non estar traballando aí.

Eu quería que se empezase a comprender que na Galiza necesitabamos non boas intencións senón industria, industria cultural. Neses anos cuestioneime iso. Hoxe no ano 2000 o que formulo é a necesidade dunha industria mediática, dunha industria de contidos mediáticos en idioma galego. En esa batalla que eu desenvolvía nos 80, pedindo unha industria editorial, eficaz e competitiva... Estaba falando dunha tecnoloxía que era á de Guttenberg, unha tecnoloxía de finais do século XV. Hoxe en día iso xa non ten sentido, o que é preciso para a supervivencia é un espazo en idioma galego-portugués nesta sociedade, unha industria mediática forte, investimentos en empresas en internet, na rede e no cable... e non o hai, e segue sen afrontarse.

En todo caso eu adoptei unha posición, un papel, que sabía que era ingrato porque cando os escritores todos aparecían aquí como poetas puros, sacerdotes, eu aparecía falando de empresas e da dimensión comercial do libro e da literatura. Hai un artigo de *F.M.* que publiquei nos 80, titulado «Libros e chourizos», no que subliño o carácter de mercadoría do libro. De feito recordo que cando me deron o primeiro premio por *Caixón desastre*, un cuarto millón de pesetas, falei con moita naturalidade e dixen que me valerían para pagar a entrada dun carro novo, que boa falla nos facía. Iso parecía un comentario propio de alguén a quen lle toca un premio nas quinielas, non dun escritor, que non debía falar de cousas mundanas. Falaba de diñeiro deliberadamente, e dicía cousas como que quería chegar a ser millonario como Camilo José Cela [*risos*]. Estaba deliberadamente establecendo unha dialéctica para provocar ás actitudes beatas, que me parecían hipócritas, pois os escritores temos as mesmas miserias que calquera, o que facemos é encubrilas, que para iso temos recursos lingüísticos. Quería combater as mistificacións.

Faime graza que persoas que me recriminaban que falase de diñeiro, de mercado, de vendas de libros... pois esas persoas por atrás manipulaban e movían influencias para conseguir diñeiro, conseguir bolsas ou premios. Era moi gracioso. Eu precisamente o que pedía era xogo limpo e claro. Pedía unha moral protestante, e unha ética do traballo: pedía que se me recoñecese o valor do traballo, e de feito os meus ingresos eran polos libros vendidos, non por prebendas que deran administracións ou xurados nos que moitas veces hai amizades. Eu non tiña amizades. Presumín sempre de ser un *outsider*, andei por libre moito tempo. Eu nunca tiven amizades en ningún xurado, ao contrario tiña e teño inimigos naturais. De inimigos si que podo presumir.

O meu diñeiro era gañado co traballo, co mercado. As críticas a esa dimensión mercantil do noso traballo, da nosa actividade creativa, amparábanse nunha ideoloxía moi reaccionaria, a ideoloxía católica que condenaba o traballo e o mercado... a ideoloxía dos rendeiros, da xente que vivía de rendas: dos señoritos. Eu defendo a dignidade e a ética do traballo. As críticas á literatura como profesión son lexítimas se nacen dunha consideración estética, iso é un tema discutíbel e que sempre pode ser considerado, pódese argumentar que o oficio prexudique á creación. Agora que o que se me criticaba era porque hai xente que defende un modelo de economía oculta, mistificada, da sociedade feudal, na que o señor vive das rendas sen traballar, pola graza de Deus. Pero eu digo: «O artista debe vivir do traballo, e non debe vivir dun Estado, a base de bolsas e de prebendas ou un soldo vitalicio, nin debe vivir ao amparo dos señores.» Eu o que propuña naqueles anos era a figura do escritor profesional, e logo acabei séndoo. Eu son un traballador.

A arte existe como un mundo de formas autónomas, mais no noso tempo, xa desde o Barroco, escribir é un oficio. E todo oficio conduce a ensaiar os seus límites e trangredilos, evolucionar, transformarse e iso explica tamén moitas cousas nas que me metín a partir da matriz inicial da creación literaria na ficción. Por exemplo, probar a escribir guións. Como xa dixen, dentro da apertura e da actitude que eu teño diante das artes, que arrinca da adolescencia e ten moito que ver co meu modo de ser, o de facer guións tivo un lado de xogo. Xa dixen que teño dous irmáns máis vellos, e dun deles, por así dicilo, aprendín coa súa biblioteca, culta, e do outro aprendín a xogar, a ser alegre. En min hai un lado de xogo, de abertura á experimentación, a xogar, a divertirse, a probar cousas novas... Así que un realizador de televisión, Xaime Fandiño, quería facer unha miniserie dentro dun programa de humor, e faláronlle de min, lera un libro meu e entón propúxomo. E apeteceume probar. O diñeiro non era moito, pero pedín unha excedencia no meu traballo e púxenme a escribir guións, unha cousa que non sabía facer. Para aprender fixen o que puiden: empezar a ver programas de televisión daquela como *Las chicas de oro*. Gravábaas, repasábaas, e vía qué estrutura tiñan, cómo resolvían as cousas, e todo iso, e logo o que fixen foi escribir unha serie de guións que duraban entre 11 e 13 minutos, unha cousa moi breve. Polo tanto todo tiña que ser moi esquemático, menos matizado. Pero paseino moi ben, gustoume moito e sobre todo sentín que superaba o desafío de facer unha serie de humor con personaxes, cunha escena central adubada de historias secundarias e chistes... e todo isto a unha grande velocidade, porque non era unha serie convencional de 25 minutos. Paseino moi ben.

Para min era un desafío narrativo: ¿son quen ou non son quen a facer rir a xente, a entreter, divertir, inventar situacións...? Eu quedei satisfeito, o que ocorre é que non tiña ambición artística senón unha ambición de oficio. Oficio e arte non é exactamente o mesmo, mais están unidos. Creo que o oficio e imprescindíbel, é a base coa que traballamos todos. Mais cando o transcendes podes empezar a facer arte. Porén, sen oficio é moi difícil que fagas arte. Eu teño moito respecto polo oficio. Hai escritores que nada máis teñen oficio, pero é un grande oficio. Eu respecto moito a Agatha Christie, ou Simenon, escritores de xénero digamos, pero que son enormemente creativos. E, ás veces, desde dentro dun xénero alcánzanse obras moi valiosas, como Jim Thompson, ou Ray Bradbury. Eu respecto moito os guionistas dunha serie de cine ou televisión que fan o seu traballo e nos entreteñen, pola razón de que eles saben facer iso e eu se cadra non sei facelo. Entón ¿como non vou respectalo?

Moitas veces hai un desprezo dese traballo humilde desde unha soberbia infundada, hai quen cre ser grande artista, mais non é quen a entreter un lector; aínda que non fale dun tema profundo nin cree personaxes complexos, entreter ao lector ou espectador merece respecto. Moitas veces persoas supostamente moi cultas torcen o fociño e falan con moita repugnancia e desprezo disto, e din que é unha cousa simplemente comercial... Ben, eu río de todo iso: comercial era o que facía Calderón, toda a obra de Lope de Vega, a de Shakespeare ou Marlowe, Plauto ...

Hai unha mistificación moi contemporánea, moi propia do século XIX e XX, pero é propia dunha arte que quedou sen público. A literatura padece unha crise actual, e hai certas formas de literatura que non teñen público, e claro: ¿que consolo lle queda a quen practica unha arte que non ten público? Pois o consolo que lle queda á raposa aquela que dicía que as uvas estaban verdes. Temos que asumir as limitacións históricas da nosa arte.

Os personaxes que eu trataba nos guións eran moi caricaturescos, en concreto eran personaxes dun hospital: médicos, enfermeiras e enfermos. A min gústame moito o chiste, facer rir. Gústame moito a comedia, e ademais creo que é bastante difícil facer rir. Eu combinaba os tipos de humor dos que gusto, que son todos: eu río co chiste vulgar e tamén co humor irónico ou británico. Había de todo. Había chistes de sal gordo, picantes... e respondían ao meu humor. Eu facíao con moita liberdade, non tiña pretensión de facer un produto artístico senón facer rir aos espectadores, o cal é unha cousa que, polo que vexo na televisión, é bastante difícil.

A televisión

Eu gosto moito da televisión. Aprendín moito coa televisión e divertinme moito con ela, e aínda hoxe gustaríame que a televisión me sorprendese máis, o que pasa é que cada vez sorprende menos, porque cada canle imita a outra: vai por modas, e é máis homoxéneo. Cada vez hai menos diversidade. Agora ben a min gustaríame moito ver televisión. A televisión en si mesmo é unha marabilla, e case todo o mundo debía confesar. Outra cousa é a televisión que se fai. Eu gosto moito da televisión, o único problema é que sinto a súa omnipresenza e omnipotencia, por exemplo, nos lugares públicos, que é onde a xente se atopa, porque o audiovisual é autoritario, é unha forma de comunicación absolutamente autoritaria por ser unidireccional: ti só recibes, non podes devolver, es un espectador. E ademais diso o problema son os grupos de poder, o Estado ou as grandes compañías que teñen intereses fortes en condicionar ideoloxicamente aos espectadores para que compren, que pensen dun modo... E a segunda parte é que o medio de comunicación que é a televisión, a través de combinar a imaxe e o son, é un modo de comunicación que se basea na fascinación. A fascinación é o que fai a cobra co paxaro, a fascinación pola vista e polo ouvido: hipnotizar. E é o que fai con nós a televisión. A televisión fascínanos e o modo natural de ver a televisión é entregado, fascinado, e coa boca aberta. Cando lemos un libro facémolo coa boca pechada porque estamos facendo un esforzo intelectual. Podemos estar vivindo emocións pero desde logo estámolas tendo a través do *logos*, da lectura, da absorción da idea, o cal require como mínimo un pequeno esforzo intelectual. E sempre podemos suspender a lectura cando algo nos horroriza, ou nos fai rir ou nos desconcerta; podemos nese momento suspender o proceso da lectura para darnos un tempo, podemos separar a mirada do libro para asimilalo, ou volvelo a ler. En cambio na televisión non: na televisión estás entregado a ela e detrás dun estímulo vén outro. Estás entregado, absorbido, dominado. A televisión só admite unha relación de ama e escravo, unha relación absolutamente sádica.

Eu adoro a televisión, entregarme á televisión, pero podendo escoller ou ver cousas que me sorprendan. O triste é que a maior parte das persoas non len, non teñen capacidade de ler, e polo tanto se non les non podes articular un pensamento, e entón a televisión o que fai e masaxear no noso irracional. A televisión o que fai é obrigarnos, tocando os fíos irracionais. Nunca che venden o automóbil, o que che venden é o mozo ou a moza, é dicir, non te convencen das virtudes, non che propoñen a oferta técnica do automóbil, senón que o que fan é tocarche eses resortes do irracional. A comunicación audiovisual é absolutamente autoritaria e ademais oculta ese carácter que ten de fascinación. Eu sempre digo que o televisor é unha besta salvaxe e polo tanto hai que tratar con ela con látego e cadeira –como fai o domador–. En cambio está nos fogares das casas, e os nenos e as persoas adultas están entregadas a ela absolutamente desvalidos.

Liberdade de expresión e censura

En relación cos contidos da televisión, os donos das cadeas frecuentemente para defenderen programas inadmisíbeis, por exemplo a exhibición morbosa de violencia embrutecedora, de violencia sexista, invocan a liberdade de expresión. Iso é a perversión da liberdade de expresión. A liberdade persoal só se pode invocar cando aceptamos a dignidade da persoa, e cando a persoa libre que reclama os seus dereitos tamén reclama os seus límites. Eses que invocan a liberdade para embrutecernos o que pretenden é escravizarnos, transformar as persoas en masa embrutecida. Eu creo que hai que pórlles límites aos amos dos medios de comunicación. Eu a iso non lle chamo censura, pero se llo hai que chamar chámollo. Límites para defender a nosa liberdade.

A responsabilidade do artista

Esquecemos esa dimensión da comunicación, que son as relacións de poder. E que non só os medios de comunicación audiovisuais, tamén artes como a literatura, teñen implicacións e consecuencias sociais. Hai moitos temas arredor dun dilema, creo que o primeiro que o introduciu foi Adorno, (volvendo a falar do tema de George Steiner): falábase de que os nazis que torturaban e metían a xente en cámaras de gas, pola noite chegaban á casa e podían escoitar a Schubert, e emocionarse. A música é unha arte moi abstracta, moi estraña. É a que a min máis me fascina. Está ligada a dúas cousas moi distintas: unha delas é o mundo da matemática, dos números, e tamén vai á ensoñación, ás emocións. Escoitar música non ten por qué humanizar, ás veces si. Coido que algunhas músicas como, por exemplo a música de Bach, ou a relixiosa, nos fan máis humanos, máis piadosos. Sobre todo, a música agudiza a nosa sensibilidade, mais un pode ser moi sensíbel e tamén moi canalla. Porén, a literatura é distinta, non se pode comparar. A literatura supón unha moral e mais unha ética. Hai literatura que obxectivamente é deshumanizada e hai literatura que é humanizadora; fainos mais sensibles a dor humana. Recordo un libro do cal non lembro o autor, no que para dar máis carnaza, máis *ketchup*, introducía na trama un episodio que non viña a conto, non tiña relación, pero era un xeito de cargar de morbo o libro. Introducía torturas e o abuso dun bebé e unha muller. Non era pertinente: o autor introduciu aquilo só para facelo máis comercial.

Hai un tema que é a responsabilidade do autor, que eu considerei cando escribín *Ambulancia*. Eu concebín esta obra, como todo o que escribín, pensando en persoas adultas, en lectores adultos, sen embargo moitos dos meus libros, case todos, acabaron entrando nos centros de ensino, e foron lidos por adolescentes e xente nova. Entón cuestioneime, cando empecei a traducir *Ambulancia* ao castelán, uns anos despois, a responsabilidade do que escribes, porque pareceume un libro moi violento. É un tema que non teño resolto. Cuestionábame o problema da responsabilidade, en qué medida ti non alimentas e educas á xente na violencia, e de feito cando foi a película de Tarantino, *Pulp Fiction*, unha crítica moi evidente para min, e que non se lle fixo, era o uso morboso da violencia e a crueldade.

A literatura non opera coa linguaxe abstracta, numérica, como a música, senón que o fai co *logos* e o irracional. Utiliza a linguaxe en todas as súas dimensións, non só a linguaxe do *logos* senón tamén a linguaxe das emocións. Subministra argumentos, contidos, valores... ten unha dimensión ética e moral que ningún autor pode ignorar. Eu creo que a literatura son moitas cousas: dá entretemento e diversión, pero tamén dá valores, humanizadores ou deshumanizadores, e tes que ser consciente desa dimensión. Ás veces sinto unha contradición ao expresar o irracional, pois o autor non pode ignorar a dimensión moral, ten que ter conta do alcance do que emite na sociedade, dos contidos de violencia, de subversión.

Con todo, o escritor debe ser libre, sempre. A primeira lei do artista é ser leal a si mesmo: debe escribir o que debe escribir. Dentro diso, hai escritores ideoloxicamente conservadores, que aceptan a sociedade, e escritores que queren transformala. É normal. Aínda que iso non se percibe xeralmente na obra, pois a literatura case sempre é conservadora, no sentido de que trata do perdido. O que non ten sentido é a literatura baixo un programa ideolóxico. Unicamente ten sentido o programa estético se é o propio autor quen acepta esa limitación de suxeitarse a un programa.

A literatura galega ten un idioma tan sometido a conflitos que loxicamente está moi sometida a presións doutrinais. Quixen sempre rescatala desa situación de entrega á ideoloxía e á doutrina, rescatala para a pura literatura, pois se non non sobrevivirá, non vivirá. A nosa tarefa é escribir unha literatura que teña capacidade de seducir aos lectores, en primeiro lugar aos nosos lectores, aos lectores no noso idioma, pero despois tamén aos lectores contemporáneos, para ser traducida inmediatamente aos outros idiomas. Unha literatura contemporánea non pode ser unha literatura que viva dentro dunha cápsula minorizada, sometida a unha certa caridade. «Ai, a literatura esta non é moi boa, pero claro, como é unha literatura discriminada ímola a loar.» A literatura débese escribir pensando nun lector, pero non nun lector minorizado, que vai ser mais benévolo, mais tolerante, por unha complicidade ideolóxica. Non pode ser autoindulxente. E os críticos moitas veces teñen sido autoindulxentes. A miña experiencia coa literatura é a de sentirme tan pouco comprendido que moitas veces dis «Total, non van a entender o que escribo...». Sentinme moitas veces estar nun mundo onde non ía ser estimado nin entendido.

Nunha literatura tan sometida á ideoloxía, loxicamente, sempre hai xente que decide qué cousa é conforme ou non á doutrina: crease un sacerdocio. Iso pasa en todos os os ámbitos culturais, pero na literatura galega iso é moito máis frecuente: a crítica vive nun mundo moito máis acomplexado, de fantasmas, de ideas... É certo que a crítica cumpre a función de ser o látego. En *Calzados Lola*, un caso moi significativo para min, recordo unha crítica dunha persoa que dicía que era unha novela galega como podía ser australiana, que en realidade non era unha novela de substancia galega, e despois noutra revista de Barcelona, *Qué Leer*, outro reseñador [*Milo J. Krmpotic*] nun ton frívolo dicíame o contrario. A reseña era: «Gallego, demasiado gallego». Dicía que o que ocorría na novela só se podía entender dentro dun mundo telúrico terrible, xermático-galego... explicábao todo a través dun contexto antropolóxico. O gracioso é que o doutrinalismo excluiría da literatura galega unha novela escrita en idioma galego como puidera ser *2001, unha odisea no espazo*, ou unha novela de Asimov, ambientada en Marte, non serían literatura galega, e de feito hai novelas de ciencia ficción en lingua galega. Non sería unha novela galega salvo que os astronautas se comportasen antropoloxicamente cunha conduta que ti poidas dicir: «Ah, é moi galego. Este astronauta ten moita retranca.» [*risos*]. Son os fantasmas das identidades dos colectivos ameazados, minorizados.

Por outro lado, eu penso que *Calzados Lola* é precisamente unha novela sobre a identidade como unha casa, unha novela que trata do drama da emigración, do drama do desarraigamento, que enfoca o tema da identidade, da pertenza a un lugar, a familia... Resumindo, que é unha novela moi galega, aínda que eu non o pretendese.

Un escritor con lentes negras

Un escribe por moitas cousas, igual que a literatura cumpre moitas funcións na nosa vida. A literatura é moi diversa e eu tamén escribo por moitas cousas. Primeiro de nada para expresar, máis que a min mesmo, as cousas que me faltan ou as miñas fracturas, pero logo dese aspecto de expresión persoal un tamén escribe porque é o que se lle dá mellor. Todos na vida buscamos facer o que se nos dá mellor. De feito, pensaba ser pintor porque vía alí máis oficio, en cambio co curso dos anos acabei sendo escritor. Un non sabe exactamente, pero de todos modos estaba prefigurado na miña infancia que ou era escritor ou era pintor. Ten moita razón García Márquez cando di que escribimos para que nos queiran. No fondo é verdade. É unha oración moi sinxela, moi simple, pero moi certa. En realidade escribimos por narcisismo, para que nos digan que temos moitos talento, que nos admiren, que nos dean esa admiración, ese afecto. A comunicación do lector coa literatura, co libro, e indirectamente có autor, é moi íntima, moi cálida.

Indubidabelmente toda persoa que se dirixe a un mundo, que emite unha mensaxe ao mundo, é porque espera algo del.

Cada libro noso é unha mensaxe e pide unha resposta. Pedimos unha resposta de recoñecemento, de afecto, indubidabelmente porque nos falta: temos unha carencia, e queremos remediar esa carencia. A literatura é unha prótese.

Contra a ironía

Eu doume moita leña: son un cruzamento entre ousadía e chulería, mais tamén son moi autocrítico, e doume moita caña. Comecei a escribir cunha actitude ambigua, ambivalente. Sabía que había cousas orixinais nos meus traballos, tiña confianza na miña capacidade de expresar cousas propias e interesantes, pero ao mesmo tempo sempre me sacaba importancia, dicía que eu non era un escritor, dicía: «Eu son un traballador, un camareiro, un que pasa por aquí»... Sempre estaba de medio lado. Pero non era certo, non estaba sendo sincero nin leal comigo mesmo, en realidade estábao facendo o mellor que podía. E ademais tiña confianza en que o meu traballo había ser valorado. Pero dábame esa caña, mantiña esa pose, porque francamente se hai unha pose continua desde que comecei a escribir é unha pose contraria á solemnidade. Eu non soporto non tanto a solemnidade como a solemnidade pedante, iso é o que non soporto: esa figura de cartón pedra. E realmente hai un primeiro momento, non sei cando, probabelmente despois de *Polaroid* en que me digo que quero ser escritor de verdade, e asumo para min a palabra escritor.

Pero hai un momento tamén no que me critico e dígome: «Estás facendo o parvo. Estás escribindo con ganas, queres ter un recoñecemento e ao mesmo tempo estás dicindo que non es escritor.» Ademais cheguei á conclusión de que a xente é moi simple e toma ao pé da letra o que lle dis, de tal maneira que a xente non entende a ironía. A xente reacciona ante os que falan con solemnidade, con voz oca, vacua, e din palabras «profundas», e cultas... [*pon voz profunda*]. ¡Cáelles a baba! Cando unha persoa di: «Eu son un escritor profundo, importante...» a xente tómao ao pé da letra e di: «Pois é un escritor profundo e importante, marabilloso.» En cambio cando eu dicía: «Eu non son escritor, eu son un carallán, eu son un camareiro, eu son un traballador...», a xente tamén o tomaba ao pé da letra, e dicía: «Ah, ¡este non é un escritor! Este é un carallán...» A xente non entende a ironía e non entendía tampouco a pose de autoironía.

Así que me confesei a min mesmo que a miña verdadeira ambición era ser escritor, ademais non un escritor galego –un escritor cun horizonte local–, senón un escritor sen máis, un escritor para o mundo, un escritor cunha obra ambiciosa, como as que eu admiraba. E iso é difícil, porque a cultura española é unha cultura da envexa, do resentimento, e a cultura galega ademais é a dun país que se autoodia, que se denigra, moi autoirónico mais tamén moi autodestrutivo, de tal maneira que aquí nos damo moita caña a nós mesmos e uns aos outros constantemente. Para que ninguén se mova, que ninguén saia adiante e destaque.

Na nosa cultura nada te anima a ser ambicioso, a loitar por unha ilusión, a realizar o teu soño. Iso non está no código xenético da literatura galega, e eu diría que na cultura española tampouco. Aquí todo o que vale é a cultura do resentimento, da frustración, e sobre todo de non esforzarse. Esforzarse dun modo orientado para realizar un soño é máis propio das culturas protestantes. E chegou un momento en que pelexei con esa parte de min mesmo tan autoirónica que me impedía realizar o meu soño. Ao final tanto ser autoirónico o que me estaba imposibilitando era ser feliz. Eu so podía ser feliz realizando o meu soño, ou sería unha persoa frustrada. E Galiza está chea de persoas frustradas, de persoas moi intelixentes, pero non tiveron esa enerxía necesaria para facer o que querían, e iso é terríbel, porque a frustración é unha enerxía que se move contra un mesmo, e ese resentimento despois proxéctalo sobre os outros. Este é un país que practica a redución de cabezas, como os xíbaros. Aquí o deporte preferido é intentar que ninguén destaque, que ninguén levante a unha altura, cando chega a unha altura hai que cortarlle a cabeza. Reducir a todo o mundo na medianía. E eu se de algo teño vocación non é de medianía, téñoo moi claro como escritor, como artista.

Xa cando era rapaz, nesa primeira época na que considerei ser escritor, comecei a facer un labor consciente, e concibín ser escritor como algo máis alá dun oficio: case unha aventura vital. Xa de rapaz o entendía así. Cando acordo ir ao mar, cando decido traballar nunha empresa industrial, cando busco experiencias para escribir a obra... na España daqueles anos, os 70, os escritores eran a xente que eu lía, que escribía aqueles libros que eran moi minoritarios, desde Joyce e outros ata Sánchez Ferlosio ou Méndez Ferrín. Eran autores moi minoritarios. A sociedade española no seu conxunto era moi pouco lectora, moi inculta, e as persoas que seguían a literatura eran unha minoría ilustrada que realmente gostaba de ler literatura porque tiña interese, polas únicas razóns válidas para min para ler literatura, que son dúas: que gozas lendo –que é a máis válida–, e segunda, que sabes que a literatura aporta un modo de coñecemento necesario, e que non che dá a disciplina dunha ciencia.

A imaxe do escritor

As persoas que lían daquela eran poucas. De feito daqueles libros eu recordo que coñecía os autores pero non sabía qué cara tiñan. Eu empecei a ler a Joyce sen saber como era a súa cara, ou a de Cortázar... Os libros non portaban a foto do autor. Hai que ter en conta que aquel non era un mundo de imaxes. Naquela época a televisión, a Televisión Española, tiña unha o dúas canles nada máis, en branco e negro, e saían moi poucos escritores. Saían os escritores do réxime, como eran José María Pemán, un personaxe televisivo, unha icona horrenda, e algún outro, como o irmán do deputado Calvo Sotelo. Todos eran escritores fascistas, do Réxime. Realmente os meus escritores nunca saían na televisión, e ao mesmo tempo hai que ter en conta que os periódicos daquela levaban moi poucas fotos, entre outras cousas porque non había a tecnoloxía do offset. Os xornais imprimíanse con tipos feitos de chumbo, seguía sendo a tecnoloxía de Guttenberg, cambiaran o tipo de madeira polo de chumbo, e as fotos de arquivo que había facíanse con gravado ao ácido, de tal maneira que era lento, custoso e só se reproducían, nos periódicos de principios dos anos 70, fotos moi significadas e normalmente con días de retraso. Eran xornais cheos de letras, que manchaban as mans, e bastante malos de ler.

Os escritores ocupaban moi pouco espazo nos xornais da prensa común, e ademais as fotos que había deles eran sempre a mesma, e só saían cando eran importantes, por exemplo Camilo José Cela. De Cela sempre sacaban a mesma foto, e iso porque era un autor coñecido. Eu recordo que cando no ano 83 me fan a primeira entrevista non saíu foto. Uns anos despois, na seguinte entrevista, xa saíu a foto, una foto pequeniña. Debeu ser no ano 86. Xa houbera un cambio tecnolóxico

— 213 —

que afectou á transformación da vida nunha imaxe gráfica. E tamén que os escritores pasaran a ser unha imaxe.

Naquel momento un periódico tiña un fotógrafo no cadro de persoal, non tiña máis. Hoxe en día, calquera periódico ten un plantel de fotógrafos de prensa que traballan con moitos correspondentes repartidos polo territorio, e mais con imaxes de prensa que chegan pola liña telefónica a través de internet. Hoxe as imaxes circulan en todos os sentidos e tecnoloxicamente é moi fácil montar unha imaxe nun periódico. De tal modo que hoxe un escritor chega a unha cidade –a min pasoume hai pouco nunha vila pequena–, e atopa polo menos dous fotógrafos de prensa e dúas cámaras de televisión distintas. Así que eu sei que unha parte da miña vida, hoxe en día, é falar de literatura ou dos meus libros, e ao mesmo tempo ser retratado. É inevitabel, e iso condiciona de dous xeitos: ou ben dicindo «téñome que poñer moi guapo, moi maqueado, para quedar o mellor posible», ou ben o contrario, reaccionar contra iso, «pois vou ir como cadre, porque non me vou deixar condicionar porque vaia saír nunhas imaxes». Sexa como for estás condicionado por esa realidade, pero cando eu empezara a escribir iso non existía. Un escritor era o autor dos libros.

Hoxe o coñecemento da xente dos autores é normalmente mediático. A relación co escritor é distinta. Antes era coa obra do escritor, e eu creo que esa é a verdadeira relación.

Se volvera a escribir deixaría de firmar como Suso de Toro porque de Toro é o meu apelido e Suso é o meu hipocorístico, o nome co que me coñeceron de sempre os amigos, a miña xente. Construín o nome, fixen o nome, comigo mesmo. Por un lado é interesante por qué collín Suso, porque o meu nome formal é Xesús Miguel. Coller Suso é significativo dunha época, dunha xeración. Don Benito Pérez Galdós non poría «Beni», nin Pío Baroja poría «Piúcho», ou vai ti saber como lle chamaban, nin don Miguel de Unamuno, un home tan solemne, tan catedrático... [*pon voz impostada*] moito menos.

No modo de relacionarse cun mesmo, cómo un se ve a si mesmo, e cómo quere ser visto, tamén hai un pouco de época. O feito de que eu colla o meu nome familiar é un intento de presentarse non solemne, é un achegamento por así dicilo máis democrático, máis próximo. É unha retórica da cercanía, da familiaridade. Porén, é mentira. Á hora da verdade o que eu constato é que poñer barreiras, límites ao coñecemento, é preciso. Non pode ser que todo o mundo me trate con familiaridade: precisas unha defensa. Sabes que cando saes ao público te expós, pero non podes expor todo, tes que gardar algo. Aí hai moito post-68, desa xeración que tirou a gravata, que impugnou o trato de «don». Hai moito dese afán, por un lado democrático, igualador, mais tamén de cuestionamento da autoridade. E da dignidade persoal. Hai un lado bo, pero tamén eu boto en falta cada vez máis os límites, porque debe haber un límite entre a cercanía –a familiaridade e o trato humano–, e a choqueirada, a falta de respecto e a asoballada. Quero dicir que unha cousa é que ti trates a outra persoa dun modo próximo, e mesmo familiar, porque a queres, e outra cousa é que tome liberdades que ti non lle dás. Debe haber un límite.

Teño utilizado pseudónimos, probablemente, pero tamén teño a experiencia próxima dun amigo, Bernardo Atxaga ao que logo ata os seus amigos lle chaman todos Bernardo. Teño a conciencia de que coa entrega ao sacerdocio da literatura inevitabelmente transfórmaste nun mutante, transfórmaste nunha personaxe, mestura de persoa e realidade virtual, carne e proxeccións comunicacionais. Eu mesmo xa non sei onde acaba Suso e onde empeza Suso de Toro, e síntoo mesmo no trato coas outras persoas. A xente que me coñece desde hai anos e se encontra comigo, ten unha referencia previa: dialogan cunha imaxe que teñen previamente, un personaxe social.

Antes de publicar era una persoa que tiña «ocorrencias», e a xente dicía «¡Ai, que persoa tan simpática, tan chea de ocorrencias, tan creativa!» e non me tomaban en serio, pero desde que existe a personaxe, aínda que diga cousas con menos intelixencia das que dicía, tómanas en serio. A personaxe impóñese á persoa social, e tamén na vida interpersoal. É difícil.

Nas entrevistas eu podo exhibir o meu interior máis íntimo, máis oculto, pero en cambio intento conservar á parte o que é a vida persoal, a vida privada. Non gosto das entrevistas que aluden á miña vida persoal, mais o inevitabelmente vas contando cousas e manifestas o teu modo de ser, de tal modo que esa personaxe, esa pantasma que vas creando en entrevistas e aparicións públicas, que camiña por aí e vai disputándome a existencia, usurpando a miña vida, esa pantasma está construída con anacos de min. Escribín un texto unha vez, *Media docena de vidas,*[6] paréceme que se chamaba, con seis vidas distintas, nun intento de esconxurar e de dicir: «¿Queredes saber a miña biografía? Velaí tedes seis distintas, escollede unha calquera.» [*risos*]. E de feito cando empecei a escribir empecei a coar datos biográficos falsos, empecei a inventarme biografías, e houbo xente que, loxicamente, os tomaba en serio. Contaba que fora mariscador, cantante de orquestra nas verbenas...

Mais o escritor non só é unha figura pública, a cousa aínda se pode complicar. No meu caso, por esa dobre condición de actuar como intelectual e tentar cambiar ideas na sociedade, son ademais unha imaxe mediática.

---

[6] Reproducido no anexo 4.

A fotografía: dar a cara

Ao principio nas primeiras fotos, cando tiña que posar para saír nunha portada, o que facía era mirar directamente á cámara, como desafiando, respondendo a un desafío hostil, a un ollo que te examina.

A fotografía atráeme moito. Atráeme precisamente porque me repele. Eu miraba directamente á cámara porque era consciente de que se trataba dun acto de violencia, como o naturalista que fixa a bolboreta cun alfinete no corcho: estábanme atrapando do mesmo modo, fixando e arrincando algo. Tiña esa conciencia, que creo que é exacta. Eu creo que a fotografía arrinca algo da nosa alma, e canto máis fotografado es, máis perdes de ti, vas perdendo aura, vaste gastando, vas perdendo substancia. E de feito, agora que o penso, en *Polaroid* hai un conto dunha muller que posa para unha revista e que o tema é ese, que ela se vai gastando: a súa existencia vaise diluíndo.

Eu desafiaba a cámara, ollábaa directamente, afrontando a violencia. Mais era dun modo intuitivo. E chegou un momento en que comprendín que era iso, que cada foto levaba un anaco de min. Porén, teño claro que este é o mundo onde vivo, e se quero ser un escritor, estar aí, teño que xogar a ese xogo. Teño consciencia de que no meu caso o escritor exhibe todo o seu interior e ademais o seu exterior, e logo a xente vénche dicindo: «¡Ai!, ¡que gordo estás!» «¡Ai! ¡Como tes o pelo así!» «¡Como tes o pelo asá!»... é dicir, tes conciencia de ser un espectáculo, de que te transformas a ti mesmo nun espectáculo. Eu sei que aos meus amigos fotógrafos non lles gusta ser fotografados: é curioso. Precisamente porque son conscientes da violencia do acto. E non digamos cando un escoita a súa voz gravada unha vez nun magnetófono, ou ve a súa foto por primeira vez. Nunca se recoñece a si mesmo, di: «Ese non son eu», ou hai una sensación de grima, do *unheimlich*, do estraño, do sinistro. É algo que forma parte de ti, esa imaxe ou esa voz arrincada de ti, que se emancipa: é parte túa pero ao mesmo tempo allea e hostil. Desconcerta, molesta.

Unha imaxe túa fóra de ti é unha violencia, e xa non digamos cando esta violencia se multiplica mediaticamente a través dos *mass media* audiovisuais, cando de repente unha foto túa aparece nun xornal ou revista de gran tirada, ou cando a túa imaxe aparece emancipada nun programa de televisión de grande audiencia.

Esta dialéctica miña consciente coa experiencia de existir nos *media* empezou para min xa no ano 86 cando dunha revista de moda me piden un artigo e dixen que si. Un día máis tarde volvenme chamar para pedirme que lles enviase tamén unha foto miña, eu respondín que eu escribía e que non era preciso verme a cara. Pero contestáronme que tiñan ese formato e que tiña que ser así. Eu dubidei, considerei que me interesaba publicar alí, o que me pagaban e tamén o prezo que eu pagaba, e acabei por aceptar. E aí empezou realmente unha incomodidade íntima que me acompaña até hoxe. O artigo tituleino «Dar a cara» , logo incluíno en *F.M.*, e trata precisamente diso, desa experiencia.

Ver a imaxe dun por aí solta, fóra dun é unha experiencia de loucura. De alienación, no sentido de verte separado de ti mesmo, como n' *A sombra cazadora*.

Eu o que fixen foi intentar poñer un pequeno límite, unha pequena membrana, desde hai tres ou catro anos, que é esa práctica de utilizar lentes escuras que preserven un pouco a ollada. Hai xente que o relacionou coas personaxes d' *A sombra cazadora*, e é que realmente a personaxe d' *A Sombra...*, o pai, é unha persoa danada, que perde unha parte de si. Eu digo que o meu traballo é cada vez mais como o da puta: de servizo ao público e de estar para todo. Pero, igual que as prostitutas menos desesperadas, tamén pido uso de preservativo ao cliente. As lentes escuras son coma un preservativo para evitar ese baleiramento. O das gafas é Suso de Toro, e o outro son eu, aínda que en realidade sei que eu son as dúas cousas. Ou que xa son enteiramente Suso de Toro.

Kafka. A fama

O asunto da fama é un tema radical, moi contemporáneo, dunha sociedade espectáculo: unha transformación da experiencia. A fama é unha forma de alienación grave, pero o artista quere a fama. Cando empecei a escribir soñaba cun tipo de fama que máis ben era «a gloria». Eu quería fama en vida, mais sobre todo o que quería era a fama entre os lectores de literatura, entre esa xente que ademais non precisaba coñecer a miña cara. Quería a gloria para o meu nome: o recoñecemento en vida. Ninguén a quen non lle importe a opinión dos demais publica un libro. Pódese escribir un libro e gardalo nun caixón... Kafka editou todos os libros que lle deu tempo, presentouse a premios, conseguiu bolsas e galardóns... o que pasa é que morreu novo, e mitificouse. A figura de Kafka é moi representativa. A súa biografía tópica de quen non quixo a fama nin a gloria é unha mentira xigantesca: Kafka pelexou polo éxito en vida, era un autor ambicioso, fixo todo o que puido por ser traducido, buscou editores, escribiu moitísimo en pouco tempo con afán de publicar e ser recoñecido... o que pasa é que morreu novo. A famosa estampa de Kafka dicíndolle ao seu amigo Max Brod que cando morrera queimara a maleta de libros... ¡iso é unha trola como unha casa! Se ti non queres que che lean o que deixas, queimas ti mesmo os libros, e ademais naquela época, coas cociñas de leña, o raro era que non se che queimasen un libro ou dous [risos]. Kafka era coma todos nós: un mendigo de gloria, de fama.

Kafka era de Praga, puido escribir en checo, que era a lingua do seu país. Ou en yiddish, ou en hebreo, que era a lingua do pobo hebreo. Mais escolleu o alemán, a gran lingua literaria e a do gran público da *Mitteleuropa*. Esa escolla lingüística, semellante á de Valle ou Cela, é significativa do seu afán. Non a critico, mais véxoa. Así que que non me veñan con caralladas con Kafka o ermitán. O que hai é poses ridículas que ocultan os medos, as frustracións dalgúns e que pretenden desvirtuar os triunfos conseguidos por outros. Os que publicamos é para que nos lean. Hai autores con obra boa e con obra mala, o éxito en lectores non é sinal de que a obra sexa necesariamente boa, agora que todos desexamos ese público lector.

Eu quería a fama e logo a duración da obra, é dicir, ter a confianza de que a túa obra vai durar, que che vai sobrevivir. Para min iso é a gloria: o recoñecemento en vida e a duración. Pero hoxe en día iso é difícil pola propia natureza da sociedade, que é mediática, que ten o tempo interno do xornalismo, do efémero, da memoria de usar e tirar, que se anova cada día. É moi difícil a gloria. Porén, o que é moi fácil é o éxito. É fácil a fama: ser coñecido mediaticamente. E, se cadra, xa non temos dereito a soñar a gloria.

A transformación do lector: novas escritas para novos lectores

¿Literatura urbana?

O escritor non é nin urbano nin rural: é alguén que ten unha tarefa. No meu caso quen é urbano son eu, a persoa, e claro, inevitabelmente ti acabas falando do teu mundo, polo tanto o urbano ten moita presenza na miña obra. Cando revisas a biografía de calquera persoa comprendes perfectamente a obra que fai. Calquera obra de calquera autor está intimamente relacionada co mundo do que procede. Eu son rapaz dun barrio dunha cidade e entón, naturalmente, reflicto iso: ese mundo urbano que por outro lado ten un pasado rural que cortou a súas raíces e quere esquecer o pasado, ten vergoña del. Un mundo urbano desmemoriado, amnésico, que non sabe de onde ven. Mais non teño unha vontade especial de ser escritor urbano: sinceramente máis ben vexo que iso é unha limitación. Outra cousa é que coido que xa vivimos nun único tempo, nunha civilización urbana, dentro da cal xa viven tamén os labregos. Desapareceu completamente o mundo dos meus avós, e os labregos que viven realmente do campo traballan tamén para o mesmo mercado que traballamos os demais. E ven os mesmos anuncios na TV.

No meu campo de experiencia teño moitísimas máis experiencias na vida urbana que na vida rural, pero esteticamente non penso que exista diferenza entre o escritor urbano e o rural. Hai un escritor norteamericano que eu admiro moitísimo, William Faulkner. Nel hai unha obra de xuventude ambientada no exército ou na cidade que para min é moitísimo menos interesante, pero hai unha parte que ocorre no campo que é infinitamente máis interesante. Ocorre nunha aldea, nunha viliña, pero eu non lle chamaría artista rural; aínda que teño lido nalgún libro sobre narrativa norteamericana que o cualifican así, o cal demostra enorme torpeza. William Faulkner é un novelista cultísimo, moi do século XX, un dos piares do *modernismo*, e a súa temática e o seu mundo son os da súa aldea, a súa vila, pero iso non o fai urbano nin rural. O urbano ou rural é unha caracterización non estética senón sociolóxica, xeográfica... non se pode falar en literatura de urbano e rural. Eso é socioloxía. O que ocorre é que quizá, como dentro da literatura galega, eu fixen unha representación bastante enérxica da vida urbana, houbo críticos preguiceiros que o que fixeron foi rapidamente dicir: «¡Anda, un novelista urbano!», pero iso é simplemente un problema de preguiza, de falta de traballo. ¡Antes de falar hai que lle pedir permiso á cabeza!

Para expresar o meu mundo eu precisaba ensaiar novas formas expresivas, para facer algo que eu vía que non estaba feito: expresar a esquizofrenia, o ruído, o mundo urbano. Entón tiña que botar man e dar entrada na literatura aos medios de comunicación: á súa omnipresencia. Tiña que expresar esas relacións de incomunicación, e pedíanme ensaiar unha estética, buscar unhas formas. O que ocorre é que agora, no período en que estou, aínda que nunca renuncio a reflexionar, é imposible xa inventar nada. Porén, penso que dentro diso, cada libro meu é un pouco distinto dos outros, cada proxecto pídeme a súa forma propia.

Os lectores

En todo caso, si son consciente de que tamén era máis libre ao principio. Cando empezas es moito máis libre porque tes todo por gañar e non tes nada que perder. Eu non tiña medo á crítica cando empezaba. É máis, pensaba que ninguén lería, daría aprezo, ao que eu escribía. Mesmo pensaba que os meus libros non terían lectores. Confiaba en que si, pero pensaba que habían de ser minoritarios. Quero dicir que a min mesmo me sorprendeu que houbese tantos lectores, relativamente, como había, porque eran os lectores segredos: ninguén falaba deles. Todo o que se facía antes e todas as ideas que se propugnaban non encaixaban con libros como *Caixón desastre* ou *Polaroid,* mais cando saíron tiveron lectores.

Eu intuía que por forza tiña que haber lectores, tiña que haber máis persoas coma min. En todo caso non tiña nada que perder, era máis libre. Hoxe son menos libre, non é que non faga o que quero, pero considero máis os riscos, son máis consciente en todo caso de que teño máis que perder, teño máis inimigos que agardan que metas a pata, e moita máis xente que cada vez te xulga con máis esixencia, ¡aínda con máis esixencia que a outros autores! Incluso os lectores que seguen os meus libros, os meus lectores, piden de min máis esixencia. Hai cousa dun mes, nunha entrevista para a radio vasca, pedíame unha persoa que non me vendese, dicindo: «¡Suso, non te vendas, non te traizoes, mantente!» Os lectores dos meus libros esperan de min máis do que esperan doutros autores, e mesmo esperan de min cousas que non sei se son razoables. Eu por exemplo intento ser eu, non traizoarme, agora ben, hai que entender que un evoluciona, e en cada momento estou a buscar unha nova cousa.

O meu deber é ser libre, non estar atado, nin sequera estar atado aos gustos e ás opinións dos lectores dos meus libros, que son quen me dan a vida como autor. Quen dá a vida ao autor non é nin o crítico nin o lanzamento comercial, ou os medios, senón os lectores. Agora ben, o meu deber é ser libre tamén deles, o cal obrígame a serlles infiel: non podo ser fiel a unha estética ou a un proxecto, non podo nin sequera repetir un libro meu ou un ciclo, senón que en cada momento sigo o que me di unha voz persoal, a intuición ou cousa así. O escritor ten sempre dentro un debate interno que vai evolucionando coas súas preguntas e os seus intentos.

De todos xeitos non é por falta de liberdade que estea a facer novela, romances que se axusten a unha forma mais clásica, porque nalgún caso, como *A sombra cazadora,* que é un libro mesmo arcaico –unha lenda ou conto infantil–, sigo correndo riscos. Para min é importante correr riscos, e eu penso que sigo correndo riscos en cada libro que escribo. E é o noso deber correr riscos. Desexas ter moitos lectores, o triunfo artístico, pero cada libro debe ser unha aventura distinta.

Cando eu imaxinaba o que era ser escritor, ¡para quén escribía!, os lectores eran poucos. Hoxe en día os lectores, ou polo menos os compradores de libros son bastantes. Houbo unha transformación do lector. Tamén no século XIX o lector era outro, era moito máis extenso. As novelas eran moi lidas. As novelas de Dickens eran moi populares. No entanto, o lector na España da posguerra é un lector moi minoritario, e en galego case inexistente, e eu en verdade concibíame coma ese lector minoritario. Porén, os que escribimos hoxe temos diante nosa outra situación.

O meu lector ideal son eu mesmo. Boh, non eu mesmo, senón unha persoa coma min, unha persoa que ten unha sensibilidade semellante, que teña uns gustos semellantes, cunha formación culta, mais que gosta tamén do popular. Eu son unha persoa que busca significados, que busca capas de significación por debaixo, que busca interpretar, pero que goza tamén cunha narración que te seduce hipnoticamente e te arrastra. Eu deléitome cunha «novela negra» de Jim Thompson pero ao mesmo tempo, como non podo evitar ser un lector maliciado, hiperconsciente, tamén o que fago é buscarlle sentido, argumentala, buscándolle ecos literarios alén do texto mesmo. O meu lector é o que goza cun prato da *nouvelle cuisine* francesa, vasca... pero ao mesmo tempo é capaz de saborear uns callos, unha empanada ou unhas sardiñas. Unha persoa cun gusto moi diverso.

Cambios na sociedade española

Hai un fenómeno que se dá na sociedade española no seu conxunto desde mediados dos anos 70: a sociedade adénsase, faise máis complexa, e aparecen sectores de poboación con máis educación. A política de bolsas do franquismo tivo unha consecuencia que foi crear máis xente con estudos medios, bacharelato, que posteriormente amplíase aos estudos universitarios, o cal trae máis persoas con capacidade de ler: un publico potencial. Por outro lado, o cambio político favorece que esa nova España, esa nova sociedade que se está fraguando, máis culta, máis moderna, se vaia expresando politicamente. O PSOE upouse ao triunfo en boa medida sobre o apoio destes sectores sociais novos, urbanos, máis cultos, e con ansia de homologación coas sociedades europeas, coa vontade de deixar de ser a España tradicional de tricornes da posguerra. Nos anos 70, da man do PSOE, deste grupo de Felipe González, fíxose precisamente unha exaltación desta nova España, e ao mesmo tempo potenciáronse eses sectores sociais, é dicir: «Agora xa, da man do PSOE, gobernamos os modernos.» É certo que en boa parte hai un cambio xeracional, aínda que todo foi unha operación moi superficial e non houbo un cambio profundo, unha crítica e revisión dos fallos da España tradicional. E de feito, todo foi moi mediático, moi de imaxe. Constatemos que da escolarización masiva da poboación, o saldo de todos estes anos é que aumentou o número dos lectores da prensa deportiva e da prensa do corazón, e en cambio estabilizouse o número de lectores de xornais. É dicir: España será moi moderna en consumo de televisión, de prensa deportiva e do corazón..., en consumo en xeral, mais segue a ser un país que está moi por detrás na lectura de xornais e de libros.

En relación con estes cambios sociais e políticos no imaxinario social, de romper e deixar atrás o pasado o que si é certo é que foron ficando atrás tamén, perdéndose, as ideas antifranquistas, a memoria republicana que era unha herdanza autocrítica e rexeneradora, unha crítica profunda das ideoloxías e moitas tradicións da sociedade española, na que si tiñamos cabida moitos galegos, vascos e cataláns. Na famosa «Reforma» o que houbo foi un esquecemento de todo o anterior: non se fixo crítica do franquismo, senón que se esqueceron tanto os franquistas como os antifranquistas, coa súa cultura, de tal modo que os escritores que tiñan prestixio no franquismo, asentamento –e estou pensando en Juan Goytisolo, Valente, Julián Ríos... –, unha serie de escritores que tiñan un grande asentamento tanto en universidades estranxeiras como dentro dos círculos máis interesados pola literatura en España, quedaron por así dicilo *out*. O seu prestixio era o dunha literatura culta, alternativa, de resistencia á literatura oficial que eran Pemán, Gironella... Nos anos 80, especialmente arredor do periódico *El País*, fraguouse unha operación industrial e ideolóxica grande. Como empresa, *El País* é unha empresa admirábel polo dinamismo, pero o que catapultou a Prisa foi que tiña ideoloxía intelectual: a da España actual, non a da ruptura. Actuou como un grupo intelectual que recreou a imaxe dunha España que se reclamaba moderna, mais sen revisión autocrítica, e así volveuse a reivindicar a imaxinería españolista tradicional: os touros, os bailaríns xitanos... Houbo unha certa reivindicación outra vez dun casticismo, o que pasa é que aos xitanos se lles pide que sexan máis modernos, pero no fondo, nesa imaxinería, na que tamén está Almodóvar, hai moi pequeno espazo ou case ningún para outras culturas que non sexan a cultura española que se expresa en castelán, e cunha grande exaltación chauvinista e neoimperial do horizonte lingüístico sudamericano, que estaba tamén no franquismo xa: a «Hispanidade».

Nesa nova España, *aggiornata*, realmente tampouco ten moita cabida a cultura catalá, e de feito desde a transición, pouco a pouco, foi desaparecendo. Cataluña tiña máis presenza antes de morrer Franco, e nos anos inmediatamente despois, ca hoxe. E xa non digo nada do País Vasco e Galiza... O País Vasco, a demanda nacional deles só aparece ligada co tema da violencia, a ideoloxía que se nos transmite é: os vascos son un problema. E esa sombra proxéctase tamén sobre a demanda dunha cultura galega co seu espazo propio. É un conflito, un problema, porque cuestiona a «España esencial».

Pero á parte destes aspectos ideolóxicos de *El País,* dos que eu discrepo, noutros estou totalmente de acordo, como na defensa da democracia, na defensa dunha sociedade cívica, moderna e laica. O grupo Prisa fixo unha grande operación no tema literario que foi crear un lector novo e tamén crear unha xeración de escritores novos. Realmente o que fixo *El País*, igual que o cine axudou a crear un público para os novos creadores, foi crear un lector novo e unha nova xeración de autores. Fixo un relevo. A sociedade española precisaba verse reflectida en novos autores, nunha nova literatura. Por outro lado había xa un público expectante, máis numeroso do que houbera nos anos 70. Un público lector menos metaliterario, máis común, máis amplo. Prisa creou a imaxinería da España contemporánea, e a súa capacidade periodística levounos a crear e a seren donos do mundo cultural español: do que hai hoxe. Hai que agradecerlle o seu trazo de creador, pero ten o reparo de ser case monopolio –o cal é prexudicial–. Así e todo, temos que agradecerlle a creación dun público novo, un lector novo, nun exemplo claro de enxeñería social. A «nova narrativa española» de mediados dos 70 e 80 non é nova esteticamente, senón que é unha volta ao conservadorismo, unha renuncia á reflexión, unha volta á pura narratividade; e, con todo, é «nova» socioloxicamente.

Hoxe en día instaurouse a primacía comercial como valor literario: aquel libro ou aquel autor que é susceptíbel de ser vendido. Agora ben, eu teño que recoñecer tamén que grazas a iso podo vivir da literatura, grazas a que existe un mercado forte que non existía hai anos, que existan empresas editoriais que non había. Grazas a que existe ese público, podo vivir da literatura, e non podería vivir da literatura antes desta transformación. Tería que ser un profesor ou un traballador, un funcionario... escribiría moito máis amodo, menos libros, no tempo libre. Tería que deixar de lado moitos proxectos. Hoxe en día os escritores, algúns deles, podemos vivir do noso traballo, grazas a ese público. Iso condiciónanos tamén, porque estamos escribindo para un lector distinto. Porén, podo dicir que escribín o que quixen escribir. Cada libro, aínda os de encarga, fíxenos porque quería facelos. Ás veces dunha proposta que che fan desde fóra nacen obras moi persoais. E é que precisamos desa dialéctica entre o noso mundo íntimo, a nosa imaxinación, e o exterior.

No caso galego houbo tamén transformacións. Desde o principio eu formulei a necesidade de saír á sociedade, de chegar ao lector, de saír do gueto, dun horizonte de lectores que só serían as persoas ideoloxizadas da esquerda nacionalista, e que precisabamos chegar aos lectores comúns, aquelas persoas que len porque queren ler, con independencia do idioma en que estean escritos. Naturalmente isto só foi posíbel a partir de que no curso 83-4 empezaran a estudar na escola os rapaces a lingua galega. Pódese dicir, cabalmente, que desde principios dos 90, que empeza a haber xa xente nova lectora, o público do libro galego cambia, e xa é mais amplo.

Por outro lado tamén é certo que a fortuna na recepción, a acollida dos meus libros, tanto por parte dalgúns profesores, como por parte dos alumnos, aos que lles interesou, fixo que nos centros de ensino os meus libros sigan vivos, aínda que se editaron hai doce ou catorce anos.

Mais esa non é a verdade enteira da miña sorte literaria, teño vivido unha grande frustración durante anos. E de non ser porque fun traducido e editado noutras linguas, moi en concreto o castelán desde principios dos 90, teríao abandonado xa. O mundo cultural e literario galego teríame devorado, teño estado moi fatigado.

Unha viraxe de 180 graos: de Joyce á procura dunha nova relixiosidade

Joyce é un autor que non se esgota realmente, de tal maneira que cando cres que xa rompiches con el tes que volver outra vez máis adiante. Como grande artista que é a súa obra ten moitas caras. Eu sempre digo que dalgún modo eu son un escritor despois de Joyce, despois da súa realidade esgotadora, inacababel. Interésanme del mesmo aspectos extratextuais como a súa dialéctica coa identidade nacional: é un autor que cando escribe sabe que o fai nun idioma que é o dos colonizadores do seu país. Esa conciencia que ten explica parte das súas intencións, quere facerse dono da lingua dos ingleses, facela irlandesa. Iso axuda a entender toda a súa estratexia moi pensada para instituír o *Ulysses* como unha obra cumio da literatura en lingua inglesa. Interésame a súa relación de amor e odio con Irlanda...

De Joyce tamén vén a verborrea das primeiras personaxes de Beckett, e logo vén o silencio da última parte da súa obra. Con ese continuo que son Joyce e Beckett esgotáronse todas as vías literarias: o modernismo esgotou todas as vías. Ese é o problema de escribir. A min iso paralizoume moito. Eu sempre tiven na conciencia a pregunta ¿como escribir despois de Joyce? Esa foi unha dúbida grande. Para min Joyce son moitas cousas, pero esencialmente para min é a conciencia lingüística, a autoconciencia, a conciencia elevada ao límite... a absoluta falta de inocencia. Para min Joyce seguía sendo útil para expresar o meu mundo, o mundo contemporáneo ao cal pertenzo e que eu digo que odio. Seguía sendo útil porque esa era unha literatura na que eu non buscaba o sentimento, a emoción, senón que en todo caso eu trataba mesmo as emocións coma se fosen obxectos.

Eu facía unha literatura fría, distante, igual que nas cousas máis terríbeis non buscaba a empatía co lector, senón que o que buscaba era representar dun xeito máis eficaz esas palabras, eses actos... pero con frialdade, desde fóra, con inhumanidade, sen piedade. Fixen unha literatura sen piedade, de ollo de cámara, pornográfica no sentido de que sometes todo: non hai sentimentos, non hai emoción. Estase vendo desde fóra, como algo que mira impasíbel, como o ollo divino dun deus que é omnisciente, omnipotente, mais que non actúa e deixa que todo ocorra. Así que as estéticas derivadas da obra de Joyce éranme útiles. Porén chegou un momento con *Tic-Tac* en que sentín que xa falara de todo iso, deste mundo escindido, fragmentado, desmemoriado, somnámbulo e brutal... Por certo, houbo lectores sensíbeis pero non moi agudos, que reaccionaron contra esta lectura pensando que eu era un profeta de todo o que escribía, que propugnaba ese tipo de vida, unha vida realmente brutal, ruidosa... cando eu realmente o que intentaba era reflectir esa vida que eu vira que non estaba reflectida, que non era coñecida. Eu pretendía coa literatura, nun afán de verdade, coñecer e representar como era a vida real, fácerllela ver aos demais. Quería perturbar, porque a min mesmo a vida perturbábame.

En cada momento estás nun lugar no que non podes ver o que aínda está diante túa, nese momento xa botara fóra *Tic--Tac*, e eu non sabía qué cousa podía escribir en adiante.

Tamén coincidiu cun momento, principio dos anos 90, en que eu falaba dun bloqueo cultural, ideolóxico, de ideas, e polo tanto tamén estético, o da chamada posmodernidade. Estamos nun momento en que está cambiando o mundo, a Unión Soviética vai desaparecer inminentemente e vai cambiar «o mundo», e de feito aparece unha nova conciencia, un novo modo de entender o mundo, que era a «historia». E cando Fukuyama di que se acabou a historia estaba moi equivocado, o que ocorría era o contrario, que empezaba de novo a historia. A historia estaba parada na posguerra mundial, e volveu renacer. Estabamos nunha fin de época, eu sentino así, que tiña xa noxo, estaba aborrecido.

O traballo de *Tic-Tac* foi de baleiramento persoal, como cando a muller pare, un descendemento ao centro dun mesmo, ao centro dunha época: do século XX. Para min non tiña senso seguir escribindo *Tic-Tac* despois porque transformaríame nun manierista de min mesmo: un saqueador de Suso de Toro, seguiría facendo os libros «ao estilo de Suso de Toro», e non quería iso, nunca quixen ter estilo. Os escritores con estilo propio están presos de si mesmos, ou das expectativas dos lectores. Ademais non tiña sentido, eu non son capaz de escribir algo que non sinta. A partir de aí, cando empeza unha nova fase na que busco emocións profundas e valores, na que reivindico os sentimentos, o esencial, a fonte da humanización, deime conta de que nese momento Joyce non me vale porque é o contrario, a ironía, a conciencia, as temperaturas entre fresco e quente, morno. Eu o que buscaba era o gran frío e a exaltación, o incendio, que foi o que busquei a continuación, nos seguintes libros. O que había de perturbador en *Tic-Tac, Pola-*

roid e mesmo en *Land Rover* é que ocorrían cousas terríbeis pero como conxeladas: gardadas en xeo. Iso é o que as facía perturbadoras, durísimas, máis duras aínda.

O Romanticismo

E eu digo que esteticamente a miña influencia como narrador é a da literatura anglosaxona, hai unha vea narrativa poderosa específica, e logo ademais a referencia de Joyce e outras moi importantes. Non obstante, o pensamento que me inflúe está todo en lingua alemá. O krausismo, a corrente racionalizadora da vida social que influíu, eu creo, en todas as sociedades europeas como intento de racionalizar con criterio democrático, interésame como cidadán, interésame argumentar o cidadán, a democracia, a vida cívica. Porén, como artista interésanme outras correntes tamén en lingua alemá, mais que teñen que ver co lado contrario, co irracional. A min interésame moito o Romanticismo alemán, o pensamento do romanticismo alemán, de Novalis, de Schlegel, de Schelling, Höelderling, Herder... A interpretación do romanticismo alemán, tan intelixente, feita por Isaiah Berlin, un pensador que escribiu en inglés, mais vén do mundo alemán. El é xudeu. No campo do pensamento en lingua alemá interésame moito o Romanticismo, curiosamente non me interesan tanto os resultados estéticos do Romanticismo alemán.

Na obra de Höelderling hai cousas que me interesan, poeticamente hai cousas que me interesan tamén en Novalis, pero no caso concreto da obra de Hölderling o que me interesa é o espírito. E de feito, no libro que fixen sobre os celtas, *O país da brétema,* hai en boa medida unha reivindicación do Romanticismo alemán. O que me interesa é que o Romanticismo é unha resposta á civilización industrial, hai que ter en conta que na Alemaña do XIX xa emerxera un novo mundo industrial, un novo mundo de máquinas, e realmente o Romanticismo é unha resposta tanto ás ideas que propagou Napoleón, como tamén a ese mundo industrial, ao mundo creado a partir da racionalidade soa, do mundo da razón que emerxe que triunfa e é divinizada polos revolucionarios franceses, que mesmo a transforman nunha deusa.

Dentro desa exaltación da racionalidade hai unha grande irracionalidade, paradoxalmente. Por así dicilo iso ten un punto intermedio entre a razón e a irracionalidade, que para min sería o ideal para vivir, e que desde a razón permita que haxa un espazo para o mundo do irracional. O mundo do irracional non debe ter esa connotación negativa que ten hoxe na nosa cultura. Dicir de alguén que é irracional é unha maneira de insultalo.

Os románticos alemáns foron unha resposta á cultura da razón e á da razón tecnolóxica. Son a primeira resposta a todo iso, e ademais son un intento de religazón co mundo, de disolverse e volver a sentirse del. Eles son conscientes de que o camiño da razón pura conduce a separarse do mundo, tanto das demais persoas —illamento do eu—, como tamén ao orgullo de non sentirse parte do mundo, da natureza, da creación que diría un crente. Isto conduce tamén a un camiño de gran soidade, de escisión. Na poesía de Hölderling todo é un intento de volver a ser parte dun mundo vivo, animado. Canta ao que Novalis chamaba *anima mundi*. É un intento de darlle transcendencia ao vivir, unha busca de relixiosidade, unha maneira de entender que a vida é algo divino, cheo de senso, e que non é unha mera función orgánica ou química que se dá de forma mecánica, senón algo que ten un senso e forma parte dun plan cósmico, global.

Eu sinto, sinceramente, que o romanticismo alemán é a miña patria. Na dialéctica persoal entre Hölderling e Hegel, nesa separación, nese dilema están os conflitos íntimos da nosa civilización, do noso tempo. Está xa implícita a crítica de Benjamin á modernidade e a da Escola de Frankfurt á Ilustración.

Tamén en lingua alemá, hai outra serie de referencias importantes como é o pensamento de Nietzsche, que é moi difícil reducilo, é proteico e inaprensíbel. Hai quen fala desde o tópico e fala del como difusor de ideas irracionalistas: o «superhome» e todo iso que conduciu ao nazismo. Iso é una simplicidade enorme. Hai moitos Nietzsches. A min interésame moito. Eu frecuento a lectura del, pero, como sempre, nunca o estudei con método.

A miña relación cos pensadores e coas ideas é unha relación desde unha mente desordenada, caótica e móbil, a dun escritor. Nunca estudei filosofía e ademais teño unha memoria terríbel. Esquezo todo o que leo. Aquelas cousas que a miña mente lle interesan, relacionadas cos meus intereses, selecciónaas e incorpóraas.

A min Nietzsche interésame desde o principio, especialmente o seu libro inicial *A orixe da traxedia*. Creo ademais que todo escritor que queira reflexionar cabalmente sobre o seu oficio, a súa arte, debe considerar este libro. Ademais creo que a súa interpretación da traxedia segue a ser cabal.

Interésame del a alegría de vivir, aínda que el non vivira: el era un escritor e de feito falaba de si mesmo como tal, e non como filósofo. En lingua alemá non hai unha diferenciación clara entre escritor e pensador. Viviu e actuou como un artista. Os seus libros foron un desgaste, un incendio perpetuo ata o incendio final, ata que se abrazou a aquel cabalo azoutado na rúa polo seu dono e lle dixo ao oído: «Meu irmán, meu irmán», ese incendio total na súa mente.

Nietsche foi valente, foi nietzscheano, viviu bravamente, e viviu actuando da maneira en que actuamos os escritores, a través dos libros. Cada libro de Nietzsche foi un acto de liberdade, un incendio do mundo das ideas. Interésame ese modo de estar do guerreiro, do que vive heroicamente, do que vive na aventura, e iso é para min a outra gran lección nietzscheana.

A súa interpretación da cultura europea, da raíz xudeucristiá, son todos eles aspectos válidos para unha persoa intelixente e presupoñen un lector tal. Unha lectura torpe ou mesquiña non valorará a Nietzsche. A súa revisión da moral é moi interesante, e non necesariamente, en absoluto, conduce ao nazismo. Outra cousa é que efectivamente ese pensamento individualista se se traspasa do plano ético ao moral, dun pensamento individual a un pensamento e unha orde colectiva, é unha aberración, e conduce de feito a unha sociedade totalitaria. Pero nin Höelderling ten a culpa de que os mandos nazis colocaran na mochila dos soldados alemáns os seus poemas, nin Nietsche de que as súas ideas fosen utilizadas para xustificar ao Terceiro Reich.

Outras referencias alemás son os pensadores que agrupamos tradicionalmente na Escola de Frankfurt, mais eu separo deles como un pensador á parte a Walter Benjamin, que para min é unha grande influencia. Eu sinto a miña sensibilidade moi próxima a Benjamin. Hai un texto seu moi coñecido «A obra de arte na era da reprodutibilidade técnica» en que Walter Benjamin, razoa o que odia. Benjamin vive un esgazamento entre a razón tecnolóxica que é a propia do seu tempo, que comparten tanto as argumentacións do capitalismo como o marxismo político, e a voz íntima que ve o que hai de sinistro na vida que nos ofrece a sociedade industrial. Realmente, o noso mundo de obxectos industriais é puramente *unheimlich*. Esta contradición comentouna Adorno nunha carta persoal na que vén dicindo que realmente Benjamin traballa para o seu inimigo en certo senso: está atrapado nunha situación que o obriga a argumentar o que odia, vese obrigado a teorizar o que o destrúe. A obra de Benjamin é diversa, mais hai un aspecto nela importante que é a estrañeza que lle produce o seu mundo profano. El é un xudeu que perdeu a súa relixión e que camiña por unha paisaxe morta. Ten unha busca de fondo, a busca da aura, do divino, do transcendente en todo o que o rodea. Esa busca da aura é un concepto que tomei del e que utilizo á miña maneira. Pero precisamente o que Benjamin argumenta nesa obra é o contrario: analiza a obra de arte sen aura, os obxectos industriais. Ese é un tema tamén de moitos artigos e intervencións miñas, ese mundo que me atrae e tamén me repele, un tempo sen aura, o mundo dos obxectos mortos, un mundo de persoas mortas. Penso que cada vez máis as persoas estamos perdendo aura, iso é o característico do mundo industrial. A nosa vida é unha vida mediática, industrial, na que perdemos a vida.

A dialéctica que mantiven, e manteño, dentro da cultura e a sociedade galega obrigoume como intelectual a argumentar o contrario do que eu sentía. Aí o intelectual fai dano ao máis íntimo, e lexítimo, que é o que expresa o artista. A responsabilidade social, o feito de pertencer a un país que vive sempre a piques de non ser, que non consegue facerse viábel economicamente, politicamente, historicamente, obrígame a un esforzo de racionalidade que me conduce a asumir a razón do noso tempo, a razón tecnolóxica. Hai veces nas que teño mágoa de min mesmo oíndome argumentar en público a necesidade de que a arte exista como industria, facendo ver que unha cultura en idioma galego non vai existir se non ten unha dimensión industrial, sólida, empresarial. Cada vez que teño que argumentar o mercado, a obra de arte como mercadoría, esa dimensión brutal, que por outro lado aprendín de Marx e Hegel, do Marx dos *Grundisse*, o máis novo, ata o Marx d' *O Capital*. É unha realidade brutal, unha conciencia que non podes esquecer, é certo. A razón faime ver iso. Mais se eu fose o escritor dun país normal, cunha cultura normalizada, seguramente tería argumentado o contrario. Tería argumentado o que eu sento, e o que un sinte é que este mundo profano é falso e que o único mundo verdadeiro, a única vida verdadeira, con sentido é unha vida sagrada.

Pero eu non puiden, non me podo permitir iso, permitirme sentir e pensar unicamente como artista. E por iso eu argumentei unha vez e outra todo iso, porque a literatura galega, a cultura galega, está tan presa desa cultura da queixa, da autoxustificación, do vitimismo, da renuncia a dar a batalla por ser, que eu tiven que argumentar o contrario. Sentinme obrigado a facer ver que había que vivir neste mundo que nos toca, e non en ningún outro. A miña conciencia cívica obrigoume a actuar como un intelectual que recordase esas evidencias brutais, e defender a lexitimidade, e ademais a necesidade, da empresa, e da obra de arte como mercadoría. Contra a miña natureza como escritor e mesmo o meu sentir. Sentinme e aínda síntome hoxe un romántico alemán que ten que defender o discurso dun empresario, pero esa escisión entre o artista e o intelectual é algo un punto difícil que non creo que fose comprendida. Ese punto de equilibrio doloroso entre o íntimo e o social.

Benjamin é un intento de conciliar a cultura da razón, do materialismo, e a dialéctica hegeliana e marxista: conciliar a análise sociolóxica coa crenza e a relixión. Hai moito de xudaísmo na obra de Walter Benjamin, de relixión pura. Pódese dicir que é un pensador racionalista pero ao mesmo tempo é un pensador máximo. É unha contradición imposíbel.

Interésame tamén o pensamento de Adorno e Horckeimer. Fan unha crítica desde dentro da razón aos límites da cultura da razón e aí é onde me sitúo eu. Como todos hoxe, son un fillo da razón, do século das luces, pero ao mesmo tempo intento atopar ou facerlle unha corrección, un xeito que permita deixar unha marxe para a vida do que a razón chama o irracional, e eu chamaría doutro modo. A iso responde, por exemplo, *Parado na tormenta*.

Tamén en lingua alemá está o pensamento de Marx. Todo aquel que lese a Marx non pode deixar de ter en consideración as súas análises sobre a sociedade, a economía, a cultura... e moitas delas seguen a ser moi válidas. Marx, aínda sendo moi contrario ao pensamento de Benjamin, comparte con el que dialoga coa filosofía do seu tempo en lingua alemá mais tamén dá unha resposta verdadeiramente relixiosa. Benjamin procura transcendencia ao vivir e Marx, que quere ser hipercientífico na realidade segue inconscientemente o pensamento mítico e interpreta a historia como un argumento escatolóxico, seguindo o mesianismo xudeu. Por outro lado está o pensamento de Freud, que marcou moito a formación do meu pensamento, sobre todo na formación inicial. Eu non sei dicir se Freud foi un bo terapeuta, agora que é un intelectual extraordinario, fecundísimo, iso si. E todos son escritores en lingua alemá.

Hai todo un mundo cultural, nacido da conflitividade íntima e da cultura híbrida dos xudeus en lingua alemá. Eu véxome moito aí. Véxome moitas veces un xudeu europeo, con nacionalidade, mais xudeu europeo ao cabo. Intelectualmente son moi diverso, moi recastado de influencias, moi fluído. No mundo alemán, na música clásica por exemplo, o *Círculo de Viena*, Schönberg... hai un mundo de artistas xudeus marabillosos.

Comparto con esas persoas, artistas ou non, a incerteza da pertenza, como se fose un estranxeiro cunha asimilación incompleta, cunha conciencia íntima de que a túa pertenza ao teu país é precaria. Quizais pola miña condición de inestabilidade de orixe, por vivir entre linguas e culturas. No fondo sempre hai unha voz que che di que es un estraño. Un intruso na comunidade en que vives, sexa cal sexa. Que es un impostor.

Quizais a figura do impostor sexa o que mellor retrata a identidade contemporánea.

O fetichismo polo industrial e a crise da masculinidade

O fetichismo é algo moi característico do noso mundo e que, desde logo, detecto en min. É a obxectalización, a transformación, o rescatar un obxecto do uso, da súa función, separalo e transformalo en obxecto portador de significados. É coma se unha culler para sorber a sopa a separamos e pasamos a contemplala, e atribuírlle significados e outros sentidos. Todo escritor o que fai é fetichismo: separar cousas da vida e transformalas en obxectos estéticos. Onde algo, un xerro de vidro por exemplo, cae e escacha, o escritor ve unha situación literaria. O que fai é transformar a vida en algo estético. O escritor fai taxidermia, arte mortuoria: transformar a vida en morte, momificar a vida e intentar deter o tempo. É un modo de matar e inmobilizar estético, porque o que fai e conservalo para a contemplación. A obra de arte é facer fetichismo, deter a transformación e inmobilizala para a contemplación: facer unha momia.

Nun principio eu dediqueime a expresar o meu mundo, e digo que o meu mundo é un mundo de plásticos, marcas comerciais, ruídos industriais, radios e televisións... ese é o meu mundo, un mundo tráxico, un mundo de chatarra, industrial, precario, de usar e tirar, de mala calidade. Pero ese é o meu mundo por extracción social. Eu non me imaxino un mundo de caobas, mármores, marfís, ouros e bronces... Eu non nacín nese mundo, se non faría a obra de Rubén Darío. A miña vida discorre nun mundo de xente común, a sociedade industrial, que é a desta parte do mundo nesta época. Entón intentei expresalo cos meus medios, e loxicamente é a elección moral, a túa ética, a que condiciona a túa estética. A miña estética vén condicionada porque eu quería expresar iso nun ciclo de libros, os meus primeiros. É un mundo brutal, ruidoso, vulgar e tamén é un mundo de materiais precarios. O que ocorre é que iso non foi entendido, pero é por ignorancia e conservadorismo. Por outro lado non invento nada, nas artes do século XX, antes ca min, había artistas *povera*, e sobre todo había artistas pop. Os que non coñezan a arte pop desde finais dos 50 ata mediados dos 70, a arte pop británica e americana, quen non coñeza a arte conceptual, non pode entender parte da miña obra.

A miña obra, especialmente na década dos 80, é conceptual, ten unha estética conceptual, e claro, os que buscan alí palabras bonitas... os que pensaban que eu non sabía escribir esas palabras e que escribía palabras vulgares porque eran as únicas que eu coñecía, pódese dicir que ás veces non tiñan nin sequera ignorancia interesada, desgraciadamente era pura ignorancia. A miña era unha elección estética. Eu sabía escribir esas palabras, lera desde rapaz libros todos moi finos, moi delicados e moi presumidos... Podería escribir todo iso. ¡Non son máis parvo cós outros! [*risos*]. A única diferenza é que eu quería expresar o ruído, non quería expresar fermosas harmonías, delicadas baladas, senón o ruído.

A miña literatura, polo tanto, era expresionista e utilizaba os materiais da vida cotiá, uns materiais que pensaba que se debían expresar. Creo que eses libros meus foron bastantes persoais.

Condición feminina do escritor

A condición do escritor é unha condición feminina no senso ideolóxico. Hoxe os roles están cambiando, mais tradicionalmente o masculino era a vida exterior, o acto, a conquista, mentres que o feminino era o verbal, a memoria, a transmisión da linguaxe, o doméstico. A muller era a administradora-conservadora de recursos e tamén a transmisora da ideoloxía a través da crianza dos fillos. O propio do home era o acto e o propio da muller a palabra. E en efecto a condición do escritor é moi feminina –aludía a isto de pasada nun prólogo á novela *Os homes duros non bailan*–. Os escritores temos conciencia no fondo de nós de que somos un pouco «mariquiteiros», somos como un oficio feminino, como tamén foron vistos próximos a estes oficios o do perruqueiro, o do xastre... unha serie de oficios que estaban dun modo natural reservados para homes pouco virís. O escritor é un home pouco viril, pouco capacitado para exercer a virilidade, o acto.

Por iso eu entendo ben aos escritores que fan actos máximos para esconxurar a súa castración, a súa falta de virilidade. Penso en Hemingway con tantas escopetas na man, tantos puros... tantos símbolos fálicos. Tanta exhibición de virilidade nos touros. É tamén curioso como nos toureiros se xunta tanto o feminino como o masculino. En todo caso é curioso como cando ao afondar na virilidade se traspasa ou se chega ao feminino. A homosexualidade no fondo ten dentro unha parte que é a exacerbación da virilidade. E é moi común nos escritores que exhibamos a machotería, porque no fondo tamén o precisamos, porque afecta ao noso equilibrio. Esa conciencia de ser tan femininos afecta un pouco á nosa identidade e é lóxico que queiramos contrarrestalo facendo machadas. Eu comprendo perfectamente o escritor que vai de heroe, é unha máscara comprensíbel.

A conciencia do sexo arrinca con Freud. Eu creo que Freud, no pensamento occidental, é o primeiro que formula a conciencia do sexo. El busca o específico: os trastornos do masculino e do feminino, e divide entre neurose e histeria. Cando el busca as raíces na infancia, na diferenciación sexual, na dialéctica coa figura paterna ou materna... el realmente introduce ese tema, entre outros. Penso que Freud é a clave de moitas cousas da conciencia occidental. O tema do sexo aparece aí e desde logo en min quizais tamén estea aí, na miña formación. Quizais tamén no plano das ideas, do inconsciente, estea aí. Hai que ter en conta que todo o meu traballo –aínda que lera ensaios desordenadamente de rapaz–, é co mundo do irracional, da subxectividade.

Eu non traballo sobre ideas nunca: nos meus libros non hai ideas, o que hai é temas de sentido poético. Eu concibo a miña literatura como poética, non literatura de ideas. A literatura toda parte do particular, do individual; non de conceptos xerais. Todo parte da experiencia, da conciencia do que eu vexo. Reflexo o mundo. Decateime de que o mundo está dentro de min. Todo o que amo, e todo o que odio, está dentro de min. Todo o que deteste no meu mundo está dentro de min, e entón o que eu fago é autoanalizalo: no fondo ti actúas co teu mundo interior.

E efectivamente para os contemporáneos, nas culturas de hoxe, non está claro o rol masculino e o rol feminino: nada está claro. De feito eu son dunha xeración que viviu unha crise, porque eu fun educado, como as persoas que nacemos ata os anos 70, para unha idea de masculinidade tradicional, para militares por así dicilo. Realmente a proposta era dunha poboación masculina en armas, e todos estabamos chamados a transformarnos en soldados: eu de neno desfilaba nas clases de ximnasia cantando o *Cara al sol*, ou *Gibraltar español*, himnos fascistas do nacionalismo español.

Eu desfilaba, como tantos nenos españois. Realmente toda a ideoloxía que se nos transmitía era a de resistir como Numancia, matar indios como Hernán Cortés, matar mouros como «Santiago Matamoros» ou os heroes: o Cid, a «Raíña Católica»... Todo era preparar unha milicia. Polo tanto, a idea da masculinidade era moi fácil: matar. O que ocorre é que nós mesmos sometemos a crítica todo, nas nosas xeracións houbo unha revisión de ideas. Sobre todo porque os homes nos atopamonos con que as mulleres estaban irrompendo na sociedade e non tiñamos máis remedio que aceptar o seu cuestionamento do reparto de roles, do lugar que lle corresponde a cada un.

Eu constato que a liberación da muller nos puxo aos homes en crise, pero tamén nos está liberando da servidume de sermos sarxentos, de sermos militares. Estanos liberando desa obriga. Estamos falando dun cambio nas regras dunha especie. Ningún mamífero, ningún animal fixo antes esta revolución, que non é unha revolución cultural, senón que é unha revolución da especie. O que estamos vivindo neste intre é unha conmoción das regras da reprodución e da existencia da especie dos mamíferos bípedes que somos nós. É unha revolución que, se non reverte, probabelmente acabará afectando ao herdo xenético, e que ten unhas dimensións psicolóxicas desconcertantes realmente. A gran revolución na nosa especie é que as mulleres cambian o seu rol. Consecuencia de revolucións tecnolóxicas como a revolución da agricultura, o neolítico, a revolución industrial, a tecnolóxica... pero que supera en calado a todas elas.

No que eu escribo reflexiono sobre a miña identidade psíquica, pero non sabería dicir moito máis. Eu creo que *Tic-Tac* é un libro que trata claramente o tema da masculinidade pero non sei dicir claramente qué cousa é «a masculinidade», e qué cousa é «a virilidade». É evidente que en *Tic-Tac* aparece constantemente o complexo de castración, mais tamén hai que ter en conta que toda idea leva implícita a contraria. A idea dun falo erecto implica inmediatamente o medo á perda, á castración. A ofensiva implica a contraofensiva, a vitoria implica a derrota: todo vai asociado. A idea da castración vai asociada directamente a unha cultura falocéntrica machista. En todo ese campo non é tanto que teña medo, como escritor, a escribir o que debo. Eu tiña conciencia cando escribía *Tic-Tac* de que estaba chegando a un límite en que estaba a escribir cousas que eu cría que debía dicir, mais que non sabía se se podían dicir. Estaba nun límite non só da moral social senón da denudación da psique e da identidade individual masculina: a miña propia identidade.

Probabelmente, na medida en que traballei máis comigo mesmo o tema da identidade, é *Tic-Tac* o libro en que amoso máis de min, pero en ningún libro de ficción conto de min mesmo. Precisamente teño a gala non contar cousas que me sucederon. Marcel Proust, W. Faulkner, Joyce... escritores que admiro e respecto, fixeron a súa obra a partir da experiencia da súa vida, do que eles experimentaron ou coñeceron. Pola contra, eu teño a gala inventar todo, as historias e as personaxes. Pero téñoo a gala por un problema de autenticidade, porque sendo como eu son, creo que o meu traballo é crear pantasmas, non me vale transformar en pantasmas a persoas que vivan, e contar as historias que ocorreron. Para min contar algo que ocorreu o poñerlle forma artística sería como estafar ao lector. Pero naturalmente nútreste da realidade social, da xente que coñeciches, da diversidade psicolóxica, social... e de feito moitas veces historias de libros e contos meus téñenme dito os lectores que ocorreron na súa cidade. Houbo mesmo un par de veces en que a xente me preguntou como coñecera eu esa historia, unha historia que ocorreu na súa familia. ¡Unha historia e personaxes que eu inventara totalmente! Eu escribo historias fantasmais poboadas por fantasmas. O meu puritanismo levoume a entender que se eu collera unha historia ocorrida, e simplemente a redactara buscando só unha forma artística, sentiríame estafador, un calote. Así en *Tic-Tac* hai algunha cousa persoal, pero poucas.

A condición da muller é distinta na Galiza a como é noutros lugares. A muller aquí ten unha marxe, ten mais campo, social e individualmente, hai máis marxe para desenvolverse: non está tan definido, codificado, o seu lugar. A cultura galega é esencialmente moi negociadora, de pacto, ten moito de flexibilidade. Por iso se di que de Galiza persoas flexibles. Eu non acredito moito nesas cousas do matriarcado. O que si é certo é que a muller galega é moi forte, non só no sentido de que dentro da casa, desde a privacidade, manipule os homes como indirectamente como un imán, como ocorre noutras sociedades, senón que por ela mesma ten capacidade na vida social: é máis autónoma en xeral, está menos enclaustrada.

En conxunto, a muller está irrompendo en espazos antes pechados para homes e naturalmente iso desencadea unha reacción por parte dos homes máis ou menos violenta. E todos vemos que está a ser abondo violenta. Sobre todo nos núcleos urbanos. Aínda que realmente no mundo rural eses problemas, se os hai, agáchanse, fanse invisíbeis.

Da fin da novela á desintegración do narrador

A novela é unha forma, e como todas as formas ten o seu ciclo. Quero dicir que igual que o poema épico é unha forma que desapareceu, o mesmo pasa con certas formas como a novela episódica, as orixes da novela, que arrincou co poema épico, as novelas de cabalerías, a novela bizantina, a novela picaresca... que é unha estética pervertedora, a novela picaresca é a perversión da novela de cabalerías: é a contranovela de cabalerías. Son formas que tiveron o seu ciclo e que deixou de funcionar.

A novela non ten por que ser definitiva. Dicir que a novela é eterna ou permanentemente válida é como dicir que o libro vai existir sempre. Probabelmente o libro, como ten un deseño moi cómodo, útil e eficaz, vai existir, pero seguramente vaise deixar de facer de papel ¡oxalá!, pois como ben sabemos en Galiza as industrias papeleiras contaminan moito. Ten un custo ecolóxico moi grande tanto eucalipto e a fabricación do papel. Cando un ve nos Estados Unidos, no quiosco, o suplemento do *New York Times* formando torres de papel comprende que hai que buscar urxentemente unha alternativa ao soporte feito de papel, e probabelmente se faga con plásticos reciclados e logo non nos acordaremos de que estaba feito antes. O conto é que non hai que sacralizar a cousa, todo ten o seu ciclo.

A novela, o romance, por si mesma, tal e como a entendemos hoxe, aínda segue a ser antes de nada a novela desde a metade e finais do século XIX, a novela burguesa, a novela do individuo, da conciencia individual, do individuo metido na vida social... Esa novela aínda existe e ten o seu sentido, a súa utilidade, o que ocorre coa novela é que é válida para representar unha sociedade estruturada, na que hai unha orde de clases, como nas novelas de Dickens e Balzac, Flaubert, Benito Pérez Galdós, Baroja ou Eça de Queiroz... o que fan é representar un mapa social, un mapa da sociedade. As novelas de Pío Baroja, como *A árbore da ciencia* ou *A busca* o que fan é a representación da orde social e mesmo de ideas do seu tempo, fan un mapa humano. A novela ten este carácter social que reflicte o individual, a psicoloxía, e tamén a socioloxía. En conxunto, a novela tradicional sempre é histórica, explica ao individuo nun contexto social e de época.

Agora ben, se o que queremos é representar unha sociedade como a actual, na que a estrutura da sociedade é moito máis líquida, na que os mecanismos de dominación, o poder e o control sobre as persoas está máis oculto, no que o persoal xa non é tanto explotado en tanto que traballador, senón que o que está sendo é manipulado en tanto que consumidor para que o faga, pois probablemente os mecanismos da novela terían que ser revisados ou outros; a idea dunha obra narrativa de mediana ou longa extensión segue a ser válida, pero o que ocorre é que claro, un novelista que intente representar hoxe cousas como no século XIX non pode pretender que é unha narrativa realista. Manexamos outras ideas de realidade hoxe. Por certo é o que fai John Grisham, que fai novelas como do século XIX pero aderezadas con algo de suspense, cun tempo narrativo máis acelerado, adaptadas digamos. Con todo, recoñezámolo, as novelas de Grisham arrasan, a narrativa máis tradicional é a que ten millóns de lectores. E esa reflexión tamén debe ser integrada nos debates estéticos, débenos facer pensar. Quero dicir que as formas narrativas, as formas artísticas todas, non se xustifican por ser máis ou menos científicas senón que se xustifican por dúas cousas: por expresar axeitadamente ou non o que o autor quere expresar e por conseguir chegar ao receptor da obra ou non. E un escritor é alguén que quere expresarse e que aspira á comunicación, non somos cerebros privilexiados pero autistas. ¿E se houbese máis acerto no camiño de Grisham que no de Julián Ríos de *Larva*, por exemplo? Aínda que a literatura son moitas cousas e moitos camiños, e quéirase ou non coexisten. Ben pode ocorrer que un mesmo escritor faga un libro nun camiño e outro no camiño contrario.

Agora que o escritor que intenta representar unha sociedade estábel, organizada en estamentos e clases sociais nidias e todo iso probabelmente non está reflectindo adecuadamente a realidade social actual, que é moito máis móbil, dinámica e confusa.

¿Novela en tempo de pensamento irracional?

Antes os ricos eran ricos a todos os efectos, e os pobres eran pobres igual, e cada un tiña unha conciencia clara do lugar que ocupaba. Hoxe en día, por exemplo, os pobres son tan parvos que pensan que non o son [*risos*]. Unha enquisa de hai uns anos feita polo CIS dicía que o 90% dos españois considerábase propietario ou profesional, é dicir: ¡non había traballadores! Ninguén quería ser traballador. Todos querían ser unha cousa etérea que era non traballar. Todos querían verse a sin mesmos ricos –o cal demostra o grao de irrealidade dominante na sociedade–, e tamén os desexos profundos da sociedade e como estes enturban a conciencia da persoa. Os mecanismos de dominación actuais baséanse, entre outras cousas, en que podemos vivir crendo nesas cousas, vivindo unha película construída con secuencias de anuncios publicitarios. Vivimos unha vida onírica.

Hai unha gran confusión ideolóxica na sociedade actual, pero esta confusión dáse tamén na conciencia íntima, porque a xente vive dentro do mundo dos *media* e este mundo baséase precisamente na falsa idea de que todos somos iguis, de que todos consumimos igual, de que todos usamos gorras ou pantalóns que levan tatuada a marca Nike ou Adidas e, desa maneira, todos somos modernos ou guays e vivimos ben. Hai mecanismos para enturbar e confundir ideoloxicamente as persoas que ocultan a verdadeira realidade de dominio, e ademais ocultan sobre todo o lado escuro da nosa sociedade, que é que os adolescentes e a mocidade de entre nós non traballan e críanse como preguiceiros irresponsábeis grazas a que os nenos do terceiro mundo están sendo explotados desde nenos, desde nenos.

A novela é o produto da conciencia do individuo, a través das personaxes protagonistas e das súas peripecias ou da súa falta de peripecia, reflicte a conciencia dunha época. A novela, como forma histórica, creou un lector racional, que le en soidade e aínda que se abstrae na lectura e poida abandonarse nunca se entrega totalmente, non abandona completamente a capacidade de ter unha dialéctica racional co que le. E agora, no tempo dos *media*, un tempo dominado polo irracional, o romance non pode competir para o público de hoxe, que gosta máis do arcaico, do mito. No noso mundo a racionalidade e a reflexión que foron asociadas historicamente ao libro, e ao romance, retroceden ante unha idea do mundo máis infantil e sen matices na que combaten o ben e o mal. Este é o tempo en que as persoas son educadas cada vez máis no videoxogo e no que o libro retrocede. A min, como fillo serodio da civilización europea, nacida da conciencia do individuo e da razón, paréceme sobre todo preocupante. Mais entendo que é así e que hai que ser consciente diso, de que entramos nunha nova fase, para afrontalo e corrixilo. Os nosos nenos e mozos medran nun mundo cada vez menos apolíneo e ordenado e máis pánico e caótico. No campo da narración isto deixa cada vez menos sitio para as sutilezas psicolóxicas da individualidade e para as dúbidas. Os protagonistas preferidos serán os heroes arcaicos, os que non dubidan, só actúan.

A vivencia do tempo

Unha representación da vida ao estilo da novela decimonónica penso que é pouco eficaz para reflectir a verdade. Agora ben, o que seguimos a chamar romance, ou novela, é unha forma actualmente moi aberta, e segue a ser útil para expresar o mundo actual. De feito, eu nos últimos libros máis que novelas, conducido por unha reflexión sobre o sentido de narrar, o que fago son relatos moi arcaicos, cunha estrutura mítica e moi simple. Podes facer novela á túa maneira. Hai un repertorio moi grande e tes moitas posibilidades...

Eu non diría que a novela estea acabada, coido que é un debate de xornalistas, sobre todo nos modos en que se concibe, e ademais hai unha cousa: están aí os números do mercado. E isto lévame a falar do cambio da dimensión do tempo, da vivencia do tempo, na novela decimonónica.

Hai unha vivencia do tempo do lector decimonónico, que vive unhas horas máis lentas. Nós non, debido á tecnoloxía, aos desprazamentos, a simultaneidade das comunicacións... Vivimos un tempo fragmentado, e sen tregua. O tempo da novela decimonónica era outro. As novelas eran tan extensas porque eran para persoas moi desocupadas, rendeiros, e entón a novela ou ben se distribuía en episodios, para ler en fragmentos –un relato fragmentario e breve cuxa lectura podía durar media hora–, ou ben era para persoas desocupadas, especialmente mulleres: amas de casa ilustradas, da pequena burguesía, que non tiñan outra cousa, como *Madame Bovary*, e lían novelas. No noso mundo escasea xa este tipo de lector, e desde logo o lector da narración, da ficción, vive dentro dunha vivencia do tempo máis acelerada, máis ansiosa.

O lector xa non é o do tempo analóxico senón que é o do tempo dixital. É difícil ter tres horas, mesmo dúas horas seguidas, para ler unha novela. A xente fragmenta a lectura, suspende a lectura da novela e fai varias cousas ao tempo: anda en metro ou autobús, fala con alguén... e cústalle retomar moito o libro, de modo que a vivencia do libro é distinta. Todo tende a abreviar, moi poucos de nós somos rendeiros, somos xente que anda agobiada polo traballo. A vivencia da novela é outra e por iso se conduce á brevidade, e quizais tamén a unha maior intensidade, no sentido de que a novela máis longa ten a intensidade máis espaciada. E non é o mesmo a conciencia dun rendeiro que a da persoa que anda de aquí para alá traballando... Unha persoa que vive placidamente pode reflexionar, escribir e ler en períodos longos, mentres que unha persoa que vive sumida neste tempo, cheo de ansia, ten un pensamento entrecortado, ansioso e fragmentario, o cal se reflicte no parágrafo, no texto.

Un escritor contemporáneo, aínda que queira, salvo que faga pastiche, non pode escribir nin cos períodos, as frases ou o ton e tempo interno dun escritor do século XIX, como Eça de Queiroz, ou o Otero Pedrayo dos *Camiños da vida*. ¡Mais hai hoxe escritores decimonónicos! Eu creo que é unha confusión co que é a alta literatura, seguindo un modelo claramente decimonónico. Ás veces non é que sexan detallistas senón tediosos, e responden a un intento de facer alta literatura mais tomando un modelo equivocado. Un modelo que responde a un mundo anterior á I Guerra Mundial. Hai unha división no tempo interno, na aceleración da cultura occidental, que é a I Guerra e logo se acelera na II. No caso do estado español é algo que ocorre a partir dos anos 60. É distinta a vivencia do mundo no *desarrollismo*, no crecemento dos anos 60, da que hai despois. Resumindo, mudou a idea que temos das relacións espazo-tempo, se a novela quere reflectir a realidade desde Einstein está cuestionada a linealidade do relato e iso obrigaría a revisar a orde das pezas do relato. Mais, sobre todo, mudou tamén a experiencia de vivir o tempo persoal e histórico. En parte a novela xa foi afrontando estes problemas no século XX, pensemos en Joyce, ou pensemos na novelística de John Dos Passos, en *Contrapunto* de Huxley.

A desaparición do eu e do argumento

Por debaixo da desintegración da figura do narrador vai a desintegración do eu do artista: do individuo. O individuo primeiro sepárase, queda só, entón ten unha conciencia moi radical e individual, isto é moi propio do XIX e tamén dunha parte do XX. Logo hai un proceso posterior, que é o que estamos a vivir hoxe: o baleiramento, a perda do individuo. Unha vida cada vez menos experimental, menos da experiencia, menos táctil, menos de transformación. A xente hoxe non pasa frío, non pasa fame, non pasa traballos, non pasa necesidade... pero a cambio diso a súa vida é realmente intranscendente: non se experimenta. A perda da necesidade leva á vacuidade. Estamos na desaparición da vida, a transformación da vida nunha experiencia audiovisual, e a redución do espazo da vida, da fisicidade, do corpo. Xa a xente non camiña, non anda, senón que vivimos nun espazo reducido e cada vez a nosa vida é máis mental e virtual. A desaparición e escisión da persoa en múltiples identidades, o eu da profesión separado do eu dentro da familia, a conciencia íntima secreta, distinta do eu social. E do mesmo modo esta obxectalización e desintegración do individuo ten o seu reflexo na literatura. De feito *Tic-Tac* responde moito a isto.

A desaparición do narrador ten moito que ver coa desaparición do eu na vida. A desaparición das persoas que teñen unha vida con argumento, con sentido, ten relación coa desaparición do suxeito, a persoa consciente, que sabe quén é, o que quere, cara a onde vai, e ademais ten vontade e actúa. Está ligado coa desaparición do argumento, en último termo do protagonista da narración, do heroe da aventura, por iso en boa parte da miña narrativa o que hai son fragmentos, momentos de persoas que non representan exactamente un camiño, unha navegación, senón que son actos sen sentido, sen contexto, sen rumbo. Esa fragmentación ten relación con iso. O argumento naturalmente implica un protagonista, un heroe. Xa non hai heroe e ao final o único que quedan son fragmentos de naufraxio, residuos.

É certo que todo escritor escribe sobre o que escribiron os outros: dialogas, afirmas, negas, confirmas... Extraes significados e materiais tanto da experiencia, da vida, como da outra grande fonte que é a literatura. Pero eu non creo que sempre se escriba o mesmo. Nun tempo en que desaparece o suxeito, e polo tanto desaparece a vida con senso, con horizonte, non é o mesmo escribir unha narración que un texto que sexa pura fragmentación, porque quere representar cousas distintas. Outra cousa é que sempre esteamos fagocitándonos uns aos outros xa mortos, pero despois de todo sempre os vivos vivimos a conta dos mortos, dilapidamos ou administramos sobre o herdo dos nosos maiores, tanto si os nosos maiores nos deixan ruínas como edificios confortábeis.

Ser libre

Hai dúas actitudes persoais de estar na vida: ou vives a vida que che mandan vivir, unha actitude dependente, submisa e colonizada –a persoa que se sitúa no mundo someténdose a outros poderes–, e o outro xeito, do que eu gosto máis, que é intentando ser libres e desenvolver o propio proxecto. É dicir, para min, o problema é que ou vives a vida que che mandan vivir, e cada vez mándannos máis e dinnos cómo temos que comportarnos absolutamente, o que temos que consumir... Ou ben decides ti a vida que queres vivir. É difícil pero tes que intentar vivir unha vida propia. O único modo de vivir a vida propia é ser consciente do proxecto que ti es, quén es ti, e polo tanto, se o sabes, saber qué cousa queres facer, cal é o teu desexo e o teu proxecto, e intentar realizalo. E naturalmente este afán de realización eu englóboo dentro dun límite moral, Pode haber desexos particulares que sexan inhumanos ou daniños con outras persoas, polo que tamén o desexo, a realización persoal, ten un límite. Agora ben, dentro dun límite, debemos intentar ser nós mesmos, e o mesmo que pasa coa persoa pasa có artista. A primeira necesidade que ten un artista é ser libre: non estar sometido a nada nin a ninguén. É preciso que sexa libre, non un capricho.

Centro e periferia

O artista ou é libre ou é colonizado, e o mesmo pasa tamén na conciencia. Eu intento vivir sendo eu o centro do mundo: onde estou eu, e onde está a miña xente, está o centro do mundo para min. Como artista iso quere dicir que non me someto a esquemas políticos-colonialistas que definen qué lugar é o centro –as teimas de poder, a relación amo-escravo, que definen cales son as leis que emite ese centro e tentan impoñelas–, senón que eu intento, desde onde eu vivo, relacionarme igualitariamente co meu tempo, democraticamente. Eu non teño conciencia de vivir nin nunha metrópole, no centro dun imperio, nin tampouco nunha periferia, nunha provincia, senón que eu son cidadán libre dunha república democrática independente que son eu mesmo e o mundo que me rodea. Digamos que me relaciono de igual a igual cun intelectual e cunha idea que chegue de Berlín, Londres, París, Roma... onde sexa. Eu non teño ningún complexo intelectual por razón da procedencia. O único que si acepto é a valía, e admiro, celebro e saúdo, a valía dos outros, o valor do traballo dos outros, das súas ideas.

Pero non son submiso, ao contrario, teño moi claro que non podo nin debo ser submiso se quero ser artista. Por iso mesmo quixen non tratar con artistas, anteriores a min, que estaban establecidos como intelectuais, porque non os recoñecía sen máis. Non recoñezo sen máis a orde institucional. Acéptoa na vida social, precisamos convencións, pero como artista teño moi claro que non hai outros intelectuais ou artistas que diten o que eu debo pensar. Cada un debe gañar os seus propios camiños, conviccións... Na arte cada un empeza a mesma aventura de arte coma se ninguén a tivese andado antes.

Polo tanto, eu non son periférico. Na cultura española, unha cultura fortemente nacionalista –castelán-centrista ou castelán-andaluza–, a idea é que politicamente hai uns que son o centro –esencialmente Madrid–, e logo van os outros lugares, que debemos estar mirando ese centro como se mira ao sol. Aquí na Galiza houbo unha revolución cultural xa nos anos 20 que foi a Xeración Nós, que considerou explicitamente que eles querían dialogar desde Galiza, desde a cultura galega, coa cultura do seu tempo, sen máis, sen intermediarios, relacionándose directamente coa cultura francesa, naquel momento moi importante, a alemá, con Irlanda, e naturalmente co que ocorría en Madrid ou Barcelona, pero con toda a naturalidade e sen complexos. Eu, pola miña maneira de ser, e á parte porque son herdeiro dos que viviron antes ca min, non podo retroceder, non podo dar un paso atrás. Como intelectual non debo ser menos esixente ca eles. Téñoo moi claro.

Eu sei ben que cando son visto desde Madrid, para o sistema literario español, son visto como provinciano e alleo a eles; efectivamente ese é un problema de recepción para min, pois experimentei a evidencia de que teño que pasar polo espazo español para saír a outros países. O conto é que eu non vivo iso así en absoluto. E pobriño quen interiorice esa visión colonizada de si mesmo, quen interiorice e asuma as regras do xogo do poder. Esa é a xente que vai a Madrid e din que é «de provincias». E verdadeiramente o é, mais as provincias só existen na cabeza dos provincianos. «Provincia» significa literalmente terra para o vencedor, terra sometida. E onde eu viva nunca será para min terra sometida.

Doutra banda, a cultura que se fai en Madrid, que se emite desde alí, é bastante superficial, xornalística, de titulares de prensa: non hai unha reflexión profunda. Todo é efectismo de prensa e lugares comúns, puro ruído e pouca profundidade. Ou iso é o que nos transmite maiormente a prensa de Madrid.

Ser excéntrico

Eu non son periférico. O que si son é excéntrico, creo que o artista ten de ser excéntrico, debe vivir fóra do centro en todos os sensos, por exemplo mentalmente porque debe vivir fóra dos conceptos e das ideas comúns, ten que forxar unhas ideas e unha percepción propia da vida, e non pode pensar como a xente. O que o fai artista é que sexa distinto, e é esa ollada, ese modo de pensar distinto, o que o fai útil para a sociedade. Se nós pensamos conforme a «norma», consideramos entón inútil a nosa existencia, gratuíta. Temos que estar fóra da lei, fóra dos lindes da cidade: temos que ser salvaxes, andar á parte e esforzarnos por ser distintos. Polo tanto acredito na analoxía tópica entre artista e tolo, artista e neno, inocente, parvo, salvaxe... E ao mesmo tempo, o artista, naturalmente, non pode ser naife, ¡ningún artista foi naife! O que o artista ten que ser é intelectual: o artista debe ser inocente mais non inxenuo. A inocencia é un estado interior de disposición para o asombro, disposición para a epifanía: abertura para a iluminación. O artista ten que estar contemplando o mundo coma un milagre perpetuo, ten que estar aberto a admirarse, a pasmarse, a reaccionar ante o mundo. Ten que estar na vida non coñecéndoa de antemán, non sendo sabio nese senso de alguén que xa sabe todo; pola contra, o artista é o que sempre está disposto a aprender e coñecer, é alguén que busca. O artista é o contrario de quen está de volta, irónico, e polo tanto xa perdeu a inocencia. O que non pode ser o artista é irónico.

O artista ten que ser inocente e iso é non irónico. O artista tense que admirar, alegrarse e entristecerse ante a vida, reaccionar constantemente ante ela.

Os centros sociais e políticos son prexudiciais para os artistas.

É certo que o mesmo que o artista debe vivir apartado, na montaña, debe baixar de cando en vez á feira, a vender ao mercado os seus traballos, como vai o pastor cos seus queixos. O pastor inverna no monte co salvaxe, co bravú, e baixa coa flor, que son eses queixos frescos coa flor do monte: algo que logo é valioso na cidade. Realmente onde acumulamos o noso mundo natural, para crear os traballos –os queixos branquísimos–, é na montaña, no apartado. Temos que baixar á feira porque temos que vender os nosos queixos. Nós traballamos para alimentar a xente que vive na vila, inmersa na vida social.

Non creo que un artista calquera poida aspirar, cabalmente, a ser unha persoa sensata. E así, cando o artista abandona a súa linguaxe lexítima, mítica e irracional, e expresa argumentos sobre a vida social debe ser atendido con precaución, no senso de que o artista non é necesariamente xuizoso. Hai artistas que son xuizosos, e hai artistas que non. O artista traballa co irracional, co pánico, co mundo de Pan: co salvaxe e dionisíaco. O que os artistas opinan dos problemas sociais hai que tomalo con reservas, porque realmente o que expresamos é o noso irracional, e mesmo ás veces o irracional da sociedade, por iso é tan común que o artista sexa fascista, leninista... posicións desaforadas todas, extremas.

Pero falando de centros, ¿cal é o centro hoxe? Diso fálase moito en relación co debate español, porque hai unha concepción na cultura española moi común, decimonónica, física, que cre que o centro é unha capital política dun Estado, e que o Estado é un espazo físico homoxéneo, como a ameba, que ten membrana por fóra, e dentro dos límites da membrana está o ectoplasma e o núcleo. A cultura española é a dunha «España ameba», unha membrana, unha fronteira cuns gardas que a vixían para que non entren os inimigos, e logo dentro un espazo homoxéneo cun núcleo. Esa é unha idea completamente decimonónica, sobre todo desde que España, afortunadamente, entrou na Unión Europea, e sobre todo desde que as tecnoloxías fan que non só as ideas, senón tamén as persoas, flúan. Flúen os inmigrantes e as persoas que poden pagar o turismo, o ocio, e as ideas a través das canles de televisión, do teléfono, da rede... É un mundo completamente distinto.

Había unha visión que chegou até hai ben pouco tempo, e que aínda conservan moito en Madrid –a min faime graza–, que é a visión de que arredor do centro está o territorio que eles controlan e administran. Iso é imposíbel hoxe en día, é unha cousa obsoleta, unha visión obsoleta da vida e da cultura, porque realmente o centro son os medios de comunicación.

Para ser centro non preciso nin sequera estar en Madrid. Hoxe en día podería estar vivindo nas montañas de Lugo, en Berlín, nunha vila de Soria ou na Alpujarra... eu que sei, e ser centro se estou nos medios de comunicación. Un pode vivir nun lugar apartado, moi remoto, pero se ten internet pode ter presenza nun medio de comunicación –por exemplo no caso da cultura española nun medio de comunicación madrileño–, e estar así no centro. Un pode vivir apartado da xente, o que si necesita é ter inserción nos medios de comunicación. O centro xa non é administrativo –a capital dunha provincia ou dun Estado–, senón que son os medios de comunicación. Quen crea hoxe o espazo social, non é o control administrativo, o dominio sobre un territorio, senón que é o dominio a través dos medios. Estar no centro hoxe é ser, por exemplo, columnista de *El País*, e isto pódese facer vivindo en calquera lugar apartado. Temos ideas vellas que non nos permiten entender os tempos novos.

(Agosto-2002)

Enfrontamentos co fraguismo, e a recepción galega

Antonio, relendo agora todo isto que temos falado, cousas faladas hai xa dous anos, vexo que hai en todo como unha certa confianza inconsciente na marcha das cousas. Desde aquela ocorréronme cousas, atravesei situacións que non sei se foron novas ou foi un agravamento das dificultades que xa tiña. E síntome nunha posición interna distinta. O que vivín nestes anos desde que me sentaches a falar foi case como ir ata a fin dos meus límites como escritor que vive e crea en Galiza, apurei o terreo e cheguei ata os marcos. E foi unha experiencia dura, pódese dicir que me sentín morrer nalgún momento.

Desencontro coa literatura galega

No asunto literario basicamente sinto unha amargura e un desencantamento, unha perda de ilusión absoluta. Non podo evitar seguir ilusionándome en facer cousas literarias; afortunadamente, se non morro. Porén, o que me ocorreu nestes tres anos pasados desde a conversa fai que me pesen moito os límites, escribir podo seguir escribindo, ningúen mo prohibe, e publicando grazas aos meus editores, pero son moi escéptico sobre a recepción da miña obra. E por outro lado xa non teño capacidade para dinamizar, incidir nos debates culturais ou sociais dentro da Galiza, quédame algunha porta aberta fóra para opinar sobre a realidade española. En conxunto foi todo como se tivese chocado coa realidade que era un muro. Se cadra é que xa debía ter aprendido esa lección antes e tardei de máis, aprendina moi maior.

A miña situación na literatura galega xa nin sei cal é, non teño parámetros para obxectivala. Estou certo de que aqueles libros meus influíron, abriron un cambio, un nesgo no discorrer literario. E teño confianza íntima, aínda que isto é algo moi vulnerábel –un sempre dubida no fondo nalgún momento– de que a miña obra se sosten, que é un conxunto máis ou menos orixinal, valioso. Mais as miñas relacións coa literatura galega, co sistema literario, que nunca foron boas deterioráronse aínda máis. Francamente, deterioráronse completamente; pola miña parte digamos que conservo as relacións de cortesía. Só conservo as mesmas relacións cos lectores, esas son relacións moi persoais. Coido que a literatura galega se a miramos con perspectiva, no seu contexto histórico, está nun dos momentos máis baixos. Non me refiro á creatividade individual, ás obras, porque aí faría un xuízo distinto, refírome á literatura como sistema de comunicación social. Refírome a que a situación que vive o país todo de bloqueo, de frustración histórica, de inmadurez, incapacidade total para ser un país adulto tamén se reflicte no sistema literario. Estamos nunha época histórica da recuperación da autonomía que nos foi negada polos fascistas no 36, esa ocasión que foi aproveitada por vascos e cataláns, mesmo por varias rexións españolas que nin sequera tiñan demanda de autogoberno, e nós perdemos todos estes anos. Perdémolos no sentido de facer viábeis os nosos recursos económicos, o campo e as industrias que se poderían derivar... a pesca é forte por ela mesma, mais non estivo axeitadamente defendida, e carecemos de política económica, industrial e desde logo cultural. No tema da lingua xa nin entro. E o que a literatura galega conseguiu foi por traballo solitario e particular dalgúns escritores, os logros habidos son absolutamente persoais. Recoñezámolo. Ben sei que non houbo apoio político ningún, ben sei que os xornais que son fundamentais para a normalización dunha cultura autocentrada xogaron en contra descaradamente. Mais tamén vexo a incapacidade da cultura galega para crear iniciativas maduras, e para crear unha oferta á sociedade racional. A literatura galega como sistema segue presa practicamente dos mesmos males que a fins dos anos setenta: amiguismo, faccionalización, doutrinarismo, falta de profesionalidade e de formación na crítica literaria, falta de instrumentos para crear un espazo social... A nosa literatura vista desde fóra causa mágoa, dá peniña, de tanta autoconmiseración e tanto disparate. Non resistiría unha auditoría feita por analistas independentes. Nin sequera ten recursos para existir, non existe: ¿U-las páxinas adicadas á literatura galega? Non as hai. Hai algún currunchiño nalgún xornal sen lectores, con críticos que nin son lidos, nin teñen profesión nin duran no seu exercicio. A literatura galega segue a vivir nunha burbulla onde se pode dicir e manter calquera disparate sen que ninguén proteste. Porque ninguén a toma en serio. Esa é a realidade. A realidade é que este sistema literario non pode ser tomado a serio. Eu mesmo sinto que se sempre fun moi crítico desde hai uns anos xa cansei e non espero que mellore, perdinlle o respecto completamente. E iso é moi serio para un escritor, é moi triste que de antemán non acredites no teu mundo literario, que saibas que o teu traballo simplemente non pode ser recibido, que non será visto, atendido nin entendido. Iso mesmo fai que un rebaixe a autoesixencia, «total, e para qué. ¡Se non lle han dar valor!» Así o sinto eu hoxe.

Se cadra, falo desde a miña experiencia persoal, empezou a cousa a ir definitivamente a peor a raíz da publicación de *Círculo*. Para min é un libro importante, e penso que é valioso. Mais, pasou sen pena nin gloria, as poucas reseñas que houbo limitáronse a utilizar *Tic-Tac* contra *Círculo*. Foi como se non lesen o libro en si mesmo, ou como se simplemente me estivesen agardando. Estou convencido de que se *Tic-Tac* non fose no seu día editado en castelán tampouco lle terían recoñecido o valor, salvoume a tradución, e sen dúbida a xenerosa aposta de Basilio Losada e tamén a crítica española. Iso si, logo serviu para non prestar atención a *Círculo*. Para min a conclusión é que tanto ten que escribas e publiques a *Biblia*, aquí ninguén se vai decatar. O que segue aínda hoxe a garantir a atención, a pouca que pode haber, non é o texto en si, a obra, senón a posición que o autor teña dentro do sistema de bandos, faccións, mafias. Como o autor ande por libre é mellor que rañe os pés e asubíe.

Antes diso, *Land Rover* tivera unha única crítica na edición galega, ¡unha!, dise pronto. Iso é o que vale *Land Rover* para a literatura galega. Cando foi reeditada na colección de peto era unha oportunidade para revisala, pero tampouco entón foi digna de ningunha crítica. O que era daquela o meu editor aquí dixérame que non era unha novela para ser traducida, tíralle do aire. Afortunadamente para o meu ánimo e para o meu ego, logo de que fose editada en castelán, comproume os dereitos para Francia Christian Burgois, aínda que finalmente fose editada anos despois por Rivages. Teño dito nalgún lado que se Manuel Rivas non lle tivese falado de min á que era a súa editora en castelán e logo foi dos dous, Silvia Querini, eu facilmente tería deixado de escribir –tal era o meu cabreo–, a pesar dos lectores que tiñan os meus libros. Se sigo encerrado aquí, nunha piscina con tanta piraña, non o aturaba máis.

E con *Ambulancia* pasoume algo parecido, algunha crítica máis pero case tiña que pedir desculpas por escribilo, era un libro «comercial», «machista», «subxénero». En fin, unha porcallada... O editor de aquí cando lle preguntei que tal funcionaba o libro díxome aquilo de «Ah, ben. Imos sacar a segunda edición antes do ano. Pero a ver se escribes unha novela de verdade» –que eran as que escribía el–. Líbrenos Deus de ter como editor a un competidor. Tiven tres experiencias neste sentido e todas foron malas.

Co recoñecemento que tivo *Tic-Tac* en España a cousa cambiou algo, pero logo veu *A sombra cazadora* e pasou o de sempre, como saíu nunha colección xuvenil pois a crítica galega xa non a leu. E recibín de novo ataques: «literatura comercial», «de supermercado»... Daquela tiven unha retesía longa na revista *A Nosa Terra* que é moi ilustrativa do que se discutía. O caso é que *A sombra* para min é un libro tamén valioso, quizais o máis cercano ao meu corazón, que trata de asuntos existenciais dun modo radical. Pois non houbo maneira, en galego practicamente non tivo críticas, non se molestaron en atendela, o cal di moito sobre o interese que o autor lles tiña. Ata que non saíu a edición en castelán non puiden ler opinión crítica sobre a novela.

Veu *Calzados Lola,* presenteina a tres certames de novela consecutivamente, gañou no terceiro presentado –no Blanco Amor– por maioría simple. A continuación un membro do xurado, que non votara pola novela, publicou nun xornal un artigo no que aclarou que, nos debates, a outro membro do xuri lle parecera literatura superficial e que logo comparou a miña literatura coa de Marcial Lafuente Estefanía. E aí quedaron eses xuízos, acompañando a noticia do premio. Espero que algúen comprenda que neste paisiño dos meus horrores téñenme pasado cousas unha miguiña duras, nada máis que unha miguiña. Se cadra estou equivocado e é o que merece a miña obra. Ou se cadra é que o nivel da literatura galega é tan alto e tan alto que non dou o nivel, eu sonche pequeno. Aínda bo é que por aí fóra, polo mundo, o nivel é baixiño e os meus libros van coando. Eses estranxeiros son uns burros de carallo.

Xa traía cabreo acumulado e con *Círculo* caeume a alma aos pés. Ademais, por aquelas empezou tamén unha situación de mal diálogo coa miña editorial en castelán, Ediciones B, que se prolongou ata a fin, e foi cando busquei unha axente. Marchara a que fora miña editora, Silvia Querini, e entrara outro que prefiro esquecer e que me procurou unha serie de contratempos durante varios anos. Como consecuencia destes problemas coa editorial, *Círculo* non foi editada en castelán, así que agardo aínda hoxe a súa edición, na confianza absoluta de que será atendida e estimada. Por certo, que souben con posterioridade que a pesar diso foi finalista do Premio Nacional. Sabelo alegroume bastante no seu día.

Logo de *Círculo* veu o de *Non volvas,* que foi duro de vez. Por aquelas embarqueime nun forte investimento familiar que me pediu sacar cartos de onde puidese. Como non tiña propiedades que vender e só tiña o meu traballo, presentei *Non volvas* durante tres anos a cinco premios consecutivos de novela a ver se sacaba un diñeiro. A cinco certames, cinco. En fin, aquilo foi un tormento, un tormento continuado. Eu tiña, coma sempre, moita confianza no valor da novela, sígoa tendo. E ver que non cha premian nun certame tras outro..., e ver co paso dos meses e dos anos, ademais, que premian novelas que non resisten o paso do tempo... Un xa cre saber como son os xurados literarios deste país, tamén que non son un tipo simpático nin guai, pero ou moi enganadiño estou ou *Non volvas* é unha novela boa en calquera idioma. E dentro da secuencia da literatura galega creo que tamén... Cinco veces «non» dixéronme.

É algo irracional, vivencias subxectivas, ben o sei. Os fallos nunca son nin científicos nin xustos, son algo aleatorio, no que entran o azar, os gustos, tamén as amizades... seino todo, así e todo un non pode evitar vivilo como algo persoal. En todo caso, iso afectoume: cinco veces consecutivas me afectou. Á que foi publicada, a crítica galega posterior puxo ben a novela, diría eu. Logo viñeron os premios que se dan á obra publicada cada ano, paréceme que hai uns catro ou cinco no país: tampouco lle caeu ningún. Afortunadamente, polo que me chegou, os lectores gostaron dela.

E afortunadamente, coma sempre, a edición en castelán, traducida por Basilio Losada, que incriblemente non figura nos créditos da edición, un esquecemento editorial que dá idea de como foi decaendo a edición en España nos últimos anos, tivo fortuna editorial, de lectores e de crítica. Mesmo lle deron novamente un premio da crítica española.

Pero o proceso de amargura continuou. Como me facía falta o diñeiro extra e non o sacaba dos premios literarios do país, escribín un libro que me propuxo a editorial El País-Aguilar, *O país da brétema,* sobre os celtas, con edición en castelán na mesma editorial. Está mal dicilo mais é un libro que me encanta, aínda hoxe probo a lelo e gusto del: resultoume divertido e creativo escribilo. Facéndoo puxen por escrito moitos temas aos que lles viña dando voltas. Non é só unha achega ao tema dos celtas senón que aproveitei para reflexionar nel sobre cuestións estéticas que viñan ao fío, realmente é un ensaio literario disfrazado de libro de divulgación. Ben, pois dese libro penso que non hai nin unha soa recensión en galego, coma se fose escrito en chinés. Unicamente teño recensións del en castelán. Resultame delirante.

Se non fose polos lectores, que afortunadamente existen e son a realidade última da recepción literaria, un mandaría á merda a literatura galega. Un ten que lembrar que escribe en relación cos que xa morreron, que continúa unha liña, esa conciencia e os lectores actuais son o que dá sentido a seguir a escribir en galego. Con todo, é unha realidade evidente que os escritores, todos pero especialmente quen escribe ficción, precisan que a súa obra teña un eco social. Un grupo de cámara, ou un poeta, pode executar a súa obra diante dun público pequeno, mais unha orquestra sinfónica, ou un romancista, non ten sentido que traballe se non ten un público amplo, mesmo un eco máis aló da sala. Mesmo un eco social máis aló dos lectores. A ficción, especialmente o romance, mentres exista seguirá a aspirar a falarlle ao seu tempo.

Curiosamente en paralelo a esa, para min, desastrosa recepción, aquí había unha ilusionante atención de xente doutros medios artísticos: varias adaptacións de textos meus a teatro, ofertas de compra dos dereitos para adaptación ao cine de varias novelas... Mesmo cando empezo a escribir a seguinte obra, *Trece badaladas*, estaba xa en curso de adaptación a cine, moi libremente, por Xavier Villaverde. É dicir, que o mel todo víñame a través das traducións e das outras artes, e do mundo da literatura galega víñame o fel todo. Digo a verdade, penso que a xente que facía a crítica dos meus libros non coñecía o conxunto da miña obra e desde logo ignoraba os libros de ensaios nos que expuña a miña estética. Ben sei que resulto moi prolífico... para quen non le abondo. As persoas que gostan dos meus libros non din que sexa prolífico, pregúntanme: ¿que estás a preparar? En cambio, percibín moitas veces en xente que escribía sobre libros meus que no fondo eu molestáballes, agradecerían que non existise, ou que marchase dunha vez coa música a outra parte. «A ver se non publicas tanto», téñenme dito. Incríbel, pero certo.

E por esas chegoume unha invitación desde un importante premio literario en castelán para que me presentase. Uns anos antes tivera algún sondeo doutro, e tiven claro que non quería, eu era un escritor en galego e esa decisión miña tería consecuencias, levaría un certo desánimo a unha literatura e un país que xa non tiña moita esperanza. Pero neste caso era unha indicación moi precisa e eu estaba moi cabreado, xa non precisaba os cartos, pero o máis importante: quería sentirme libre. Sentía que estaba atrapado nos límites dun mundiño, e cría que en parte a miña claustrofobia viña de que polo meu compromiso co país non tiña por onde saír, e quería sentirme dono do meu destino. Así que acordei comigo mesmo que me presentaría a ese premio. Ao tempo tamén quixen que a obra estivese escrita en galego, que o texto presentado fose unha tradución desde o orixinal galego. Quería saltar e non depender deste mundo das letras en galego, mais quería tamén ser leal aos lectores dos meus libros cos que inevitabelmente estableces relacións de lealdade. Finalmente non foi a cousa adiante, non me volveron chamar e tampouco eu chamei. Alegreime. Mais desde aquela, desde que tomei aquela decisión, sentinme moito máis libre e alegre. Recuperei a alegría, sentinme cunha liberdade interior. Desde entón prescindo mentalmente do mundiño da literatura galega en relación cos meus libros. É triste, mais para min foi liberador. Escribo só para persoas soas, para lectores particulares, non para un sistema que sei que non existe.

De modo que agora me sinto como se estivese literariamente máis lonxe de aquí que nunca, pouco me afecta que aos meus libros lles perdoen a vida ou lles fagan un exame e lles dean un «suficiente». E cada día menos. O meu ánimo xa está noutra parte. E respecto a vida cultural e social, pois fíxenme completamente pesimista, este é un país sen enerxía e o seu mundo cultural está moi corrompido, vale moito menos que a xente doutros mundos sociais. A política e a vida cultural, é dicir, as superestruturas están moi por detrás da sociedade, que é moito máis libre e espelida.

De todas maneiras, aínda que digo que me sinto ben lido e criticado a través das edicións en castelán dos meus libros, é o meu respiro, tamén teño que dicir que teño asumido que ese non é o meu terreo de xogo, que aí estou de prestado, son aceptado a través dunha categoría especial, sección de minorías e casos raros. Na cultura e no mundo literario español «os outros», galegos, vascos e cataláns, concorremos nunha categoría especial, distinta. Sei que cando o Ministerio ou os suplementos culturais falan da «Literatura española» a miña obra non entra aí. Non me engano nin por un momento.

Desencontro co país

E acompañando a esa toma de conciencia, de que non teño un lugar literario claro nin aquí nin alí, de sentirme sen terra embaixo dos pés, ocorreu un desencontro maior co país. Non coa xente, cos meus veciños, senón coa proxección social de todos nós, ese resultante, ese paisiño vencido e envilecido que polo visto somos, ou que queren que así nos vexamos.

Nos dous ou tres últimos anos as maiorías absolutas repetidas de Fraga Iribarne deron como resultado unha ocupación absoluta da sociedade, iso foi o que denunciaron os manifestos de *Luzes,* promovidos polo meu amigo Manolo Rivas, unha sociedade que está atada e amordazada. Máis que polo medo, haino que dicir, está amordazada por covardía e mesquindade de todos nós, que temos medo a perder, non as nosas piscinas, pero si unha bolsa, unha axudiña, un premio institucional, un carguiño, un posto nalgunha institución cultural.

E hoxe os medios de comunicación galegos máis que servir á sociedade serven ao poder político e a intereses moi concretos. Os que queremos un país digno, descolonizado, autocentrado, sempre defendemos o ter medios de comunicación propios. Pois ben, paradoxalmente, isto está a resultar un fracaso e vólvese precisamente en contra nosa. Os medios públicos galegos están ocupados brutalmente, sen marxe para exercer o xornalismo, polo poder político. E os privados, por seren empresas familiares que non son autosuficientes para abordaren os desafíos empresarais do momento e pola súa incapacidade empresarial, acabaron dependendo das axudas do mesmo poder político. Algúns tamén pola tentación de tutelar a sociedade, como caciques mediáticos. De maneira que, ao final, o xornalismo máis independente, o que mellor serve á sociedade fano os medios que non son galegos. É un paradoxo curioso. E ben triste. Os medios galegos reinvindícanse a si mesmos como «os nosos» para evitar a competencia dos alleos, mais verdadeiramente compórtanse coma «os nosos»... caciques.

O caso para min foi que, agudizándose ese control político da prensa, de ser un columnista ben acollido na prensa galega, acabei por ser excluído debido ás miñas opinións. Xa levaba anos absolutamente silenciado no xornal da miña cidade, *El Correo Gallego,* pero posteriormente un artigo moi crítico co presidente Fraga que enviei a *La Voz de Galicia,* e que xa non foi publicado, condenoume a un maior ostracismo. Naturalmente isto non foi algo novo: anteriormente xa emigraran xornalistas de aquí, foran despedidos outros, mesmo baleirado o cadro de persoal enteiro de *El Mundo* de aquí por indicación dun superconselleiro... O Manuel Rivas acabara anos antes por perder o seu traballo na TVG por esas presións. Pero nos últimos tempos a cousa foi a peor aínda.

Cando –pola cercanía das eleccións– esa presión sobre a prensa xa se fixo asfixiante, chamadas continuas e broncas aos directores dos xornais incluídas, é cando vén a Galiza un xornalista de *La Vanguardia*, Josep Massot, a facer unha reportaxe, pregúntame pola vida pública de aquí e eu relátolle como era a situación da liberdade de expresión, todo isto. O home abre os ollos e asústase: non mo quería crer. E dime: «Suso, iso que me contas é moi grave. Eu isto teño que contrastalo con outra xente como comprenderás.» Eu contesteille que precisamente ese era o seu traballo, contrastar a información. De alí a unha semana chamoume desde Barcelona e díxome: «Suso, o que me contaches era tan absolutamente certo que teño problemas para facer a reportaxe. Porque efectivamente, menos un, todos me corroboraron as túas palabras, pero ao tempo todos me pediron que non publicase as súas declaracións.» Finalmente sacou o artigo, incluíndo as declaracións que eu lle dixera. Tamén publicou eses días unha entrevista con Alfredo Conde, escritor, columnista diario en *El Correo Gallego* e naquela altura representante do PP no Consello de RTVG, opinando en sentido contrario. Logo a Cadea SER fíxose eco desas declaracións miñas.

Como consecuencia, Fraga acusoume na mesma emisora de ser un escritor sen lectores que actuaba movido polo resentimiento, que el nunca me prohibira editar ningún libro e que nunha ocasión me convidara a cear e eu lle pedira cartos. Houbo tamén un escritor galego que encarnaba a cultura galega institucionalmente que saíu dicindo que non era verdade o que eu dicía, que aquí era como en todas partes. En fin, a vida é terríbel para todos. A prensa galega fíxose eco das acusacións de Fraga, pero desde estes medios ningúen contrastou a informacion comigo, ningúen me pediu a miña versión. Unicamente se me permitiu replicar na mesma Cadena SER. Unha semana máis tarde recibín acusacións semellantes do conselleiro de Cultura, o señor Pérez Varela, quen, para quitarlle valor á miña denuncia de falta de liberdade de expresión dixo que eu era do BNG, unha mentira, e que me deran dez millóns de pesetas. Nada menos. Como tampoco ningúen contrastou aquelas declaración comigo, enviei un comunicado negando as acusacións ao xornal onde eu lera aquilo tan grave e tamén a dúas axencias de prensa. E así comprobei ao día seguinte en que país vivía, non saíu a miña versión en ningún xornal, que eu saiba. Nalgún lugar as miñas palabras estiñaron. Cheguei a enviar o meu desmentido a eses ataques en forma de «carta ao director», para que sequera o sacasen nese currunchiño. Pero tampouco.

Pensei denuncialo, falei cun avogado que me expuxo con claridade que non tiña apenas posibilidades, nin cartos. Esa foi a situación en que me vin. E foi dura. E paseina só. Porque un cando morre está só, e alí sentín que me liquidaban, unha especie de fusilamento moral en directo, e sen posibilidade de defenderme. Foi unha experiencia de morte, un momento na vida que recibes a lección de que estás só ante o teu destino. Cando afrontas o teu destino estás só, completamente só. Cando pereces, pereces ti só, o resto do mundo vaite sobrevivir: A vida continúa para os demais. Foi en certa medida un momento espléndido, de vida e de morte, de lucidez. As persoas que viven esta lección por atravesar unha crise nun momento aínda non moi avanzado da vida debemos estar agradecidas.

A lección para min e para os demais foi: aquí pódenche facer iso e non pasa nada. E ademais non van aparecer as protestas en ningures. E ademais, tampouco ningún vai protestar. Eu era membro de dúas asociacións de escritores, unha delas especificamente orientada en teoría á defensa da liberdade de expresión, dos escritores perseguidos. Ninguén me chamou para preguntarme: «Suso, ¿é certo iso que din de ti? Porque se non é certo protestamos.»

Un aquí está indefenso. Como o están os xornalistas despedidos, apartados. Eses si que son verdadeiras vítimas do secuestro da liberade de expresión, da liberdade toda. Comprobei ata que punto estamos pillados, por un lado ou polo outro. Especialmente o mundiño da cultura. E non é por medo a ir preso, ¡ca!. Vendemos a alma por conservar a posición, para que che chamen a ocupar esa praza nunha institución, unha bolsa, un premio... Por medrar nun país envilecido hai que pagar un prezo e sempre hai xente disposta a pagalo. É a puta verdade.

Recordo as chamadas preocupadas de Manolo Rivas, unha atención de Méndez Ferrín, o respaldo dalgúns amigos persoais... o respaldo impagábel naquel momento dos meus editores de Xerais, que emitiron unha nota a todos os medios defendendo o meu nome e recordando a extensión e difusión da miña obra, e a solidariedade espontánea de moita xente. Iso foi o lado bonito. Pero descubrín de vez o que xa sabía, que este país é unha trampa devoradora, e que o mundo da cultura está dominado polos máis mediocres.

De todos modos, visto con distancia, a cousa tivo un lado bo. Tivo para min un lado liberador. Porque eu, levado tanto pola natural vaidade como pola forza das cousas, que cando van ben vanche instalando cada vez máis e vas entrando nas trampas e enredándote, cada vez era máis chamado e convidado polas mesas do poder. E un di: «está ben, é bo que sexa atendido e se teñan en conta as miñas opinións, iso é bo etc.» E o certo é que é bo. Nunha sociedade democrática o natural é escoitar as opinións de todos, tamén aquelas que van contracorrente ou son disidentes, respectar a un creador ou a un intelectual aínda que non se estea de acordo con el, e non destruílo. Pero a nosa claramente non é unha sociedade democrática. O caso é que no prazo duns meses, des que que tropecei co poder político, pasei de ocupar un lugar de «persoeiro» aceptado e recoñecido a ser un apestado. Durante varios meses houbo xente que se sentía incómoda cruzándose comigo, pois non sabían qué dicirme, facían algo así como darme un pésame mais tampouco criticaban abertamente a ningúen, «era unha cabronada» etc., e algúns non querían ser vistos falando comigo. Tamén perdín algún amigo, comprendo que é difícil posicionarse contra a empresa renunciando a un futuro profesional. Son cousas que non se lle poden pedir a ninguén e eu non llas pedín tampouco. En fin, foi toda unha experiencia. Pero esa experiencia fíxome outra vez libre, volvo ser o de antes, o de sempre, non teño que ser prudentiño, xa non. Podo volver a escribir panfletos e pancartas [*risos*]: volvín á mocidade. Son un tolo, un marxinal, xa non vou poder estar nalgunha institución desas. ¡Ai, que pena! [*risos*]

Pero o que quería dicir é que, no fondo no fondo, eu mesmo busqueino en certa medida. Non quero dicir que eu desexara prexudicarme, pois todos queremos o mellor para nós, pero si que empezaba a acorar na situación en que estaba. Cando eu escribo un artigo moi crítico con Fraga eu sabía que, quer que mo publicasen quer que non, había traerme problemas. Sabíao perfectamente. Porén, lembro que sentín a obriga moral de facelo, que calculei as consecuencias, o horizonte, e que dixen: «para diante». Querería poder evitar as represalias, intenteino, mais ao tempo estaba disposto a asumilas. Non levei sorpresas nin fixen nada de forma inconsciente. E cando, ano e medio despois, fago aquelas declaracións ao xornalista de *La Vanguardia* que desencadearon unha crise pública eu sabía perfectamente o que había pasar, mais non podía calar o que sabía. Ou sería cómplice. E de feito a véspera de seren publicadas avisei á miña familia toda, que se preparasen, e que aguantasen, que había caer unha tormenta e que nos próximas días habían oír de min cousas desagradábeis, sería atacado. Xa tiña unha experiencia anterior de verme acusado en titulares. Sentinme obrigado moralmente e fixen todo conscientemente.

O método de dominio deste país baséase no afogamento silencioso, pártese de que é un país capado e vencido no que a xente carece de dignidade e non protesta por non prexudicarse máis. E o certo é que iso funciona moito para a xente da cultura. Se calas a tempo e aguantas a humillación sempre queda a posibilidade de que dentro dun ano ou dous te perdoen e che caia algunha changa. Arrastrarse, rebaixarse aquí é un modo de ascender.

E desde logo estou a pagar un prezo profesional máis ou menos alto, estanme a cobrar agora o meu atrevimento, agora cando publico libros novos e boa parte da prensa non dá conta aos seus lectores de que existen ese libros. Francamente, o escritor que fun teorizando e construíndo estes anos, un escritor que non existe só nun círculo reducido, nun gueto, que non basea a súa existencia na institucionalización académica senón que ten dimensión social, nos lectores comúns, que fai da literatura a súa profesión... pois ese escritor profesional só é posíbel que exista se os medios de comunicación do país cumpren a súa función de informar das súas creacións. Se che boicotean estás perdido. Asumo que a curto ou medio prazo conseguirán que vaia perdendo lectores aquí, son lectores posíbeis que non saberán de cada libro que sae novo. Xa está a ocorrer. Desde hai cinco anos o xornal da miña cidade decretou a miña morte civil, está prohibido alí citar o meu nome ou obra miña. Agora iso ampliouse notabelmente, como comprobei con *Trece badaladas*. É unha situación amarga, por máis que eu a leve con calma e con perspectiva, pois como di meu pai «arrieritos somos y en el camino nos hemos de encontrar», e porque grazas á atención fóra de Galiza podo seguir vivindo do meu traballo sen pena. Teño aceptada a situación, pero obrígome a seguir enfadándome por ela. Porque se me deixo de enfadar, se o acepto, perdo a dignidade. E un artista non ten, no fondo, outra cousa máis que unha integridade, non ten máis que a súa alma, ou como lle queiras chamar.

O momento do país

Mesmo fago contas de se non me equivoquei ficando no país, nunca saín de aquí e quizais debín ter emigrado a tempo. Os que vimos da cultura galeguista temos un discurso contrario á emigración: a emigración é unha saída individual mais é unha derrota colectiva e todo iso. O que pasa é que a prol dese discurso se cadra algúns fixemos o idiota. Se cadra debín marchar antes, cando podía, e facer unha vida máis libre. Á fin gastei aquí moitas enerxías e ¿que conseguín cambiar? E logo cando me vin afogado e quixen marchar xa era tarde, vinme atrapado polas ataduras da vida. Este paisiño segue a xerar emigrantes, segue a negarlle o pan a moita xente e o aire libre a todos os que o precisamos. E a culpa é de todos nós. Vivimos humillados porque os que nos dominan utilizan, non como antes a policía, senón a nosa indignidade. Tería de haber un revulsivo grande que sacudise as ataduras de liliputenses con que nos foron atando todos estes anos.

Coido que a restauración da democracia en España entrou nun camiño cego que nos exclúe a moitos, oxalá sexa posíbel aínda imprimirlle un nesgo que desfaga o tangaraño que se nos botou enriba desde o 23-F e que segue aí condicionándoo todo. Pero o caso galego é moito peor, aquí nunca se marcharon os de sempre, non nos deron oportunidade aos demais, e tristemente a autonomía foi habilmente utilizada polos inimigos dunha Galiza digna e dona de si. O que clamaban os «kamikazes», aquelas personaxes de *Polaroid*, no ano 86 desgraciadamente segue a ser moi certo hoxe. É triste facer este balance destes anos perdidos. Non sei se este paisiño ten saída, agora que o que sei é que a única saída que haxa será polo camiño do orgullo, da dignidade, de cabrearse e de rebelarse.

(Agosto-2004)

A posteriori. Do *Prestige* ao Nacional de narrativa

Desde a última conversa pasaron moitas cosas no noso arredor tanto na Galiza como na España.

Transformación da figura do escritor

Eu tiña unha idea do escritor desde o punto de vista económico, social, profesional determinada. Tiña pensada unha figura de escritor profesionalizado, é dicir que se comunicaba coa sociedade a través do seu traballo, a literatura. Algúen que tiña ese modo de vivir e de gañar a vida. Eu concibíame como un traballador que fabrica literatura. E por outro lado pretendía manter ou salvar a miña persoa da voracidade da personaxe, sabendo ben que a personaxe sempre acaba devorando á persoa, da que se nutre. O que ocorreu foi que hai poucos anos, en novembro do 2002, aconteceu o do *Prestige* e para min houbo unha cesura, un corte, porque o vivido socialmente no país e dentro de cada un de nós foi tan intenso que foi como un golpe. Na última conversa, hai dous anos, dicíase que cumpría un «revulsivo social». Pois mira, hóuboo. «Nunca máis.» E logo ademais esa conmoción social continuouse con a guerra, foi un período tan intenso que me sacou do meu curso. Sacoume da madre, do eixo da porta. E transformoume como escritor, tanto interiormente como exteriormente.

Unha das cousas paradoxais que tivo foi que me transformei no que quería evitar: o escritor que é símbolo social, que non só fai un traballo persoal ou individual senón que expresa emocións ou conciencias colectivas. Na práctica pasou iso durante un ano polo menos. É dicir, transformeime nun escritor como o modelo que eu criticaba, que era o modelo do druída: un emblema que expresa e encarna a comunidade. Foi a crise da figura do escritor burgués, do escritor da privacidade, e que se dirixe a persoas separadas, individuais, e transformeime nun escritor social e mítico. Por un lado iso curiosamente solucionoume un debate, porque non podía levar adiante na práctica a figura do escritor que preserva a súa vida privada, e que non se deixa devorar polo personaxe. Eu quería ser o que non podía ser, sempre tiven a tensión de intervir na sociedade, de querer cambiar cousas. En poucas palabras, o que me ocorreu foi que me transformei de vez nunha personaxe.

Pasei de ser un escritor a transformarme nunha personaxe social. Hoxe Suso de Toro –para ben o para mal– na Galiza é coñecido como unha referencia social e mesmo política, e tamén en España, aínda que nun público máis reducido, máis ilustrado. Saín do ámbito da literatura especificamente para desempeñar o papel de intelectual público, pero de todos modos non o podía evitar: o que nos fixeron co *Prestige* e o que nos querían facer se lles deixamos é inaudito. E nin sequera pediron perdón... Nunca llelo perdoarei. En conxunto, a radicalidade do período de Aznar, nos seus últimos anos radicalizou todas as cousas, transformoume, e pódese dicir de certo que agora eu son Suso de Toro, persoa e personaxe. Isto ten uns prezos a pagar moi altos pero a cambio tes claro o teu lugar. Custoume moito tempo, supuxo unha incomodidade interna, pero xa é algo consumado, e por otro lado tráeme unha certa tranquilidade: xa non teño que loitar contra min mesmo, contra unha parte de min.

O poder da palabra

Tamén aprendín cousas, aprendín curiosamente algo que nega o pensamento nacido da Ilustración, o pensamento moderno, que é o poder máxico da palabra. Curiosamente comprendín o poderosa que é a palabra, o transcendente e máxica que é. Eu creo que durante todo este tempo que levo escribindo, dando entrevistas, en que fixen panfletos, redactei manifestos, entrevisteime con parlamentarios europeos, aprendín que a verdadeira palabra non é a palabra escrita. Era algo que tiña reflexionado a nivel teórico, pero que comprobei na práctica: a palabra escrita –o libro– é unha palabra alienada, e a túa desalienación pasa por volvela á vida e volver a utilizala socialmente. Entón volvín a ver e saber que cando escribes un panfleto, ou relatas un feito, iso emociona ás persoas. As túas palabras son algo que anima á xente a saír, e animar é dar «ánima». Era algo que experimentara en realidade nunha época da miña vida anterior, antes de ser escritor –cando experimentaba a oratoria nas asembleas–.

A palabra ten ese poder de mover e conmover as personas, de inducilas a actuar. Foi como pasar da teoría á práctica: da palabra particular, privada, burguesa, a palabra escrita, á palabra na rúa, coa xente. Aínda que a verdadeira literatura, no sentido literal –vén de *litera*, letra– sexa a palabra escrita, en realidade o que eu amo vén de antes da palabra escrita. Eu digo que a verdadeira literatura é a que non se escribiu para ler senón para dicir, ou que nunca se escribiu. A verdadeira literatura é a que paradoxalmente non era literatura: falo das sagas irlandesas, das sagas xermanas, da *Ilíada* e a *Odisea*; unha literatura que foi escrita para ser pronunciada, como era o teatro ateniense, a traxedia.

Pero tamén reivindico a función liberadora da palabra escrita –o diálogo solitario– que crea o individuo, e aí está o comezo da modernidade. No fondo todo isto lévame aos límites do oficio de escritor, algo que me ronda desde hai anos.

Agora ben, percibín moi vitalmente que ser escritor era útil, necesario, que tiña sentido cando escribía panfletos ou denunciaba algo –esa prosa tan quente–: que a palabra era parte da vida, que estaba nas vivencias, no presente, e curiosamente unha palabra que é funxíbel –como o panfleto–, que se esvae, porque o presente esváese constantemente, que aquela palabra estaba viva. Que alentaba. Se cadra o mellor que levo escrito foron as crónicas do *Prestige*, o libro *Nunca máis*.

En contraste con esa experiencia de escribir en quente no presente, dicindo o que está a acontecer, o meu campo de traballo como escritor usualmente é o pasado ou o futuro. Os que traballamos a palabra non vivimos no presente: vivimos no tempo da imaxinación e a memoria, e vivimos nun tempo no que o que facemos é encerrármosnos en nós mesmos e mirar cara a dentro, cara a nosa memoria. Este xogo entre o pasado e o futuro fai que o escritor traballe coa nostalxia do pasado e ao mesmo tempo aspire a un futuro, para que nun futuro alguén o lea, e mesmo chega, se ten ambición de posteridade, a imaxinar que escribe para a posteridade. O escritor realmente mantén o diálogo co pasado –en versos de Quevedo iso de «dialogo con los muertos», unha idea que vén de Séneca–, pero ao mesmo tempo que dialoga cos mortos tamén dialoga cos que non naceron aínda, ou con persoas descoñecidas que aínda non saben qué estás escribindo.

Vivín os dous últimos anos fora de min, emocionalmente moi implicado coas traxedias colectivas, e preciso neste momento parar para rexenerarme: necesito apartarme da escena pública. Houbo un desgaste persoal, íntimo –un baleiramento–, e é tempo de retirarse a descansar. Con todo, neste tempo pasado sentinme moi vivo, e paga a pena vivir. Aínda que agora estou preocupado polos custos, pola vida profesional, íntima, familiar, pero ao mesmo tempo non podería deixar a vida e apartarme dela. Ese era o meu destino naquel momento.

O de *Nunca máis* foi unha conmoción emocional e psicolóxica. Para min foi vivir nun continuo estado emocional durante un ano enteiro. Cando escribín aquelas reportaxes para *La Vanguardia*, que foi a orixe do libro *Nunca máis*, mantívenme sereno, mais cando presentei o libro empecei a chorar e pasei un ano que non podía falar do tema sen chorar. O vivido desde que nos primeiros días acudín a ver o mar enlordado foi moi intenso e tocoume un centro aló abaixo que nin sequera sabía que existise. E por outro lado tamén foi unha liberación das frustracións vividas en anos anteriores, das experiencias de sentirse derrotado e amordazado en soidade. Foi como volver a estar entre a xente, e unha xente, á fin, libre como nunca. Nunca foramos tan libres desde había moitos anos. E a liberdade é o verdadeiro elixir da xuventude.

O compromiso dos artistas. Nunca máis

Todo isto, o dos artigos de *Nunca máis* e as belixerancias que están recollidas no libro inmediatamente posterior, *Españois todos*, e tamén os manifestos contra o goberno –as protestas– déronme unha imaxe, un perfil, que aínda que o acepte non me acaba de ser cómodo. E quixera seguir sendo unha persoa que cando diga algo, publique algo, sexa desde a miña individualidade, non quero servir a unha parroquia nin quero repetir ideoloxía. O que quero é seguir pensando por min mesmo. Entón non quero ser un escritor oficial da esquerda ou o portavoz oficial doutra idea de Galiza, ou de España, doutra idea democrática. Eu o que quero é seguir sendo unha persoa que ten as súas ideas: un pensamento sobre a sociedade, a política, as cousas. É dicir, un intelectual, pero non un intelectual orgánico, dun partido.

De todos modos o certo é que me vexo solicitado nos medios e non hai máis remedio que loitar coa vaidade para tela atada. Eu publico libros por vaidade, como todos, iso hai que lembralo. Fágoo porque é o meu modo de estar na vida, é o mellor modo de expresarme, e a cousa que mellor fago, pero o certo é que o fago por narcisismo. E iso resulta nunha multiplicación da dimensión da figura, e angústiame moito. ¿En que medida eu non estou a valerme de causas nobres, como é toda a xente do país e da costa no caso de *Nunca máis,* ou a defensa da opinión democrática contra a guerra? ¿En que medida estou sendo sincero, honrado, ou en que medida me sirvo dunha causa en vez de servir eu a unha causa, para aumentar a fama? Iso presentoume un problema longo e incómodo. Eu estou tranquilo comigo mesmo cando fago as contas, ahora ben, desgústame a situación, éme moi incómoda, porque non quixera ser visto así. Paréceme unha cousa verdadeiramente fea. Eu sempre digo que a clave do artista é combinar soberbia con humildade.

Non quixera ser visto como unha especie de santo ou beato, ou encarnar a figura do home incorruptíbel, do loitador esquerdista. Non quero esa auréola. Desgústanme os autores que a cultivan conscientemente, e de feito sempre na miña dialéctica coa sociedade chega un momento en que acabo buscando un modo de ser antipático. Sempre que expoño unha idea é porque o creo e porque me parece que debe ser defendida, mais tamén intento evitar que haxa unha identificación excesiva comigo. Unha cousa é unha idea, e outra a persoa. A idea pode ser xusta e a persoa non. Non quero caer simpático de máis, que a xente me tome como un guía. Eu quero que atendan á idea que expoño, pero intento correxir esa gratificación para o meu narcisismo. Hai un lado masoquista aí evidente, seguramente, que me impide gozar do pracer do narcisismo. Por un lado busco ese pracer narcisista, pero por outro bloqueo a gratificación. No fondo debo padecer aquel «complexo de Polícrates» que o doutor Rof Carballo lle atribuía a Rosalía. E seguramente que o padecemos todos os escritores. A fonte da nosa obra é a conciencia de infelicidade sen remedio, a falta de acougo.

Neste momento atópome en que estou implicado en cousas de máis, en proxectos literarios, tamén en proxectos sociais. E estou atrapado nunha arañeira de comunicación mediática, na que canto máis intervés máis demanda hai, e todo é así. E non lle podo botar a culpa a ninguén máis que a min mesmo. Estou nun proceso acelerado que se me deixo ir lévame á destrución como autor, porque non podo ter o tempo para escribir, e desde logo á destrucción da miña vida persoal, polo que necesito cortar dalgunha maneira, e sistematizar as cousas que podo facer e as que non. Teño algún compromiso social e empresarial ao que probabelmente non poida renunciar de todo... mais preciso apartarme.

Os artistas e a censura

No plano social eu non sei qué ficará de Nunca máis. Desde logo, pase o que pase, este país deberíalles estar agradecido para sempre aos seus artistas, penso nos compañeiros da Burla negra que comezaron un encerro para reclamar atención e axuda inmediatamente e que fixo que a súa rebelión prendese. Moitos deles aínda pagan hoxe un prezo profesional moi alto pola súa liberdade. E ninguén lembra iso xa. Xa non nos acordan ou ignoramos as represalias que o poder político e os medios de comunicación cómplices lles fan pagar. Eu sempre digo que cando censuran a un artista, ou a calquera, non é unicamente o dano que lle fagan a esa persoa, que é un dano ilexítimo, porque non teñen dereito a prexudicala, senón que sobre todo están a privar á sociedade de algo que é un produto do seu país. A censura impide a un país saber que hai persoas, que existen ideas e obras que crean esas personas. A liberdade de expresión non é só que queren destruír a unha persoa, é tamén que lle rouban a unha sociedade recursos humanos. Un poder político ou uns medios de comunicación que censuran por motivos ideolóxicos o que están facendo é roubar a un país unha parte da súa creación. Saquealo até debilitalo.

Moveuse todo, as personas, a sociedade, pero logo politicamente non sei que expresión terá, se conseguiremos ter un cambio político ou non na Xunta de Galicia. E é unha situación dramática a que vive Galiza. Pero desde logo o que si que foi é un fortalecemento para moitas persoas, que se sentiron cunha nova ración de vitaminas democráticas e vitaminas nacionais, de conciencia de país e tamén de dignidade persoal. Enriqueceunos a todos, e tamén a toda España. Foi moi interesante o fenómeno do voluntariado. Nunca máis foi o comezo da movilización cívica, dos intelectuáis e artistas. Eu digo sempre que a listaxe dos intelectuais que comezan a protestar polo tema do *Prestige* son os que logo protestan contra a guerra, os que fan campaña contra a guerra, e todo iso. E fomos nós, desde aquí, os de aquí, os que os puxemos a andar aos de aí fóra. Que por certo foron moi solidarios. Foi o comezo da mobilización dos artistas, e o comezo da crise política que durou dous anos e que se resolveu nas eleccións de marzo deste ano.

Conflitos ideolóxicos na sociedade española

En España houbo unha guerra ideolóxica moi aguda. José María Aznar creou un discurso ideolóxico moi forte, hipernacionalista, nos seus anos de goberno. O tema do terrorismo de ETA foi utilizado para concitar enerxías e esforzos ideolóxicos. Moita xente estendeu a loita contra ETA coa loita contra o nacionalismo vasco, e contra todos os nacionalismos que non sexan o nacionalismo do Estado. Entón dicían que estaban contra ETA, pero en realidade estaban ideoloxicamente contra moitos outros cidadáns que tiñamos outra idea de que cousa é a nación, que cousa é a nosa nación, e que cousa é España, Galiza, Catalunya ou Euskadi.

Previamente, arredor de Basta ya, creouse un movemento –que realmente era ideolóxico, de intelectuais e artistas– partindo de algo que en principio non só era lexítimo senón necesario: a loita ideolóxica contra o terrorismo e o discurso ideolóxico que o sustenta. Houbo un lado de Basta ya que foi moi

interesante e moi útil, e que obrigou á sociedade vasca a reco-
ñecer a existencia das vítimas que estaban realmente ignoradas
–cunha falta de piedade moi grande–, e facelas visíbeis, e
tamén expresar a razón das vítimas do terrorismo. Nese senti-
do foi un movemento liberador e humanizador, pero inme-
diatamente e cada vez dun modo máis agudo, viuse que era un
movemento, apoiado desde a administración do PP, do nacio-
nalismo español na loita contra o nacionalismo vasco. Un
movemento no que se agruparon persoas moi diversas, mais
no fondo non tan diversas, no fondo eran persoas que tiñan
un pensamento conservador e que nunha época de agudiza-
ción ideolóxica tamén se lles agudizou ese pensamento. Os
intelectuais, os profesores e escritores de Basta ya en xeral, por
exemplo en Catalunya, son personas que tiñan xa un conflito
ideolóxico co nacionalismo catalán. Esa era a base social de
Basta ya, iso e mais o que en Catalunya sería o puro franquis-
mo sociolóxico, que son as persoas que se expresan no Partido
Popular.

Por outro lado a sociedade vasca está moi dividida –parti-
da ao medio ideolóxica e culturalmente–, e nese caso está máis
claro: Basta ya representaba unha metade, un modo moi radi-
cal. No caso do resto de España Basta ya eran simpatías polo
puro españolismo.

E o principal intelectual do movemento foi Fernando
Savater, a figura máis conspicua de todas estas persoas, a que
ten a maior capacidade para crear un discurso. Eu xa recoñe-
cín con el hai tempo e unha débeda intelectual e mesmo esté-
tica, porque realmente ten un tipo de intelixencia moi viva,
moi alegre, moi libre, e ademais certos textos del axudáronme
a solucionar problemas estéticos e literarios que me presenta-
ron. Savater é realmente unha figura á que lle ocorre un pou-
co o que a min: hai un certo tipo de persoas que creamos pen-

samento en base á polémica –loitando á contra–, e que precisamos dun estímulo, que para nós é negativo, que nos leve a segregar unha réplica que para nos é positiva –claro, para outros é negativa–. Temos personalidades moi dialécticas.

E con Savater evidénciase a súa viraxe ideolóxica que pasou desde o pensamento libertario, que é un campo confuso con compoñentes progresistas e tamén compoñentes conservadores politicamente, a un pensamento xa claramente moi conservador. Eu persoalmente defínome conservador tamén, e quixera beber máis do que bebo do pensamento libertario por individualista, mais son consciente tamén de que ten que vir acompañado dunha crítica a ese individualismo, hai que pórlle límites–. O pensamento de Savater foise evidenciando que pasou da reivindicación do eu, do individuo, a crear un pensamento realmente autoritario, no que un eu quere imporse aos demais. Savater nos últimos tempos da época Aznar acabou sendo o intelectual oficial, unha especie de cardeal ou papa que realmente actuaba coma un inquisidor, e que ademais expresábase dun modo moi autoritario e pretendía situarnos a cada un de nós onde el quería. E realmente a min resultoume moi molesto.

Acompañando de Savater estaban outros escritores claramente conservadores do nacionalismo castelanista. Xa falei disto en *Españois todos*: a idea de España cando eles falan da Xeración do 27, da República, ou do 98, en realidade é a España de Menéndez Pidal, un argumento e discurso castelanista. É certo que á República chegaba ese pensamento esencialista, miticamente castelán-andaluz, precisamente a través de intelectuais como Unamuno e Ortega y Gasset, afortunadamente tamén hai outros intelectuais aínda que non sexan referencia aceptada, porque fracasou o seu proxecto ideolóxico. Eu reivindico a libertarios e federalistas como Pi i Margall, e nacionalistas galegos, cataláns e vascos, que son tradicións democráticas e parte da memoria democrática española. E por outro lado tamén reivindico o pensamento dos individualistas e dos intelectuais críticos.

Definíase un campo ideolóxico moi claro e houbo unha serie de figuras que polemizamos. Tiven unha polémica que foi violenta para min, e estou seguro de que tamén o foi para Savater, que tamén chocou cun comunicador moi intelixente que é Iñaki Gabilondo, e con José María Ridao.

Escenificouse, xa nas vésperas electorais nas que o PP vía ameazada a súa maioría, unha loita de intelectuais, ideolóxica e política que en aparencia era sobre o terrorismo, os nacionalismos, mais que en verdade era sobre a idea de nación, e de aí a de democracia. Houbo un momento especialmente delirante cando, inmediatamente despois do atentado do 11-M en Madrid, Savater e Muñoz Molina publicaron en *El País* dous artigos, especialmente o de Muñoz Molina, no que se nos facía indutores intelectuais do atentado aos que combatéramos a política de Aznar e a súa ideoloxía. Desde aquela aínda non pediron desculpas.

Dentro de Madrid hai persoas de todo tipo, como en todas partes, e hai persoas que son conscientes de que o discurso nacional español é un construto, como calquera outro, e un construto con fortes elementos míticos. Pero fóra de individualidades contadas, sobre a cidade humana cos seus veciños en Madrid levántase un mundo da política, comunicacional e ideolóxico que oscila por un lado entre Primo de Rivera, Franco e Calvo Sotelo. E por outro lado pasaríase a Ortega y Gasset e Unamuno.

Eu sempre digo que España ten un problema, e vese no mundo ideolóxico da súa capital. Ten unha capital que ten ideoloxía propia, que é un mundo no que hai madrileños de nacemento, veciños, outros son madrileños por incorporación, e logo sobre todo hai un mundo de empresas de ideoloxía, de partidos políticos e da Administración do Estado que está imbuído dunha forte ideoloxía.

Só nunha cidade como Madrid pode haber tres periódicos, un dunha dereita bastante extrema, outro de dereita populista, outro de dereita pouco homologábel en Europa e un único periódico centro democrático ou liberal. É unha cidade que ten un fortísimo compoñente ideolóxico da dereita, e de feito se se miran os exemplares que se venden nunha cidade como Madrid ou na provincia, verase que a maior parte da prensa é conservadora, moi conservadora. E non hai prensa chamada «nacional» editada fóra de Madrid, a diferenza de Alemaña, que ten Bonn ou Berlín, ou Italia, que está repartida entre Milán, Roma, Turín... En España a asociación da ideoloxía nacional española como unha maneira de madrileñismo é demasiado grande. E hai que ter en conta que ese mundo ideolóxico ten un corazón no fondo que é o barrio onde vivían as persoas todas que servían ao Estado, que é o barrio de Salamanca. Pódese dicir que no goberno de Aznar España estivo gobernada pola ideoloxía do barrio de Salamanca, onde están esas persoas que son os servidores do Estado: familias, fillos e netos como o propio Aznar, de ministros, directores xerais, gobernadores civís, xefes provinciais do movemento da Falanxe, toda esta xente que son dinastías de servidores do Estado, un Estado despois da brutal purga antirepublicana de Franco. E xente que non revisou automaticamente o pasado, o mundo do que procede: ese é o problema, non a orixe familiar en si. Porque aos nosos pais e avós ninguén os podemos escoller.

Un premio

O do Premio Nacional facíame ilusión porque sabía que era o modo de asentarse definitivamente para un escritor que escribe en lingua galega. O meu caso ademais era o dun escritor que na Galiza non tiña un lugar claro, que foi cuestionado sempre desde un ángulo ou outro, porque tamén eu cuestionei ideoloxica e esteticamente o sistema literario galego todo. Un escritor que tiña un lugar incerto na literatura galega. Neste momento aínda non sei ben que dicir, mais penso que son máis recoñecido pola literatura española que pola galega.

Eu sabía que o premio che cambiaba para mellor a túa situación como escritor: chegabas a máis lectores, recibías unha certa consagración. Tiña moita ilusión con esta novela, *Trece badaladas*. Cando llela entreguei aos meus editores, díxenlles: «Esta novela razoabelmente debería aspirar ao Nacional.» Mais polo medio ocorreu o de Nunca máis, e foi tanto o vivido que esquecín a ilusión do Nacional. E logo caeulle o premio ao libro. Ese é un premio ambiguo, porque premia unha novela que selecciona un xurado de críticos e académicos editada en España nese ano, mais tamén ten un carácter mixto: é como premiar ao autor, de maneira que é como se coma se che transformasen, te desen un certo título de autor.

Fixome ilusión, pero cando caeu xa perdera ese carácter de *fetiche*, cambiara moito todo ao meu arredor, na calor de Nunca máis sentinme moi arroupado, e sentía que estaba sendo útil á xente, e ademais á miña xente. E volvín conectar co meu país, a sentirme de novo dun país. «Nunca máis», foi cando a xente sacou fóra o mellor de si; o mellor rostro da xente, do país. Realimentámonos todos de esperanza. E de aí quédanme algúns amigos xa para a vida, como Uxía, como Paco Iglesias da Confraría do Grove, como Manolo Maneiro da Póboa, como Pablo de Cangas... E tamén a complicidade vital con Manolo Rivas. Aí vin a capacidade organizativa dos nosos artistas. E vin cantantes, poetas, que se transformaron en cousa de días en dirixentes. Vin mariñeiros que demostraron unha capacidade de dirección e unha capacidade de crear política pesqueira pasmosa. Vin como tiñan a capacidade de medirse de ti a ti con políticos profesionais e técnicos da Unión Europea. O que vin marabilloume. E o que me aprenderon enriqueceume.

Sinto que a pesar de todo sigo vivindo nun país que me bota fóra. Xa non detallo como foron tratados na prensa os meus últimos tres libros.

Fatiga

Un non pode evitar ser como é. E toda a miña vida fixen máis cousas, andei metido en máis leas das que serían razoábeis. Desde que me fixen escritor metinme tamén en máis proxectos e xestións das que son razoábeis, cousas que non son de escritor. Fixen moitas cousas que me prexudicaron e nas que gastei enerxías por ese afán de cambiar o país, a cultura... Con seguridade que se non vivise nun país tan desfeito, tan a medio facer, non me tería metido en tantas leas, sería ese tipo de escritor que me gustaría ser, alguén adicado a escribir literatura, a imaxinar historias, e que, como moito, de cando en vez asina algún manifesto ou cous así. Coñezo moitos escritores así, case todos os escritores que coñezo doutros lugares son así. Mais os que vivimos neste paisiño noso...

Houbo un cambio político importante, a vitoria de Zapatero, porque foi sobre todo unha vitoria persoal, por encima do seu partido, foi un alivio, Aznar foi un pesadelo de autoritarismo, grosería e ideoloxía arcaica e disparatada. Desde que coñecín a Zapatero, hai xa dous anos, collinlle lei e sígolle a ter unha grande confianza na súa sinceridade e nos seus propósitos democráticos, pareceume un tipo excepcional. Tan sincero que mesmo parece inxenuo. Oxalá non o sexa, claro. Zapatero é a oportunidade que ten España para reformularse, para asentar outra concepción nacional do nacionalismo franquista, o nacional-catolicismo. Realmente o modelo que permitía a constitución non foi aproveitado. Cada vez que vascos e cataláns –os galegos ficamos perdidos no tempo detidos no tempo histórico– pedían que se lles recoñecese o autogoberno o poder central, ou sexa os partidos estatais, respondían con «café para todos». Ou sexa, negarlles ese recoñecemento. E así foron estes anos pasados. A ver agora. Agora queda por facer aquí un cambio político, e aí xa non teño tanta confianza nas dúas forzas da oposición, ofrecen unha inmadurez pasmosa. Aínda que é natural, tantos anos seguidos dun poder político, o do PP de Fraga Iribarne, tan antidemocrático e tan corruptor, ten danado fortemente á sociedade, non só corrompeu aos medios de comunicación, corrompeu a toda a sociedade, as empresas, a mentalidade das persoas, creceron xa xeracións de mozos dentro desta sociedade que interiorizou a miseria moral, a submisión como cultura... Tamén as forzas da oposición, que viviron todos estes anos sen a experiencia de gobernar e sen esperanza de facelo, se foron facendo inmaduras, infantís, cada vez máis. A ver se agora, que hai unha oportunidade, reaxen. Non me arrepinto, agora que constato que me prexudiquei para case nada, sen apenas resultados e pola contra con frustracións e desgustos. E, realmente, agora estou metido nunhas dinámicas que xa non controlo, creei moitas expectativas en moita xente e en demasiadas direccións. Neste momento pídeseme que fale de política exterior, economía, educación, cultura, literatura... E iso é porque eu mesmo metín a culler en todos eses pucheiros, a culpa é miña e de máis ninguén, que me abro en direccións de máis. E xa non teño case sitio na miña vida para escribir literatura. A escrita da literatura non se pode facer aos poucos, un cachiño agora e outro pasado mañá. A obra literaria pide entrega total, pide que vivas dentro do mundo dela mentres a escribe, pide o abandono a ese mundo onírico que ti mesmo creas. Non se pode andar interrompendo, cada vez que cortas o proceso da escrita costa un mundo logo volver a empezar. E é desesperante. Ando agora cun romance, que había ser unha obra de teatro, mais, se non hai novidade, será un romance sobre un tema ao que lle dei voltas desde hai un par de anos. E téñoa empezada, interrompida, empezada, interrompida... É desesperante. A ver se dou apartado tantas ansias e asuntos e me podo poñer ao meu, que é ser escritor, carallo.

Agora desexo un cambio político nas eleccións á Xunta do ano 2005 e supoño que todos deberemos mobilizarnos outra vez, pero síntome moi canso vitalmente. Aínda que sigo a participar en proxectos colectivos no meu país, metéuseme tamén na cabeza a idea de que ao mellor non pasaba nada por marchar a outro lado. E iso é algo novo que irrompeu na miña vida hai poucos anos, e a pesar de que Nunca máis foi unha religazón de novo, hai algo profundo alá abaixo que se rompeu alá atrás e que nunca se soldou de todo. Tamén que é a idade, a altura da vida, gustaríame quizais vivir unha parte do ano en Barcelona, e relativizar o que ata agora foi un absoluto. Para min vivir na Galiza, casi mesmo na miña cidade, foi un absoluto vital, porque foi a única experiencia que tiven, e tamén un destino. Pero debido ás experiencias vividas e tamén ao cansanzo, á necesidade de rexenerarse interiormente, concibo a idea de vivir fóra, aínda que non o poida realizar por condicionamientos persoais, familiares. Pero encantaríame vivir catro meses en Barcelona, e logo en Londres... non sei. Moverme entre dous ou tres sitios, facelos familiares, adoptalos e deixar que me adopten. É unha necesidade doutro aire. É unha pura fantasía, claro.

Vivín experiencias claustrofóbicas e de destrución moi fortes. Aínda hoxe...

Hai moitos momentos nos que pesa máis a fatiga que cousa ningunha, mais nos momentos nos que estou por actuar o que me guía é certa reflexión, cada individuo e tamén cada xerazón, debe ser útil á comunidade. E iso quere dicir que debemos mellorar e corrixir, actualizar, o que nos chega, o que nos foi legado. En todos os planos da vida social.

Na literatura eu entendín, e entendo, que o drama da España e da Galiza foi a perda da cultura civil e política que se deu xuntado nos anos da República, mesmo antes, xa durante todo o primeiro terzo do século. Nesa etapa a sociedade foi tomando forza, consistencia, madurecendo. O galeguismo madureceu tamén desde as Irmandades até o republicanismo social e progresista de Castelao, Bóveda... Na República xuntáronse dúas xerazóns excelentes, cultivadas e modernas. O golpe dos xenerais nacionalistas e a Guerra non só liquidou a República se non que mutilou á sociedade e fixo un xenocidio social e cultural, o que quedou aquí foi unha sociedade co corpo aberto e devolta de súbito a unha época salvaxe e incivil. O galeguismo que puido sobrevivir non é a continuidade do galeguismo republicano, en absoluto, é outra cousa. Non quero tirarlle os méritos persoais a Piñeiro e as demais persoas, polo contrario penso que foron heroicos, verdadeiramente heroicos e admirábeis. Mais é un tipo de galeguismo o seu que non está na liña de Faraldo, Murguía, Irmandades e galeguistas republicanos, é outra cousa. É un galeguismo metafísico, de esencias antropolóxicas e ontolóxicas. Un galeguismo prepolítico, precivil. É comprensíbel que esta idea prosperase naquela Galiza onde todo estaba prohibido e encollida polo medo e pola perspectiva histórica dunha ditadura que semellaba eterna, mais foi un retroceso, e sobre todo unha desviación, tremenda. Foi avanzar por un camiño errado.

Piñeiro ademais, seguramente de modo inconsciente, reproduciu as formas da institución burocrática por excelencia, a Igrexa Católica. E el ocupaba un lugar de papa laico. Na seguinte xerazón, como ocorre con frecuencia, deuse unha reacción de rebeldía, rebeldía contra o pai, ilustrada de modo moi claro pola figura de Méndez Ferrín. E tamén, un pouco despois, deuse a escolla dun sucesor de Piñeiro, na figura de Carlos Casares. O fillo rebelde e máis o vinculeiro. Todo esta cena ten un carácter moi personalista, e este esquema fixo que todas as persoas deste mundo do galeguismo cultural e literario se fosen posicionando nun lado ou noutro, en relación cunha figura ou con outra. Estas disputas familiares mesmo entraron no mundo literario, atravesaron por completo o mundo literario, distorsionándoo por completo. Creáronse bandos de fidelidades e tamén de intereses, con seguidores acríticos que trasladaban as fidelidades ao campo do literario. Isto distorsionou moito a literatura galega. A literatura é un mundo autónomo, a creación debe ser recibida desde a liberdade total. Unha obra é interesante ou non veña de quen veña.

Eu entendín que todo iso era equivocado, e tamén, isto tamén é verdade, polo meu modo de ser non podía aceptalo. O certo é que eu non podo aceptar ser acólito de ninguén, resúltame insoportábel. Podo ser moi fiel e moi leal a quen creo que o merece e que encarna unha causa xusta, mais sempre desde a independecia persoal. Desde o punto de vista persoal, son un individualista. O caso é que eu cría que a litera-

tura e a cultura estaba ensarillada en vellas leas que viñan her-
dadas e que a afogaban, e que o noso tempo esixía e esixe de
nós outra tarefa nova: crear unha literatura normalizada. E a
miña rebeldía inicial era contra ese mundo da literatura atra-
pado nun envilecemento pola súa división en bandos seita-
rizados, polo seu burocratismo e acriticismo e pola súa falla
de liberdade. O que eu defendín con toda impertinencia era
a independencia do escritor, o individualismo do artista.
E, sobre todo, a liberdade do artista. Con todo, vin que sem-
pre é moi difícil ser libre, e que no caso do mundo da litera-
tura e cultura galega a liberdade non é algo desexado. Hai que
dicilo, a cultura galega no seu conxunto está troquelada por
eses anos nos que se refundou, na ditadura, e ten medo da
liberdade. É triste, moi triste, ver artistas de idade nova bus-
cando o acubillo e a protección de figuras a quen veneran.

Hai como unha necesidade de ter mestres a quen seguir. Eu
non creo nos mestres. Un mestre, paradoxicamente, é alguén
que non cre nos mestres. No que si creo é na aprendizaxe. Mais
hai que aprender a distancia, coido que isto xa o dixen. Os ver-
dadeiros mestres son aqueles que non pretenden selo, e que
non crean pupilaxe. Aprendamos con humildade de quen é
exemplar ou ten unha obra exemplar, mais fagámolo a distan-
cia. Por respecto a esas persoas e por respecto a un mesmo. Con
todo, son moi moi escéptico sobre que a literatura galega cam-
bie a curto prazo nese sentido. E como eu o que tiña de dicir a
ese respecto xa o dixen, pois paso dese asunto. Se o que defen-
dín serviu de algo ou non pois xa se verá co tempo, se cadra
perdín o tempo. É moi posíbel. Non o sei dicir.

E máis nada. Xa non dixen pouco. Logo, se non hai novi-
dade, segue a vida cara adiante. Xa veremos. Estou un pouco
canso. Antonio, eu non diría máis nada.

Anexo 1

[A fiestra]

Con un berro de ferro abreu a fiestra. Sinteu as viñas, as leiras, o fresco da devesa, o tremar das follas, o roer dos ratos, os ósos de seus mortos, o gato caneando na viña embaixo da fiestra e as sombras frescas do serán. Ao lonxe, cara a vila, o mar, e no medio, as tres isliñas pequechas que soio vense cando está a mar baixa. Pasa a man polo tarabelo da fiestra, está morno, polo solo, coma as mazáns que estiveron deica hai un pouco no poio da porta. Inda que agora xa vén a fresca. Denantes de marchar tiña que arreglar a porta do hórreo e a da cociña, que están desfeitas polos ratos. E tiña que vender as galiñas. Teño que mandarlle a carta a Manoel, inda que non lle podo decir cando vou palá. Na fábrica de tabacos é bo traballo. Hanme de tardar bo tempo en me dares os papeles. E vou perder o traballo. Teño que voltar á vila. Se non me deixan ir pra setembro perdo o traballo. Entón tiña que volver outra vez pra a fábrica de telas. Miras que se perdo o traballo. Mañán vou á vila. O vento do anoitecer bicoulle nos brazos e nas meixelas.

Pasoulle as mans polos brazos. Erguese da silla. Ao pechar a fiestra veu na parra embaixo, ao gato anicrado no pao da viña. Abreu outra vez a modiño e botando medio corpo fóra quíxolle rifar unha labazada ao gato. A silla virou sobor dunha pata e caeu pra adiante. O micho brincou ao chan e fuxiu. Antonio abreu a testa no chan, ao pé dunha cepa da viña. As galiñas dende o galiñeiro botaron a cacarexar. Polo buraco do galiñeiro saleu o galo. Achegouse ao morto. Mollou o peteiro no sangue que lle saía da testa, morno. Camiñou silandeiro aderredor do cadavre. Logo mexou á súa beira. Virou cara ao galiñeiro. Camiñou unhos pasos e volveu a entrar. As galiñas seguían cacarexando.

Xesús Miguel T. S.

(1973) *Boletín «GR-73»*: sen número de paxinación.
[Boletín do Instituto Xelmírez]

Anexo 2:

[El lamparón] Entre el azul y el negro

A un edificio normal. Como hay muchos. Con su portera normal. Con su portal normal. Con sus inquilinos normales. Llega un individuo. Pero esto ya no es normal. La portera al verlo se sobresalta. Se sobresalta porque sabe quién es. Sin embargo no lo esperaba. Bueno, sabía que terminaría llegando. Todos los de la casa lo sabían. Sin embargo no lo esperaban. A todos les da miedo su llegada. Es el mensajero. Pero no les da miedo por él. Él es como un enviado. Simplemente cumple su cometido. Como si ya les hubiera avisado antes. Él es el enviado. Todos los vecinos suben a un autocar que les está esperando a la puerta. Se alejan de la ciudad. Durante el camino van mudando hacia otra fase. Pasan a una larga y tristemente gris ausencia ilimitada de tiempo. Se apean del autocar y a través de un sendero en el bosque llegan a un río. En la ribera del río a unos cien metros está un grupo de personas. Casi sin colores. Casi sin vida. Sin movimiento. Están subiendo a un transbordador negro. Terriblemente. Notamos que nos estamos quedando sin colores. Sin movimiento. En la orilla hay enormes lamparones negros. El río cuento más allá. Más claro. Más azul.

Así de sencillo y aburrido. Pero es que no he querido entretener a nadie. Simplemente he querido expresar algo que es lo que está en el relato. Unas personas. Que son como nosotros. Viven como nosotros. Los personajes del edificio no tienen relieve alguno. Simplemente son personas como nosotros. Podemos ser nosotros. Los que estamos viviendo aquí. En esta ciudad. En esta región. En este país. En este continente. En esta época. En este momento de la humanidad. Estas personas de este edificio saben que conforme avanzan en su trayectoria vital están avanzando hacia algo que temen. Saben que el enviado vendrá en cualquier momento. Pero siguen viviendo tranquilamente entre sus máquinas, sus ascensores, sus motores. Repentinamente llega lo que había de llegar. El enviado. Marchan. Inexorablemente. Hacia «algo» donde no se nos explica si siguen vivos. Bueno, suponemos que sí. Ellos lo suponen también. Pero se les van marchando los colores. Y se están quedando sin movimiento. Van a cruzar el río, el agua es más clara. Más azul.

Más clara, más azul. He aquí el porqué de «mis intenciones frustradas». Yo en realidad no quería que el agua cuanto más allá fuese más clara. Más azul. Yo quería decir que cuanto más allá era más oscura. Más aceitosa. Pegajosa. Negra. En este final aceitoso y negro era donde quería yo dejar a los vecinos del edificio. Pero ha habido una interferencia dentro de mí. Entre mi intención consciente, lo que quería augurar, y mi preconsciente que me dio el otro final. Un final con mucho de esperanza. Así, habiendo acabado el relato y leyéndolo, me pareció un final «lógico». Claro, es lógico para mi estructura mental. Así, el «yo»[1] me engañó haciéndome olvidar mi verda-

---

[1] Perdón a los «freudianos» por utilizar con tanta libertad los términos psicoanalíticos.

dera intención en el relato y sustituyéndola por el final, que está de acuerdo conmigo. Pero no es un final «rosa». Simplemente es un final de esperanza.

Tiene un ligazón clarísimo el relato con toda la narrativa de Kafka. Sobre todo en sus preocupaciones. Y es que seguimos recorriendo la misma trayectoria desde hace tiempo. Y así desde hace tiempo hay quien viene haciendo advertencias desde hace tiempo y quien seguirá haciéndolas.

En cuanto a procedimientos utilicé en parte del relato un procedimiento de cámara de cine, e hice uso un par de veces del «monólogo interior»[2] con discutible fortuna.

(1973) *Vamos* 115: 12. [Revista do Colexio Peleteiro]

---

[2] «Transcripción exacta del flujo de la conciencia del individuo y que ciertamente tiene la apariencia de un documento fotográfico sin retocar.» Stuart Gilbert.

Primer Premio Valle-Inclán de narración visto por su autor J. M. de Toro Santos

¿Quién es Jesús Miguel de Toro Santos?
—Estudiante de COU. 17 años. Soltero. En los ratos libres «barman» entre otras cosas. Aficionado a la Literatura, y, con menos dedicatoria, admirador de las artes plásticas. Me considero un ignorante en cuanto a la literatura de vanguardia (en la otra soy analfabeto). Algo así como Miguel Hernández en poesía con respecto a la Generación del 27.

¿Por qué escribe?
—Por necesidad de expresarme. El escribir es para mí, simplemente, uno de los modos de expresarme.

¿Qué quiere decir?
—Muchas cosas.

¿Y en el XI Certamen: impresiones, emociones?
—Creo que es válido y necesario, sobre todo teniendo en cuenta la importancia de los certámenes literarios para el

impulso de la literatura. Además las características de éste hacen que puedan generarse promesas y posibles vocaciones (no olvidemos a Carlos Casares y Xohana Torres, que posiblemente se descubrieron cara a ellos mismos, literariamente, en certámenes anteriores) que de otro modo en un certamen en que no hubiera límite de edad, como son la mayoría, no tendrían oportunidad de competir.

¿Qué mejorarías o ampliarías?
   —Sugeriría la posibilidad de ampliar el género del certamen de «literario» a «cultural», donde se pudiera participar desde con ensayos (sobre ciencias o artes como Física, Química, Geología, Antropología, Sociología, Escultura, Pintura...) hasta con poesías (género que fue olvidado este año, ignoro si por el nivel alcanzado otros años. Pero de todos modos, creo que debiera tener un lugar).

¿Mi formación, mis lecturas?
   —Autodidacta, básicamente y naturalmente ecléctica.
   Leo sobre todo Literatura y algo de ensayo (hasta hace un año leía todo ensayo y algo de Literatura).

¿Ideales, aspiraciones...?
   —Mis aspiraciones como «rabuñafollas» son colaborar a un afirmamiento del gallego, como vehículo cultural de primer orden, y a hacer con parte de mi «futurible» obra una literatura popular, con todas sus consecuencias. (A pesar de haber utilizado el castellano en este relato por razones de mi incapacidad técnica).

J. M. de Toro Santos

(1973) *Vamos 115*: 12.

Anexo 3

Mis lecturas: el asesino dentro de mi

No aludo a la biblioteca familiar al referirme a mis primeras lecturas, mi familia se edificó sobre el Libro de Familia Numerosa. Los libros que fueron llegando hubo que ganárselos. Para los escritores que venimos de las clases trabajadoras, muchos hoy, los libros, no son algo dado y natural, sino algo nuevo, valioso y mágico.

Empecé en los tebeos: *Kas-Thor*, el vikingo; el Cachorro; los babosos de *Roberto Alcázar y Pedrín*; *El Capitán Trueno*, épica clásica de la infancia; las familias feroces, Trapisonda, Cebolleta... Los tebeos fueron ebriedad infantil, pero no sería justo olvidar esas otras narraciones del cine infantil: las de romanos, espadas, tortas y mitos asomándose a lo dionisíaco, *Los Titanes*. Y cómo olvidar al *Capitán Blood* o a John Wayne. Y para guerreros, los indios.

¿Las lecturas escolares, *100 Figuras españolas*? Puro gótico. Calvo Sotelo, antes rojo que roto, ofreciendo sus anchas espaldas. ¿Y el Alcázar, qué, no se rinde? ¿Y los cuentos de Pidal, ancha es Castilla: Fernán González, el Cid, el cabrón del Guzmán el Bueno que aún les tiraba su puñal...? Sin embargo quien fijó nuestra sensibilidad en lo siniestro seguramente fue la *Historia Sagrada*, la Biblia gótica para niños y niñas. La serpiente; Caín y Abel; ciudades pasadas a cuchillo; los Santos Inocentes; la mujer estatua de sal; detente, Abraham, deja el chaval (luego vendría Edipo, Hamlet, Kierkegaard temiendo y temblando). Mi educación me la hicieron por la literatura gótica y de terror. Peleo por librarme de pensar que la verdadera literatura es el miedo a la carcajada brutal, uno escribe lo que le enseñaron.

En torno a los trece o catorce años me hice lector adulto. Leí por primera vez un libro de cuentos en gallego, libros secretos, las historias amasadas de Ánxel Fole con miedo y humor me encantaron, lo maravilloso tan cercano. Desde entonces tuve la suerte de una minoría conjurada y obcecada de poder seguir leyendo en gallego. Inmediatamente, uno de los tesoros de la colección Austral, esa *Enciclopedia de Occidente*, sucesivas *Comedias bárbaras* y guerras carlistas de Valle-Inclán, belleza tensa, cruel y difícil. Y luego la *Introducción al psicoanálisis* de Freud, qué habría sido de nosotros sin Alianza Editorial, que me transformó. Me condenó con catorce años a saber que todo significa, que todo es lenguaje, no hay ingenuidad ni inocencia, me hizo ser ¿irremediablemente? del siglo XX, encarcelado en la lucidez. Perverso.

Entre los diecisiete y diecinueve, gracias al profesor Varela Jácome, disfruté de descubrimientos sucesivos, un asombro tras otro. En Libros de enlace, Beckett, Robbe-Grillet, Duras; en Seix-Barral el embriagador poder narrativo de Vargas Llosa que se imponía a la técnica y la idea; la elegancia esencial de Rulfo, siniestro Sábato, eterno Cortázar adolescente... *La sagalfuga* de Torrente. En Editorial Galaxia una narrativa dura e inusualmente moderna, Ferrín, Queizán, Suárez-Llanos, Casares... Y gracias al contrabando de Buenos Aires, junto con el *Sempre en Galiza* de Castelao, el *Ulysses* de Joyce, un antes y un después. Y no seríamos quienes somos sin la edición de textos breves de Beckett, y tantas otras maravillas en los libros ínfimos de Tusquets, imprescindibles, pequeñitos y poderosos.

El espacio de la modernidad limita entre Freud y Joyce, pero mentiría como un canalla si despreciase el papel de la música pop. Escribí algún poema adolescente aplastado por *Blonde on Blonde*, de Dylan. Por Dadá.

Lecturas exclusivamente políticas y doctrinarias, hasta que volví a la literatura. Entonces conocí en Alfaguara a Vian y Arreola. Al Cela de *Mrs. Caldwell, Oficio de tinieblas*. Algunos escritores imprescindibles, Vallejo, Faulkner, Lispector. En Bruguera a Jim Thompson, ¡hoy descatalogado! Uno se pone culto, se pone importante, se pone tonto, pero lee cualquier novelita de Jim Thompson, irregulares, extravagantes, a veces ininteligibles, y se pasma de su poder. Nadie tan bueno, terrible, piadoso, loco como este fulano. ¿Por qué me fascina el mal? ¿Por qué los corazones más tiernos sueñan lo más terrible? El mejor Sófocles para empleados de gasolinera, Shakespeare para obreros enfermos. Jim Thompson is alive! Su espíritu vaga con Manitú por las grandes praderas.

Pasé años combinando mi cóctel estético y el ansia de narrar, escribí del ruido que es este vivir. Escapando a mi cárcel, huyendo de la lingüística, releí *La infancia recuperada* de Savater, clave para resolver ecuaciones internas y para andar a lo que hoy ando, a escribir historias de fantasmas, relatos de héroes que dialogan con muertos y el destino buscando sentido y trascendencia, intentando ganarme inocencia.

¿El placer de leer? Tengo miedo de que el escritor, salvaje Hyde depredador, haya matado al buen lector Jekill. Mucho ensayo, poca narración, alguna poesía. Me parece que casi sólo Stephen King se ocupe de escribir historias, a veces muy buenas, siempre algo hinchadas: nadie trata como él a las mujeres y los niños, primero. De actualizar el infierno se encarga James Ellroy. Las historias se refugian en el cine y tengo miedo de no saber descubrir y sorprenderme con la literatura de que ése sea el precio a pagar por ser adulto y escritor. ¿Es inevitable?

(*El País*, *Babelia*, 3 de xaneiro de 1998)

Anexo 4:

Media docena de vidas

SUSO DE TORO es el nombre de autor de alguien que ha escrito varios libros de ficción, ensayo, artículos, canciones... y ese personaje, máscara, existe en cuanto exista lo que escribe, así que es seguro que existe realmente. Puede que Homero o Shakespeare no hayan sido exactamente una persona, pero son autores que siguen vivos, es decir siguen vivos como personajes.

Naturalmente que lo escrito vive luego resonando en la mente y en la memoria de quien lee, la duración de esa resonancia interior y múltiple, la duración de su obra, es la medida de la gloria ganada por un autor. Porque lo cierto es que la ambición evidente de cualquier autor verdadero, aunque eso tan evidente no se atreva a enunciarlo hoy por miedo al ridículo, es que pretende arrebatar para sí pedazos de gloria, de admiración y duración. Está muy penalizado decir esto, el pensamiento dominante, que es la celebración de la mediocridad, culpabiliza la legítima ambición del artista: podemos aspirar a un éxito en vida pero debemos interiorizar y manifestar escepticismo sobre el asunto ése de la posteridad, nos debe dar risa. Pues no, la verdad es que no, lo debemos querer todo, debemos querer el éxito y además la Gloria. Qué soberbia vana; desde luego qué soberbia, vana ya no sé. Probablemente. Aún así.

A lo que íbamos. En todo caso la existencia del autor como personaje nace directamente de la literatura y como es lógico su naturaleza mistificadora es la de la propia ficción, así que este autor, Suso de Toro, es pura ficción, como todos los autores. No es exacto, por tanto, que no exista este autor, aunque existe como una realidad literaria más bien. Es natural, pues, que los lectores que hayan tomado algún libro suyo y lo hayan leído hasta el final lo supongan benévolamente más o menos talentoso, retorcido, torturado, ácido, amargo, sensible, delicado, morboso, imaginativo... o quien sabe si un incapaz de narrar algo que tenga forma y sentido y un pesado y un cursi, un pedante absoluto. Es lo mismo, el caso es que en ese mundo virtual pero real que es la imaginación del lector existe un personaje más o menos esbozado y sean cuales sean los trazos, los autores existimos ahí.

Como quien ha publicado más de un libro tiene la experiencia de que esto sucede así, que se va creando un personaje ya implícito en la trastienda de las lecturas de lo que uno escribe y alimentado luego con las indicaciones que el propio autor va dando en entrevistas y apariciones públicas, pues es lógico que ese escritor de los libros establezca una relación dialéctica con ese personaje ectoplásmico emanado y que acabe a continuación encarnándolo con total convencimiento. Así, la persona que escribe los libros con su humana cotidianidad acaba alienándose en el personaje secretamente deseado, la máscara del autor.

La literatura es un juego tremendamente serio, es doloroso y divertido, amoral por libre y moral por necesidad. La literatura es una profesión a tumba abierta, es cierto, pero los autores nos tomamos un poco como muy demasiado en serio, como urgiendo y forzando a salir ya, aún en vida, la estatua que vamos prefigurando dentro como una segunda osamenta tétrica. Nos estiramos tanto de tan solemnes que ya se nos intuye el pedestal, queremos encarnar ya la posteridad aún sabiendo que eso exige que estemos muertos. Nuestra aspiración secreta es a héroes literarios, y el héroe es precisamente el que tiene una vida con argumento, aquel del que se puede escribir la biografía.

El caso del autor que esto escribe es el de tener detrás una persona de naturaleza y vida realmente vulgar, carece de una biografía posible o un currículum reseñable, y que además no se sabe relacionar bien con el personaje de autor a que da pie, proyectando así imágenes de autor sucesivas, e incluso coetáneas, que son distintas e incluso antagónicas. La persona que escribe estos libros se da cuenta de que eso no puede ser, la gente se desconcierta y ya no sabe por dónde tomar al autor. Semejante confusión no es buena para la comunicación. Ni siquiera para el negocio, y los editores quieren autores que «den bien» en los medios y con los que los lectores, lectoras, se identifiquen.

Es cierto, los lectores, todos lo somos, necesitamos una relación personal e íntima con el autor, a veces llegando a la franca mitomanía o a la total animadversión. Necesitamos saber del autor porque buscamos identificarnos con quien escribe lo que nos atrae y perturba, con quien escribe lo que nos expresa en un sentido amplio y profundo, con quien nos ayuda a ver lo que en el fondo de nosotros ya sabemos, con quien pareciéndonos tan original y raro intuimos al tiempo que compartimos semejante sensibilidad... Son razones profundas e importantes las que provocan nuestra identificación, nuestro partido íntimo por un artista. Nuestra mitomanía es una parte de nuestra identidad, no es una broma, no hagamos demasiado escarnio de ella.

Pero además, este autor aprecia en los gustos de quien lee hoy (o por lo menos en quien compra discos, ya que el leer es solitario e íntimo y por tanto, como suelen serlo las cosas valiosas, difícil de cuantificar) que el gusto literario campante denota una gran ansiedad de autoidentificarse, de verse retratado y contado de un modo inmediato en lo que se lee. Parece que ya son menos los que leen por lo que la literatura llegó a nosotros, por la fruición de la ensoñación y el abandono en vidas y mundos imaginarios.

La literatura hoy ya no es tanto ese puro y poderoso entretenimiento cuanto un libro de instrucciones de la vida social. Es tan manifiestamente «sociológica» que casi se disuelve en el periodismo: jóvenes que escriben sobre jóvenes que joden, se joden, se maman y hacen el mamón y que son leídos, se supone, por jóvenes que...; mujeres de mediana edad con estudios universitarios que escriben sobre lo que piensan mujeres de mediana edad con estudios universitarios y que son leídas por mujeres... Mucho de lo que se escribe y se publica está destinado a combatir la ansiedad y calmar la inseguridad en sí mismo de quien lee, a proveerle del argumento de su vida, a construirlo, pero con categorías arquetípicamente sociológicas. No literarias.

Probablemente después de los profundos cambios sociales habidos desde los años sesenta hay más gente que nunca que no sabe quién es. No, ya no somos como nuestros padres, caso de que alguien lo haya sido alguna vez, ni pensamos igual ni ocupamos el mismo lugar en la sociedad, ya no nos vale, pues, su cultura, es machista, retrógrada... Y la literatura actual nos dice que hay más gente como nosotros y nos ayuda a vivir a través del rol, nos da identidad a quienes leemos. Eso no es malo, en realidad la literatura es también para eso, lo que ocurre es que parece un espejo que sólo refleje al lector omitiendo de su imagen al resto del mundo: por lo visto somos pequeñoburgueses hastiados e indolentes necesitados de un toque culto; mujeres insatisfechas que sublimamos los disturbios íntimos; jóvenes embrutecidos por sus padres en el consumismo, el desprecio por el pasado y la ausencia de valores... Uno no cree en la literatura «de clase», uno no cree en la literatura sólo la quiere, pero tiene la tentación de caracterizar la mayoría de lo que se demanda, o se vende, como literatura «burguesa». Pero burguesa en el más trivial de los sentidos; no en el sentido de Flaubert, Balzac o Zola.

Pero este autor, servidor, vive de esto y también tiene que ganarse el pan y por eso, comprendiendo y aceptando este juego sabe que es necesario apañarse un perfil biográfico de autor. Como resulta que uno es de un sexo vulgar y en crisis, con inclinaciones sexuales del montón, tiene una edad mediocre y desprestigiada, su nacionalidad es discutible y sin verificar, procede de una clase social de transición y ambigua, culturalmente es fronterizo y ancilar, con una personalidad contradictoria y aun esquizoide, un temperamento inestable e insatisfactorio al trato y una apariencia física modesta y carente de atractivo, pensé que ya que uno no tiene carne biográfica conveniente para ofrecer pues que precisamente debería usar mi profesión para apañarme una, o varias, buenas biografías.

Decidí que podría presentar estar modestas autobiografías que escribí para que quien quiera las pueda usar, escogiendo aquella que mejor convenga. No crean, yo mismo lo hago a veces; no es nada fácil hoy día saber quién es uno mismo.

Podían ser más, también podían ser menos, me salieron seis y me parece bien, a mí me vale. Una menos que los gatos, no está mal.

[I]

SUSO DE TORO (Aguascalientes-México, 1946-1996)

Este autor, hijo del exilio de los vencidos en la contienda fratricida española, nació de Serafín de Toro Armenteira, joven profesor en el momento de la sublevación militar, y de Angelina Eiras Docampo.

Las ideas galleguistas y republicanas del padre le supusieron, además de ver fusilados a compañeros de generación e ideales, la cárcel, donde padeció varios simulacros de fusilamiento por parte de sus carceleros que le dejaron secuelas nerviosas toda su vida, y el exilio finalmente, después de haber podido pasar con su mujer al bando leal al gobierno republicano. Después de pasar por Francia, parte hacia Buenos Aires, donde se integró rápidamente entre la emigración y el exilio republicano y galleguista, llegando a formar parte del Consello da Galiza presidido por Castelao. Pero el desánimo y las dificultades para encontrar un trabajo adecuadamente remunerado para sostener a su familia, su esposa ya esperaba al que sería su único vástago, Xesús —Suso—, lo llevaron a encaminarse hacia México donde le habían ofrecido una plaza de profesor universitario de Lógica. Allí se establecieron al fin hasta su muerte, la madre en el año 73 y el padre unos meses después en el mismo año, sin que hubiesen querido ni podido volver a pisar el suelo que habían tenido que abandonar.

Estas especiales circunstancias familiares marcaron la personalidad de nuestro autor, que compaginando una brillante carrera universitaria como profesor de Matemáticas en Yale, fue escribiendo una breve pero necesaria cadena de títulos de poesía y narrativa en idioma gallego, aquella lengua desterrada que había aprendido en su melancólico hogar mexicano (¡qué extraña sugerencia no habrán tenido aquellas palabras cargadas de la ensoñación de un país brumoso al otro lado del Atlántico en aquel muchacho crecido en la cálida y clara transparencia de México!).

Inmediatamente después de la muerte de sus padres y de la muerte de Franco viaja hasta Madrid y de allí a Galicia, y allí se encuentra con el país de que le habían hablado sus padres. A partir de ahí, a través de las amistades que habían sido paternas, se integra en la vida cultural local y ya no la abandonaría a pesar de la distancia de su vida y profesión en EE.UU. hasta el día de su prematura muerte a bordo de un transatlántico en el que hacía el camino inverso al de sus padres, y cuando estaba ya a pocas millas del puerto vigués, debido a un tumor cerebral.

En su obra es fundamental el desgarro en la representación de las realidades sociales y la investigación y reconstrucción obsesiva del pasado. Sus principales obras son los poemarios *Vai no aire* y *O que non se di* y las novelas *Nada dura* y *Días de gloria*. Asimismo ha escrito también obras en castellano, *La muerte deseada*, *Nada es así* y en inglés *Break Down* y *Pic-Nic*.

[II]

SUSO DE TORO (Vilafranca del Bierzo, 1949)

Seudónimo de Laura Mosquera Vilafranca, en la actualidad residente en Madrid donde vive con su hija fruto de un matrimonio anterior.

Profesora de Literatura Española, especializada en el Siglo de Oro y Rosalía de Castro y Pardo Bazán, y novelista. Dentro de su especialidad ha publicado varias monografías como *Lope de Vega o los disfraces de la esfinge* así como numerosas ponencias y comunicaciones sobre la literatura y la condición femenina.

Como novelista ha ido configurando, a través de una serie sostenida de novelas y libros de cuentos, un territorio que le es propio y que se caracteriza por estar habitado por mujeres maduras sumergidas en la soledad, las indecisiones y el desamor, indagando en sus historias personales hasta dar con la raíz última de su soledad. Todo un friso de mujeres que configuran un paisaje de la mujer actual, marcada por el descubrimiento de la libertad, las dificultades y esfuerzos para crearse

una nueva identidad distinta a la de sus madres y el descubri-
miento del propio cuerpo y la sensualidad más allá de la
maternidad.

Sus principales novelas son: *Clara es la luz del amanecer,
Dime tu nombre* y el poemario en lengua gallega *Abaixo e dentro.*

[III]

SUSO DE TORO (Santiago de Compostela, 1948)

Ha sido profesor invitado en las universidades de Berkeley y Wichita y miembro del Consejo Asesor del Museo Reina Sofía. Actualmente ejerce de profesor de Estética en la Universidad Complutense de Madrid. Ha publicado numerosos ensayos sobre la estética de nuestro tiempo.

Como novelista ha dibujado magistralmente la figura del varón contemporáneo, un hombre atrapado en un mar de indecisiones y una gran crisis de identidad. Sus títulos más celebrados han sido *Te insultaré debidamente*, las tribulaciones de un profesor universitario abandonado por su mujer y entregado a una sucesión de amoríos, y *Siempre que quieras*, una narración escéptica protagonizada también por un hombre de mediada edad que no sabe por cuál de sus tres mujeres decidirse y termina por emigrar a una isla.

[IV]

SUSO DE TORO (Aranda de Duero, 1960)

Hijo de padre burgalés y madre gallega, al finalizar sus estudios universitarios se traslada a Madrid definitivamente para dedicarse a su vocación de escritor y periodista.

Personaje habitual en su día en los ambientes de la izquierda madrileña en la época de la transición y de la «movida madrileña» luego, ha formado parte desde entonces de numerosos proyectos culturales y periodísticos en los últimos años y es uno de los valores más firmes de la joven literatura española. Habiendo pasado un retiro de cinco años en los que atravesó una grave crisis sumido en diversas acciones, regresó como escritor hace ocho años con más fuerza que nunca. Sus novelas han sido finalistas de diversos premios, entre ellos el Planeta.

En la actualidad reparte su tiempo entre las clases de escritura creativa en la Escuela de Letras madrileña y la creación literaria, que compagina con las reseñas literarias y el columnismo en prensa. Es guionista habitual de series de televisión.

Sus principales obras son las novelas: *Fuera de juego* (1982), *Lo que sabe el verdugo* (1987) y *Di que sí o te parto la cara* (1994).

[V]

SUSO DE TORO (Muros-A Coruña, 1953)

De familia campesina y marinera se enrola en barcos de pesca muy joven una vez acabada la reválida de Bachiller elemental. Más tarde emigra a Londres, donde conoce los ambientes de finales de los años 60 (allí hace amistad y comparte juergas con John Lennon después de entrar a su servicio como criado). En esos años además de trabajar lee en inglés lo que sería su formación literaria, Shakespeare, la poesía isabelina y los escritores anglosajones del siglo XX.

Posteriormente vuelve a Galicia y se embarca en la marina mercante, campo en el que desarrolla una activa y clandestina acción sindical, siendo uno de los creadores del Sindicato Galego de Traballadores do Mar (SGTM). A bordo de los pesados y monótonos buques que transportan carga y siguiendo las grandes derrotas oceánicas comienza la escritura de una obra poética y narrativa muy personal.

Los temas presentes en su obra poética, *Last End*, *A nada reflectida*, son la soledad, el desgarramiento de la partida y la imposibilidad de quedar, y todo ello con una cosmovisión marcada por el telurismo donde el mar aparece como el lugar para dejar de ser.

Su obra narrativa, en la que se percibe el influjo del lenguaje experimental del modernismo en lengua inglesa, son un libro de relatos, *Terra de trono* y varias novelas, *A fala do vento*, *Os que traen a morte*, *Océano*, que han merecido eco crítico aunque sigue siendo casi un desconocido para el común de los lectores y que no está traducido a idioma alguno. Sus temas enraízan en la crisis de identidad colectiva y las transformaciones económicas y sociales habidas en los últimos años. Hay sin duda en su obra narrativa una preocupación social pero sin abdicar de la experimentación y la reflexión sobre el lenguaje literario.

[VI]

SUSO DE TORO (Varios lugares y fechas indeterminadas).

Bajo este seudónimo sabemos que se agrupan varias personas que han pergeñado obras diversas y disímiles, todas ellas caracterizadas por tratar de ambientes y temas de actualidad y que han conocido gran eco lector como atestiguan sus sucesivas reediciones.

En general se pueden agrupar por su temática en novelas de protagonización juvenil que narran aspectos diversos de la vida de los adolescentes de urbes de mediano o gran tamaño, especialmente Madrid, pertenecientes en general a la pequeña y mediana burguesía y su problemática actual y costumbres: el sexo, la droga, el desencanto, una vacuidad vital y existencial...

En cuanto al estilo de su novelística varía, como corresponde a su autoría diversa, pero en general se inclina por un lenguaje directo y bronco, con jergas de las «tribus urbanas», y muy influido por el último cine americano y la estética de los vídeo-clips de MTV. Aunque no descartan el uso en ocasiones de un lenguaje poético y barroco que pretende elevar los descarnados retratos de costumbres urbanas.

Nada sabemos de la génesis de estas obras que nos son presentadas bajo el mismo seudónimo, si cada libro es de autoría individual o bien si varios escritores trabajan en el mismo libro a la vez. Algún crítico ha creído ver en sus libros el fruto de un sistema de trabajo semejante al de la producción de guiones en serie norteamericana: un escritor escribe el argumento, otro lo desarrolla y un tercero escribe los diálogos.

Quizá un día lo acabemos averiguando, bien porque los editores permitan desvelar esos secretos o bien porque los autores en su proceso de maduración decidan salir a la luz para seguir cada uno un camino original y propio.

Sus principales obras son *Diluvio vulgar*, galardonada con el Premio Nadal (1989), *Por donde transita el guerrero* (1992), *El aliento de la bestia* (1996)...

(2004) «Meia ducia de vidas». *Periférica* 8: 48-53. [Reprodúcese o orixinal en castelán do texto aparecido por primeira vez en portugués con tradución de Fernando Gouveia].

ÍNDICE ONOMÁSTICO

A

Abraham, 314
Acies Dei, 132
Adorno, Theodor Wiesengrund, 105, 203, 240
Afonso, Xosé, 102
Agustina de Aragón, 48
Alberti, Rafael, 135
Alcalá, Xavier, 179
Aldecoa, Ignacio, 128
Alegría, Ciro, 54
    El mundo es ancho y ajeno, 54
Alianza Editorial, 104, 105, 142, 314
Almodóvar, Pedro, 227
Alonso del Real, Carlos, 112
Ama Rosa, 53
Aquino, Tomás de, 142
Arguedas, José María, 127

Arias Navarro, Carlos, 109, 147
Ariel, 104, 105
Arreola, Juan José, 315
Artaud, Antonin, 168
Asimov, Isaac, 206
Asturias, Miguel Ángel, 127
Atxaga, Bernardo. *Véxase* Irazu, Joseba
Avendaño, Alberto, 180
Aub, Max, 114
Aulestia, Kepa, 174
Auxilia, 118, 137
Aznar López, José María, 287, 293, 297

B

Bach, Johan Sebastian, 204
Baez, Joan, 102
Balzac, Honoré de, 252, 321

Banda Baader-Meinhof, 159
Bandrés, Juan María, 134
Baroja y Nessi, Pío, 214, 252
   A busca, 252
   A árbore da ciencia, 252
Barro, Pepe, 119
Basta ya, 293, 294
Baudrillard, Jean, 188
Beckett, Samuel, 127, 189, 231, 314, 315
Beiras, Xosé Manuel, 119, 120
Benjamin, Walter, 62, 237, 238, 239, 240
   «A obra de arte na era da reprodutibilidade técnica», 237
Berlin, Isaiah, 234
Biblia, 270, 314
Novo Evanxeo, 60, 133
Blanco Amor, Eduardo, 182
Bloque Nacional Popular Galego (BN-PG), 174
Bloque Nacionalista Galego (BNG), 103, 149, 162, 279
Bonaparte, Napoleón, 235
Borges, Jorge Luis, 113, 127
Bóveda, Alexandre, 183, 302
Bradbury, Ray, 200
Brandt, Willy. *Véxase* Frahm, Herbert Karl
Brañas, Alfredo, 49
Brecht, Bertolt, 167

British Broadcast (BBC), 54
Brod, Max, 219
Bronstein, Lev Davidovich (Trotski), 104, 105
   Sobre arte y cultura, 104
Bugallo, Xosé, 167
Burla negra, 292
Bustelo García del Real, Francisco, 162

C
Cabrera Infante, Guillermo, 127
Cadea SER, 278, 279
Caín e Abel, 314
Calderón de la Barca, Pedro, 200
Calvo Sotelo, Joaquín, 213, 296, 313
Camões, Luis Vaz de, 127
   Os Lusíadas, 127
Cantigas e Agarimos, 126
Capitán Blood, 313
Capitán Trueno, 100, 313
Cáritas, 137
Carpentier, Alejo, 127
Carrillo, Santiago, 146, 162
Casares, Carlos, 312, 303, 315
Castelao. *Véxase* Alfonso Daniel Rodríguez Castelao
Castelao, Manolo, *Raúl Veiga*, 110, 113
Castro Veiga, José, *O Piloto*, 148
Castro, Fidel, 131

Castro, Rosalía de, 121, 183, 184, 185, 291

Cela, Camilo José, 106, 128, 197, 213, 315

Celaya, Gabriel, 135

Centro de Investigaciones Sociológicas (CIS), 253

Cervantes Saavedra, Miguel de, 33

Chaves, Manuel, 162

Chicas de oro, Las, 199

Christian Burgois, 270

Christie, Agatha. *Véxase* Miller, Agatha

Cilía, Luís, 102

Círculo de Viena, 240

Círculo Mercantil, O, 47

Colexio Manuel Peleteiro, 16, 49, 50, 109, 120, 121, 309

As xustas minervais, 121

Comisións Obreiras (CCOO), 153

Comité de Curso, 136, 137, 156

Concilio Vaticano II, 132, 159

Conde de Lemos. *Véxase* Fernández Ruíz de Castro, Pedro

Conde, Alfredo, 278

Consejo de Burgos, 133, 134

Consello da Galiza, 150

Constantino, 132

Corpus Barga. *Véxase* García de la Barga y Gómez de la Serna, Andrés

Correo Gallego, El, 154, 277, 278

Cortázar, Julio, 113, 127, 213, 314

Cortés, Hernán, 247

Covain, Kurt, 51

Crespo, Clemente, 136

Cruzados, Os, 132

Cuadernos para el diálogo, 106

Cunqueiro, Álvaro, 40, 180, 181, 182

D

Darío, Rubén, 244

Díaz de Vivar, Rodrigo (El Cid), 314

Díaz, Carlos, *O Xestal*, 56

Díaz, Xosé, 146

Dickens, Charles, 224, 226

Ditea, 143

Dos Passos, John, 113, 124, 257

Duras, Marguerite, 314

Dzhugashvili, Josiv Vissariónovich, *Stalin*, 104, 105

Dylan, Bob, 102, 125, 315

Blonde on Blonde, 125, 315

E

Eça de Queiroz, José Maria de, 252, 257

Ediciones B, 272

Edicións Xerais de Galicia, 280

Edipo, 82, 83, 314

Editorial Sudamericana, 113

Ellroy, James, 316
Escándalo Flick, 163
Escola de Frankfurt, 105, 236
Espasa-Calpe, 104
Esquerda Galega (EG), 174
Estudantes Revolucionarios Gale-
    gos (ERGA), 119, 156
Euskadi ta Askatasuna (ETA),
    91, 134, 293
ETA político-militar, 174
Evanxeo da Liberación, 133

F
Facción do Exército Vermello
    (RAF), 159
Falanxe Española y de las JONS,
    297
Fandiño, Xaime, 199
Faraldo, Antolín, 35, 302
Faro de Vigo, 180
Faulkner, William, 113 127, 222,
    248, 315
Federación de Comunistas
    (FECO), 135
Federación de Partidos Socialis-
    tas (FPS), 163
Feixoo e Montenegro, Frei Beni-
    to (Padre Feixoo), 121
Fernández del Riego, Francisco,
    151
Fernández Ruíz de Castro, Pedro
    (Conde de Lemos), 33
Ferreiro, Celso Emilio, 180

Flaubert, Gustave, 252, 321
    Madame Bovary, 256
Fole, Ánxel, 100, 101, 314
    Á lus do candil, 100
Foster, Hal, 188
Fraga Iribarne, Manuel, 45, 109,
    134, 147, 151, 183, 276,
    278, 279, 300
Frahm, Herbert Karl (Willy
    Brandt), 163
Franco, Francisco, 60, 67, 91,
    103, 130, 147, 148, 158,
    159, 162, 165, 166, 227,
    296, 297
Fray Escoba, 53
Freinet, Célestin, 50
Freire, Paulo, 50
Frente Revolucionario Antifas-
    cista Patriótico (FRAP), 91,
    146
Freud, Sigmund, 83, 104, 114,
    116, 246, 314, 315
    Introdución á psicanálise, 104
    314
Fromm, Eric, 105
Fukuyama, Francis, 233

G
Gabilondo, Iñaki, 296
Galaxia, 103, 125, 150, 153,
    183, 314
Galo, O, 119
García Balboa, José, 33, 121

García de la Barga y Gómez de la Serna, Andrés (Corpus Barga), 114

García Lorca, Federico, 128, 135

García Márquez, Gabriel, 107, 127, 209

Cien años de soledad, 107

García-Sabell, Domingo, 151

Generalitat de Catalunya, 150

Gensfleisch, Johanes (Guttenberg), 197, 213

Gide, André, 113

Gilbert, Stuart, 113

Gironella, José María, 106, 227

Góngora, Luis de, 33

Gonsar, Camilo, 125

González Herrán, Xosé Manuel, 111, 114

González Márquez, Felipe, 162, 226

González, Fernán, 314

Gouveia, Fernando, 332

Goytisolo, Juan, 226

Gramsci, Antonio, 104

Grial, 151

Grimau, Julián, 134

Grisham, John, 252, 253

Grotowsky, Jerzy, 168

Grupo Revolucionario Armado Primero de Octubre (GRAPO), 91, 153

Grupo Scout de Santiago, 136, 137

Guadalimar, 114

Guerra, Alfonso, 162

Guitián, Xoán, 135

Gupta, Susil das, 143

Gustavo Gili, 125

Guttenberg. *Véxase* Gensfleisch, Johanes

Guzmán el Bueno. *Véxase* Pérez de Guzmán, Alonso

H

Handerberg, Friedrich von, *Novalis*, 234

Hegel, Georg Wilhelm Friedrich, 234, 239

Hemingway, Ernest, 245

Hendrix, Jimi, 51

Herder, Johan Gottfried, 234

Hernández, Miguel, 311

Hesse, Herman, 142

Damian, 142

El lobo estepario, 142

Höelderling, Friedrich, 234, 235, 237

Homero, 288, 317

Ilíada, A, 288

Odisea, A, 288

Horckeimer, Max, 240

Huxley, Aldous, 257

Contrapunto, 257

I

Ibáñez, Paco, 135
Iglesias, Paco, 298
Illa Couto, Xaime, 151
Illa nova, 125, 126, 179
Illich, Ivan, 50
Imperio Argentina. *Véxase* Magdalena Nile del Río
Índice, 114
Informaciones, 114
Instituto Arcebismo Xelmírez, 110, 306
Ínsula, 114
Internacional Socialista, 163
Internet, 70, 129, 197, 214, 264
Irazu, Joseba, *Atxaga, Bernardo*, 215
Isabel I (Isabel a Católica), 33
Ulianov, Vladimir Ilich, *Lenin*, 106
    ¿Que facer?, 106

J

Jabato, El, 100
Jagger, Mick, 75, 77
Jameson, Fredric, 188
Joplin, Janis, 51
Joyce, James, 113, 124, 125, 127, 142, 180, 189, 212, 213, 231, 232, 234, 248, 257, 315
    Dublineses, 142
    Exiliados, 142
    Retrato do artista adolescente, 142
    Ulysses, 113, 124, 231, 315
Juventudes de Estudiantes Católicas(JEC), 133
Juventudes Obreras Católicas (JOC), 133

K

Kafka, Franz, 125, 127, 219, 220, 309
Kas-Thor, 313
Kierkegaard, Søren, 314
King, Stephen, 316
Krmpotic, Milo J, 206
Kubrick, Stanley, 206
    2001, unha odisea no espazo, 206

L

Lafuente Beorlegui, Federico (Marcial Lafuente Estefanía), 272
Lenin. *Véxase* Vladimir Ilich Ulianov
Lennon, John Winston Ono, 329
Libraría Galí, 107
Libros de enlace, 314
Lispector, Clarice, 315
Lope de Vega. *Véxase* Vega Carpio, Félix Lope de
López Aranguren, José Luis, 111
Losada, Basilio, 273

Lourenzo, Manuel, 169
Lupa, A, 143
Luzes de Galiza, 189, 277

M

Macías, X. Enrique, 186
Mailer, Norman, 245
   Os homes duros non bailan, 245
Mandel, Ernest, 105
Maniero, Manolo, 298
Manteiga Pedrares, Xosé, 111
Mañoso, O, 35, 39, 40, 42, 43, 44, 47, 68, 73
Marcuse, Herbert, 105
María, Manuel, 135
Marlowe, Christopher, 200
Martín de Porres, *Fray Escoba*, 53
Martínez Oca, Xosé Manuel, 179
Martínez-Risco y Agüero, Vicente, 182
Marx, Karl Heinrich, 61, 62, 100, 104, 139, 150, 239, 240
   Grundisse, 61, 104, 239
   O Capital, 61, 239
   O manifesto comunista, 106
Massot, Josep, 278
Melo Moraes, Marcus Vinicius de, 34
Méndez Ferrín, Xosé Luis, 125, 180, 212, 280, 303, 315

Con pólvora e magnolias, 180
Menéndez Pidal, Ramón, 295
Meyerhold, Vsevolod, 168
Miller, Agatha, 200
Mío Cid, El, 127
Molina, Antonio, 52
Moraes, Vinicius de, *Véxase* Marcus Vinicius de Melo Moraes
Morrison, Jim, 51
Mosquera, Xesús, *O vello dos contos*, 55
Moure Mariño, Luís, 184
Movemento Comunista Galego (MCG), 166
Movemento Socialista, 163
Movida madrileña, 187
Movimiento Comunista (MC), 135, 136, 156, 157, 160, 166, 168, 170
Movimiento Comunista de España (MCE), 137, 146
MTV, 331
Mundo, El, 278
Muñoz Molina, Antonio, 296
Murguía, Manuel, 302

N

Negrete, Jorge, 52
New York Times, 251
Niebla García, Daniel, 109
Nietzsche, Friedrich Wilhelm, 236, 237
   A orixe da traxedia, 236

Nile del Río, Magdalena, *Imperio Argentina*, 53
Nirvana, 51
Nogueira, Camilo, 153, 154, 173
Nosa Terra, A, 271
Novalis. *Véxase* Friedrich von Handerberg, *Novalis*
Novoneyra, Uxío, 41
Nunca máis, 289, 290

O

Ocón García, Joaquín, 155
Odisea, A, 76
Onaindía, Mario, 133, 174
Opus Dei, 132
Organización Marxista Leninista de España (OM-LE), 154
Organización Obreira (OO), 154
Organización Revolucionaria de Traballadores (ORT), 160
Ortega y Gasset, José, 295, 296
Otero Pedrayo, Ramón, 107, 181, 182, 257
    A romería de Xelmírez, 107
    Camiños da vida, Os, 257
Otero, Blas de, 51

P

País, El, 227, 228, 265, 316
País-Aguilar, El, 273
Palme, Olof, 163
Pardo Bazán, Emilia, 324
Partido Comunista (PC), 103

Partido Comunista de España (PCE), 54, 103, 146, 148, 153, 157, 162
Partido Comunista de España Internacional (PCE-Internacional), 146, 160
Partido Comunista de España, Reconstituído (PCE(R)), 154
Partido Comunista de Galicia (PCG), 103, 111
Partido dos Traballadores de España (PTE), 146
Partido Galeguista (PG), 102, 150
Partido Obreiro Galego (POG), 170, 173, 174
Partido Popular (PP), 278, 294, 300
Partido Socialista Galego (PSG), 120, 162, 163
Partido Socialista Galego-Esquerda Galega (PSG-EG), 175
Partido Socialista Obrero Español (PSOE), 162, 163, 187, 225, 226
Padroado Rosalía de Castro, 118, 119, 185
Asociación Univesitaria do Padroado Rosalía de Castro, 119
Pemán, José María, 213, 227
Pepa Loba, 166, 167
Pérez de Guzmán, Alonso, *el Bueno*, 314

Pérez Galdós, Benito, 214, 252
Pérez Lugín, Alejandro, 107
   La casa de la Troya estudiantina, 107
Pérez Varela, Xesús, 279
Pi i Margall, Francisco, 295
Picasso, Pablo Ruíz, *Véxase* Ruíz Picasso, Pablo
Piel, Joseph M, 181
Piloto, *Véxase* Castro Veiga, José, *O Piloto*
Piñeiro, Ramón, 103, 150, 151, 183, 302, 303
Plauto, 200
Prado, Miguel Anxo, 186
Premio Valle-Inclán de Narrativa, 121
Prestige, 285, 286, 288, 293
Primo de Rivera, José Antonio, 296
Principales, Los 40, 186
Promotora de Informaciones S.A. (Prisa), 228
Proust, Marcel, 248
Puig Antich, Salvador, 156

Q
Qué Leer, 206
Queizán, María Xosé, 125, 315
Querini, Silvia, 271, 272
Quevedo y Villegas, Francisco de, 33

Quintáns Suárez, Manuel, 122
Quiroga, Horacio, 127

R
Consello de RTVG, 278
Radio Galicia-SER, 39, 40, 55
Radio Moscova, 54
Radio Pirenaica, 54
Real Academia Galega, 151
Redondo, Nicolás, 162
Rei Ballesteros, Anxo, 180
   Dos anxos e dos mortos, 180
Reich, Wilhelm, 105
Reixa, Antón, 180
Rey Rodríguez, Amador, 109
Ridao, José María, 296
Rin-Tin-Tin, 48
Ríos, Julián, 226, 253
   Larva, 253
Risco, Vicente. *Véxase* Vicente Martínez-Risco y Agüero
Rivages, 271
Rivas, Manuel, 186, 189, 271, 277, 278, 280, 299
Robbe-Grillet, Alain, 113, 314
Roberto Alcázar y Pedrín, 313
Rodríguez Castelao, Alfonso Daniel, 55, 112, 113, 126, 148, 183, 184, 302, 315
   Cousas, 183
   Os vellos non deben de namorarse, 126
   Ruedo ibérico, 68

Sempre en Galiza, 113, 183, 315

Rodríguez Cunha, Eduardo, 168

Rodríguez de la Fuente, Félix, 107

Rodríguez, Claudio, 128

Rodríguez Zapatero, José Luís, 299, 300

Rof Carballo, Juan, 291

Romón, Manuel, 180

Rompente, 180

Roncalli, Angelo Giuseppe (Xoán XXIII), 133

Ruíz Picasso, Pablo, 40

Rulfo, Juan, 113, 127, 314

S

Sábato, Ernesto, 127, 314

Sánchez Ferlosio, Rafael, 212

Sarmiento, Frei Martín. *Véxase* García Balboa, José

Sarraute, Nathalie, 113

Savater, Fernando, 294, 295, 315
La infancia recuperada, 315

Schelling, Friedrich Wilhelm Joseph von, 234

Schlegel, August Wilhelm, 234

Schönberg, Arnold, 240

Schubert, Franz, 203

Seeger, Peter, 102

Sender, Ramón J., 114

Sendón, Pepe, 185

Séneca, 289

Seoane, Luís, 40

Senlle Uxía, 298

Sex Pistols, 51

Shakespeare, William, 56, 200, 317
Hamlet, 314

Simenon, Georg, 200

Siniestro Total, 187

Sófocles, 315

Springsteen, Bruce, 186

Stalin, Josiv. *Véxase* Josif Vissarionovich Yugachvili

Stanislavsky, Konstantin, 168

Steiner, George, 203

Stuart Mill, John, 61

Suárez-Llanos, Camilo, 315

Supermán, 100

Suso e os multiusos, 185

T

Taibo, Nacho, 179

Tanxarina, 168

Tarantino, Quentin, 204
Pulp Fiction, 204

Tatán. *Véxase* Rodríguez Cunha, Eduardo

Telémaco, 76

Televisión de Galicia (TVG), 278

Televisión Española (TVE), 213

Téllez, Gabriel, *Tirso de Molina*, 30

Thompson, James Meyers (Jim Thompson), 200, 225, 315

Tierno Galván, Enrique, 187

Tirso de Molina. *Véxase* Téllez, Gabriel

Titanes, Los, 87, 313

Toro Santos, Antonio Raúl de, 59, 73, 84, 100, 101, 116, 126

Toro Santos, Manolo de, 59, 73, 74, 84, 101

Toro Santos, Xesús Miguel, 214, 311

Toro, Suso de, 19, 22, 77, 214, 215, 219, 223, 233, 278, 280, 286, 287, 318

«A fenestra», 122

«Dar a cara», 218

«El lamparón» (»Entre el azul y el gris»), 121

«Rosalía, amor puto», 185

«Libros e chourizos», 197

«Todos somos fillos dun mesmo Joyce, incluído Beckett», 189

A sombra cazadora, 191, 218, 224, 271

Ambulancia, 204, 271

Caixón desastre, 15, 186, 197, 223

Calzados Lola, 76, 206, 207, 271

Camilo Nogueira e outras voces, 153

Círculo, 270, 272

Españois todos, 290, 295

F.M., 197, 218

Land Rover, 123, 234, 270

Media docena de vidas, 216

Non volvas, 15, 92, 272, 273

Nunca máis. Galiza á intemperie, 288, 290

O país da brétema, 127, 151, 234, 273

Parado na tormenta, 74, 185, 240

Polaroid, 185, 210, 217, 223, 234, 284

Tic-Tac, 81, 82, 124, 191, 232, 233, 248, 249, 258, 270, 271

Trece badaladas, 274, 283, 298

Torrente Ballester, Gonzalo, 112, 114, 128, 170, 314

Fort Caimán, 112

Fragmentos de Apocalipsis, 170

La saga/Fuga de J.B., 112, 170, 314

«Los cuadernos de la Romana», 114

Torres, Xoana, 312

Trotski, Lev. *Véxase* Bronstein, Lev Davidovich

U

Unamuno, Miguel de, 215, 295, 296

Unidade Galega (UG), 174

Unión del Centro Democrático (UCD), 174

Unión do Povo Galego (UPG), 103, 119, 120, 148, 156, 157, 160, 173, 174

V

Valdeorras, Camilo, 170

Valente, Ángel, 226

Valle Peña, Ramón (Ramón María del Valle-Inclán), 100, 128

Comedias bárbaras, 314

Vallejo, César, 127, 315

Vanguardia, La, 282, 289

Varela Jácome, Benito, 111, 112, 113, 114, 124, 170, 180, 314

Vargas Llosa, Mario, 314

Vázquez, Francisco, 187

Vega y Carpio, Félix Lope de, 56, 200

Veiga, Raúl. *Véxase* Castelao, Manolo

Vello dos contos, O, *Véxase* Xesús Mosquera

Verne, Xulio, 100

Vian, Boris, 315

Vidal Bolaño, Roberto, 169

Vigil, Julio, 133

Villares, Ramón, 183

Villaverde, Xavier, 274

Voces Ceibes, 102

Voz de Galicia, La, 154, 155, 277

W

Warhol, Andy, 186

Wayne, John, 313

Weber, Max, 61

Welles, Orson, 53

Teatro do aire, 53

Wojtyla, Karol (Xoán Pablo II), 132

X

Xeración Nós, 267

Xestal, O. *Véxase* Díaz, Carlos

Xoán Pablo II. *Véxase* Karol Wojtyla

Xoán XXIII. *Véxase* Roncalli, Angelo Giuseppe

Xunta de Galicia, 292

Z

Zambrano, María, 128

Zedong, Mao, 160

Zola, Emile, 321

Vaia o meu agradecemento
a Túa Blesa (Universidad de Zaragoza),
ao Departamento de Filoloxía Inglesa
da Universidade da Coruña,
a Dolores Vilavedra (Universidade de Santiago de Compostela),
á xente toda do Department of Spanish and Portuguese
de The Ohio State University, (e especialmente a Samuel Amell,
Ileana Rodríguez e Ignacio Corona),
a Mary S. Vásquez (Davidson College),
a José Edmundo Paz-Soldán, Dominick Lacapra
e o School of Criticism and Theory (Cornell University),
ao Center of LatinAmerican Studies, e á Office
of International Affairs de Ohio State, polas axudas
que me deron para finalizar este proxecto.
a Íñigo, Mariángeles, Eva, Nieves, Mariángel, Alberto,
Sandra, María, Eduardo, Pili,Vicente...
a Arnold,

e como non, a Suso, pola súa paciencia e xenerosa amizade,
a Tere, a Mariña e a Nelo.

Índice

INTRODUCIÓN 11

O texto 15

A CONVERSA 17

Nota previa 19

Limiar ou *Captatio* (persoa e personaxe) 21

Unha infancia de posguerra: Santiago 25

    O barrio 26

    A «abuela» de Zamora 28

    Localismos 31

    A perda das clases dirixentes 33

    Os problemas da cidade 37

O Mañoso e os primeiros intereses artísticos 39

    Un mundo popular 41

    Pintores e debuxantes 44

La televisión, pronto llegará 47

    A escola 49

    A radio 52

A oralidade 55
Máis infancia de posguerra: a ética do traballo 59
O traballo hoxe 61
Valores e educación.....................................62
Inestabilidade social 67
O autodidactismo 69
Ser Falapaso...73
Avós e familiares 74
A identidade 75
Os actores 78
A infancia como tema: edipismo e masculinidade.........81
Pais e fillos..82
O cinema, a aventura 86
A morte...88
Matar 90
Lingua e identidade: primeiras lecturas 93
A aldea 95
Literatura como fuga 99
Un libro en galego 100
O 68...101
A ler e a debater 104
Os anos do bacharelato e o paso pola Universidade 109
O instituto, ordenando lecturas.........................110
A universidade...115
Asociacións culturais....................................118
Traballos literarios perdidos 121
A narrativa anglosaxona e americana 126
O comezo da militancia: xustiza social 129
A política durante o franquismo 129
A conexión cristiá..132
O compromiso, o dilema................................133
Primeiros contactos.....................................135

A militancia antifranquista 137
Crise de fe e galeguismo 141
  Cambiar de lingua...............................144
  Formándose como organizador 145
  O nacionalismo na clandestinidade..............148
Loitas do 72 e radicalización ideolóxica 153
  Entrada na militancia clandestina 155
  Irrealidade do franquismo 158
Do abandono do MC ás oposicións de profesor 165
  Pepa Loba: teatro de rúa 166
  Clandestinidade e seitas 171
  Un partido nacional galego........................173
Os 80: o pop e a posmodernidade 179
  Os primeiros anos...............................184
  A movida 186
  Posmodernidade e caída da URSS 188
  A natureza do escritor 192
A ambición literaria: ser escritor profesional 195
  Literatura, industria e oficio...............196
  A televisión 201
  Liberdade de expresión e censura...............203
  A responsabilidade do artista 203
Un escritor con lentes negras 209
  Contra a ironía 210
  A imaxe do escritor 213
  A fotografía: dar a cara 217
  Kafka. A fama...............................219
A transformación do lector: novas escritas para
novos lectores 221
  ¿Literatura urbana? 221
  Os lectores 223
  Cambios na sociedade española...............225

Unha viraxe de 180 graos: de Joyce á procura dunha
nova relixiosidade 231
    O Romanticismo 234
O fetichismo polo industrial e a crise da masculinidade ..243
    Condición feminina do escritor 245
Da fin da novela á desintegración do narrador 251
    ¿Novela en tempo de pensamento irracional? 253
    A vivencia do tempo 255
    A desaparición do eu e do argumento 257
    Ser libre 259
    Centro e periferia 260
    Ser excéntrico 262
Enfrontamentos co fraguismo, e a recepción galega 267
    Desencontro coa literatura galega 267
    Desencontro co país 276
    O momento do país 283
A posteriori. Do Prestige ao Nacional de narrativa 285
    Transformación da figura do escritor 285
    O poder da palabra 287
    O compromiso dos artistas. Nunca máis 290
    Os artistas e a censura 292
    Conflitos ideolóxicos na sociedade española 293
    Un premio 298
    Fatiga 299

I. [A fiestra] 305
II. [El lamparón] Entre el azul y el negro 307
    Primer premio Valle-Inclán de narración visto
    por su autor J. M. de Toro Santos 311
III. Mis lecturas: el asesino dentro de mi 313
IV. Media docena de vidas 317

[I] Suso de Toro (Aguascalientes- México,
1946-1996) 322
[II] Suso de Toro (Vilafranca del Bierzo, 1949) 324
[III] Suso de Toro (Santiago de Compostela, 1948)..326
[IV] Suso de Toro (Aranda de Duero, 1960) 327
[V] Suso de Toro (Muros - A Coruña, 1953) 329
[VI] Suso de Toro (Varios lugares y fechas
indeterminadas) 331

ÍNDICE ONOMÁSTICO 333